Emmett C. Murphy
FührungsIQ

Emmett C. Murphy

FührungsIQ

Strategien für die neue Manager-Generation

verlag moderne industrie

Die Deutsche Bibliothek – CIP-Einheitsaufnahme

Murphy, Emmett C.:
FührungsIQ : Strategien für die neue Manager-Generation / Emmett C. Murphy.
[Aus dem Amerikan. übers. von Karin Miedler]. –
Landsberg/Lech : mi, Verl. Moderne Industrie, 1998
Einheitssacht.: Leadership IQ <dt.>
ISBN 3-478-36460-4

Titel der amerikanischen Originalausgabe: „Leadership IQ"
Aus dem Amerikanischen übersetzt von Karin Miedler.

Internet: http://www.mi-verlag.de

Umschlaggestaltung: Daniela Lang, Stoffen
Satz: Dr. Ulrich Mihr GmbH, Tübingen
Druck und Bindung: Friedrich Pustet, Regensburg
Printed in Germany 360 460/099801
ISBN 3-478-36460-4

Inhaltsverzeichnis

Danksagungen

Dieses Buch ist aus der Beratungs- und Forschungsarbeit unserer Firma mit mehreren hundert Unternehmen aus der Wirtschaft, dem Gesundheitswesen, Regierungsorganisationen und dem öffentlichen Dienst entstanden. Diese und die zahlreichen hervorragenden Führungskräfte, die sie leiten, müssen größtenteils ungenannt bleiben, doch meine Kollegen von E. C. Murphy, Ltd. und ich wollen ihnen unseren aufrichtigen Dank für ihre Anregungen und ihre Mitarbeit während des gesamten Projekts aussprechen.

Ein zentrales Ziel des Projekts über den FührungsIQ war, eine neue Führungsgeneration, eine neue Bewertung sowie Instrumente zur eigenen Weiterbildung zu entwickeln, um den interessanten, doch oft schwierigen Herausforderungen der heutigen Wirtschaft gewachsen zu sein. Ich möchte meinem Sohn und intellektuellem Partner Mark Murphy dafür danken, daß er diese Bemühungen geleitet und entscheidende Beiträge zum Manuskript geliefert hat.

Besonderen Dank schulde ich meinem Agenten und kreativen Partner Michael Snell, der mir geholfen hat, aus einem Berg von Untersuchungsdaten ein einigermaßen ökonomisches und zusammenhängendes Manuskript zu erarbeiten. Michael und ich haben bereits zuvor ähnliches für zwei andere Bücher unternommen: *The Genius of Sitting Bull: 13 Heroic Strategies for Today's Business Leaders* und *Forging the Heroic Organisation.* Meine Bewunderung und Achtung für Michaels Fähigkeiten bei der Manuskriptentwicklung wachsen mit jedem Projekt. Meine Dankbarkeit gebührt auch Patricia Snell für ihre großzügige Gastfreundschaft und Unterstützung bei den Planungssitzungen. Ich möchte auch Janet Coleman, der Cheflektorin bei John Wiley and Sons, meinen herzlichen Dank aussprechen für ihre freundliche Ermutigung, scharfsinnige Einsicht in die Materie des Buches und für die kreative Gestaltung seines Aufbaus.

In dieses Buch sind viele diagnostische Erkenntnisse der fachkundigen Mitarbeiter von E. C. Murphy, Ltd. eingeflossen. Ich kann ihnen nicht allen hier danken, aber ich möchte meine spezielle Hochachtung Jim Pepicello, Jayne Carson, Patrick Garland, Connie Paxson, Shirley Ruch, John Sheehan, Jim Turner, Linda Buchanan und Sharon DeJoy aussprechen. Während des Projekts wurde ich auch von den beiden wissenschaftlichen Mitarbeitern Amy Penasack und Andrea Burgio kompetent unterstützt. Amy überwachte die Zusammenstellung und Korrektur des Manuskripts, und Andrea steuerte aufschlußreiches Fachwissen zur Anlage der Untersuchung und zur Bewertung bei. Mein Dank geht auch an Kelly Schuler und Mary Kanick, die oft zum Schluß noch aufräumen mußten.

Das Buch hat seine Wurzeln in den Arbeiten mehrerer befreundeter Wissenschaftler, besonders Ed Schein, Bill Glasser und Joseph Alutto. Jedem möchte ich danken.

Am meisten möchte ich meiner Frau Carol danken, der ich dieses Buch widme für ihre unerschöpfliche Liebe und Unterstützung und unserer Tochter Marissa, der ersten Geige in unserem Familienquartett.

Einleitung

Intelligente Führung

Die Welt heute mag Führungskräfte haben, aber sie werden heutzutage von Prominenten überschattet: Der Manager ist bekannt für seine Leistungen, … die bekannte Persönlichkeit wegen ihrer Prominenz. Die Führungspersönlichkeit deckt die Möglichkeiten der menschlichen Natur auf, der Prominente macht die Möglichkeiten der Presse und der Medien offensichtlich. Prominente sind Leute, die in den Nachrichten kommen, aber Führungspersönlichkeiten sind Menschen, die Geschichte machen.

Daniel Boorstin,
Zeitschrift *Parade,* 8. 6. 1995

Unsere Forschungs- und Beratungsfirma E. C. Murphy Ltd. hat sich über 20 Jahre lang einer zentralen Aufgabe gewidmet: der wissenschaftlichen Untersuchung von Führung und Arbeit in einer ständig sich verändernden Wirtschaft. Im Zuge dieser Bemühungen begannen wir vor fünf Jahren eine umfassende empirische Studie, die die Charakteristika und Fähigkeiten von Führungspersönlichkeiten festzumachen versuchte, die Geschichte machen, wie Daniel Boorstin sagte. An diese Menschen wenden sich andere, wenn Aufträge durchgezogen werden sollen, Durchbrüche erzielt werden und Ziele rechtzeitig und innerhalb eines bestimmten Budgets erreicht werden müssen. Dies sind die Führungskräfte, die die Schwierigkeiten des Augenblicks überwinden, um die Möglichkeiten aufzuzeigen, die der menschlichen Natur durch Intelligenz und Ausdauer gegeben sind.

Solche Führer zu erkennen und auszubilden ist heute eine besondere Herausforderung. Für die Vereinigten Staaten mit ihrer Tradition von Jefferson, Lincoln und Roosevelt scheint das Zeitalter der großen Führungspersönlichkeiten vorbei zu sein. Wenn wir in Washington, in der Wall Street und in den Chefetagen nach Führungskräften suchen, müssen wir die Fähigkeit unserer gegenwärtigen Gesellschaft, Führungspersönlichkeiten mit ausreichender Intelligenz und Entschlußkraft für die Herausforderungen des 21. Jahrhunderts hervorzubringen, eindeutig in Frage stellen. Trotz der Brillanz einzelner wie Bill Gates und Jack Welch fragen wir uns, ob sich Führungspersönlichkeiten finden lassen, die das Zeug dazu haben, unsere komplexe Gesellschaft auf eine neue Ebene von Fortschritt und Reife zu heben.

Die gute Nachricht

Dieses Buch zeigt, daß diese Frage mit *Ja* zu beantworten ist. Eine neue Generation außerordentlich fähiger Führungskräfte tritt in allen Teilen der Gesellschaft in Erscheinung. Diese Führungspersönlichkeiten erneuern bereits die Energie und Entschlußkraft einer Gesellschaft, die unter der Last von Selbstzweifeln, Schulden und Eigennutz litt. Zu einer Zeit, in der aus den Regierungsvierteln nicht viel Ermutigendes kommt, wirft dieses Buch einen Blick in die vorderste Front einer Gesellschaft, die voller Optimismus und Zielstrebigkeit voranschreitet. Und in einer Zeit, in der die Massenmedien das Versagen der Führung durch Unfähigkeit und Selbstsucht anprangern, enthüllt unsere neue Untersuchung sieben wichtige Entdeckungen, die die Intelligenz und das Engagement einer neuen Generation von genialen Führungspersönlichkeiten bestätigen.

Die Ergebnisse

Die *erste* und grundlegendste Erkenntnis ist, daß Führung als eine Form von Intelligenz definiert und gemessen werden kann. Zu lange sind Führungskonzepte Gegenstand oberflächlicher Thesen, Erzählungen und selbstverherrlichender Diskussionen gewesen. Während praktisch jedes andere System unserer Gesellschaft bereits einer rigorosen empirischen Untersuchung unterzogen worden ist, sind die Untersuchungen zur Führung auf relativ primitiver Ebene geblieben – bis jetzt. Dieses Buch entstand aus den Ergebnissen einer umfassenden und eingehenden Studie, die neue Maßstäbe für die Analyse und die eigene Weiterentwicklung setzt.

Zweitens: Während man allgemein dazu tendiert, die Menschen, die in einem Unternehmen arbeiten, – sei es eine Bank, eine Klinik, eine Kaufhauskette oder das Verteidigungsministerium – aufzuteilen in die, die arbeiten, und jene, die führen, haben wir erfahren, daß in einem erfolgreichen Unternehmen *jede Führungskraft arbeitet und jede Arbeitskraft führt.* Die Geschichte bestätigt diesen Schluß. Thomas Jefferson war Architekt und Erfinder, entwarf die Universität von Virginia, schuf damit den effektivsten Plan seiner Zeit und führte sein Land als dritter Präsident. Mahatma Gandhi führte eine ganze Nation in die Unabhängigkeit und setzte sich als Rechtsanwalt in Südafrika für Bürgerrechte ein.

In unserer Untersuchung der persönlichen Überzeugungen und praktischen Vorgehensweisen von über 18 000 derzeitigen Führungskräften in 562 Unternehmen aus der Wirtschaft, dem Gesundheitswesen und aus Unternehmen des öffentlichen Dienstes in den Vereinigten Staaten, Kanada, Mexiko und Asien, traten 1 029 Personen hervor, die Boorstin als echte Führungskräfte bezeichnen würde – Menschen, die von ihren Vorgesetzten, Kollegen und Untergebenen als hocheffektiv bewundert werden. Sie arbeiten in allen Arten von Unternehmen, von multinationalen Konzernen und regionalen Gesundheitseinrichtungen bis hin zu kleinen Unternehmen oder in der Kommunal-, Landes- und Bundesverwaltung. Unter diesen 1 029 Menschen ist jede Führungsebene vertreten, vom Verkäufer oder der Verkäuferin im Kaufhaus bis zum Geschäftsführer. Wir sind übereingekommen, sie *Führungsarbeiter* zu nennen. In diesem Begriff sind Arbeit und Führung so verbunden, daß die wahre Natur effektiver Führung offenbar wird. Dutzende von ihnen werden Ihnen in diesem Buch begegnen, die durch ihre Worte und Taten unter Beweis stellen, daß jede Führungskraft arbeitet und jede Arbeitskraft führt.

Wir haben eine *dritte* Einsicht aus einem weiteren durchgängig vorhandenen Verhaltensmuster bei den Führungsarbeitern gewonnen: Sie wissen, wie man zur richtigen Zeit zu den richtigen Leuten das Richtige sagt, damit die richtige Arbeit gut, pünktlich und innerhalb des Budgets erledigt wird. Während sie sich selbst durch ihre Taten offenbaren und so Rollenmodelle für alle darstellen, mit denen sie interagieren, wie Sam Walton für jeden Mitarbeiter von Wal-Mart, offenbaren sie sich auch durch ihre Worte. Sie beherrschen die *Kunst der Konversation.* Als wir ihre Unterhaltungen mit den Interessengruppen in ihren Unternehmen belauschten – ein High-Tech-Marketing-Manager spricht mit einem kürzlich eingestellten Verkaufsmitarbeiter, eine Krankenschwester aus der Kardiologie spricht mit ihrer Vorgesetzten, eine Gruppe Gemeinderatsmitglieder spricht mit Vertretern der örtlichen Unternehmer über wirtschaftliche Entwicklung – erkannten wir, daß sie in allen ihren Gesprächen wohlausgearbeiteten *Skripts* folgten. In den folgenden Kapiteln werden Sie in Praxisbeispielen sehen, wie Menschen Skripts in bestimmten Situationen anwenden, und Sie werden lernen, wie Sie jene an Ihr eigenes Arbeitsumfeld anpassen können.

Führungsarbeit ist sowohl eine Kunst wie auch eine Wissenschaft, aber entgegen der überkommenen Vorstellung, daß man zur Führungskraft geboren und nicht gemacht wird, kann jeder *lernen*, wie man ein Führungsarbeiter wird. Diese *vierte* Erkenntnis ergab sich aus der Entdeckung unserer Untersuchung, daß Führungsarbeiter spezielle *Instrumente* einsetzen, um acht spezielle *Rollen* auszufüllen. In jedem Falle wußten Führungsarbeiter, wie man

- die richtigen Leute auswählt,
- ihnen die richtige Aufgabe zuteilt,
- die sich ergebenden Probleme löst,
- den Fortschritt im Hinblick auf die Ziele bewertet,
- Lösungen bei Konflikten aushandelt,
- die Wunden heilt, die sich durch Veränderungen ergeben haben,
- ihre Unternehmen vor den Gefahren der Krise schützt,
- alle Beteiligten so zusammenwirken läßt, daß sie gemeinsam Verbesserungen erzielen.

Jedes Kapitel dieses Buches (2 bis 9), das sich mit einer dieser acht Rollen des Führungsarbeiters beschäftigt, stellt Ihnen aus unseren Untersuchungsergebnissen zwei praktische Instrumente vor, die Sie sofort in Ihrem eigenen Arbeitsalltag anwenden können.

Unsere Schlußfolgerungen über die Rollen und Instrumente führten zu unserer *fünften* und vielleicht wertvollsten Erkenntnis: Wenn Führungsarbeiter die acht Rollen beherrschen, erzielen sie das, was wir einen *synergetischen Impuls* nennen. Die Rolle des „Synergeten" stellt an und für sich eine spezielle Fähigkeit dar, doch sie ist auch eine zusätzliche Disziplin. Wenn Führungsarbeiter diese beherrschen und sie in die anderen sieben Rollen einfließen lassen, führt das zu einer Kettenreaktion, bei der die sieben plus eine Rolle nicht mehr acht sind, sondern einen Leistungsstand schaffen, der weit über das hinausreicht, was einzelne, Gruppen und Unternehmen jemals für möglich gehalten hätten. Im ersten Kapitel werden wir diesen synergetischen Impuls etwas genauer untersuchen, weil Sie, ehe Sie die einzelnen Rollen studieren, unserer Meinung nach unbedingt verstehen müssen, daß dieser das oberste Ziel darstellt, das alle Führungsarbeiter anstreben.

Zu unserer *sechsten* Erkenntnis gelangten wir bei der Entwicklung und Verfeinerung eines Forschungsinstruments zur Arbeitsplatzanalyse, das wir *Work Imaging*™ nennen. Wir wollten von Beginn an über die begrenzten und oberflächlichen Forschungen zu Arbeit und Führung hinausgehen, die schon so zahlreich erschienen sind. Deshalb haben wir eine umfassende und detaillierte Prüfmethode entwickelt, die uns und unseren Kunden ein klares Bild vermittelt, was Führungsarbeiter und ihre Mitarbeiter täglich tun. Die Ergebnisse des Work Imaging einer Person dienen zweierlei Zwecken: Erstens erlauben sie dem Führungsarbeiter eine präzise Selbsteinschätzung; zweitens gelangt er zu einer genauen Einsicht, wie er den Mitarbeitern helfen kann, ihre Verantwortlichkeiten und Bemühungen neu auszurichten. Führungsarbeiter und ihre Teams konzentrieren sich doppelt so intensiv auf ihre wichtigsten Aufgaben wie die durchschnittlichen Führungskräfte und deren Unternehmen. Zum Beispiel sagt eine Verkäuferin in einem Fahrradgeschäft, daß sie nach ihrer Stellenbeschreibung 75 Prozent ihrer Zeit dem direkten Kontakt mit den Kunden widmen sollte. Sie ist der Meinung, sie verbringe tatsächlich 67 Prozent ihrer Zeit mit den Kunden, aber ihr Work Imaging ergibt, daß es eigentlich nur 38 Prozent ihrer Arbeitszeit sind. Mit dieser Information kann ihr Führungsarbeiter ihr helfen, ihre Arbeitsrolle neu zu gestalten und die Lücke zwischen dem 75-Prozent-Ziel und der 38-Prozent-Realität zu schließen. Dieser Prozeß läßt keinen Raum für Rätselraten, trennt Mythos von der Realität und weist den Weg zu höherer Leistung. Wir haben in diesem Buch den komplizierten Diagnosevorgang aus dem Work Imaging auf eine Reihe grundlegender Instrumente zur Problemlösung reduziert.

Wie Sie beginnen

Zu Anfang dieses Weiterbildungsprozesses bitten wir Sie dringend, die Selbstbewertung zum FührungsIQ im Anhang vorzunehmen. Sie mißt Ihren gegenwärtigen Stand in den für hohe Führungsintelligenz wichtigsten Fähigkeiten. Darauf folgt ein Leitfaden zur eigenen Weiterbildung, der auf spezielle Kapitel und Abschnitte in diesem Buch verweist. Einblick in unsere bahnbrechende Untersuchung sowie die Leitlinien zum gesamten Konzept des FührungsIQ erhalten Sie in Kapitel 1. Weiterführende Informationen über die laufenden Forschungen und über die Instrumente, die zur Verbesserung der Führungsintelligenz entwikkelt werden, erfragen Sie bitte bei E. C. Murphy Ltd. (Leadership IQ Research Project), das Sie über Internet erreichen: emurph02@interserv.com.

Zur *siebenten* Erkenntnis gelangten wir am Schluß, als wir über unsere Zusammenarbeit mit den 1029 Führungsarbeitern nachdachten, auf die wir uns ganz besonders konzentriert hatten: Sie gehorchen bei allem, was sie tun und sagen, sieben Leitprinzipien.

1. Sei ein Erfolgsmensch
2. Sei pragmatisch
3. Übe strategische Bescheidenheit
4. Sei kundenorientiert

5. Sei engagiert
6. Sei ein professioneller Optimist
7. Übernimm Verantwortung

Diese Prinzipien sind der Grundstein, auf dem Führungsarbeiter ein Gebäude des Erfolgs errichten. Wir sprechen in Kapitel 1 darüber.

Der heilige Jakobus sagte: „Wenn der Glaube keine Werke hat, ist er tot." Am deutlichsten zeigt unsere Studie, daß der Glaube unter den Führungsarbeitern immer noch Konjunktur hat – in einer Generation hochmotivierter Erfolgsmenschen, die Zynismus und Selbstsucht abgelegt haben, um aus ihrem persönlichen und beruflichen Leben ein Meisterstück zu machen. Ihre nie endende Suche nach Sinn und Leistung kann uns alle inspirieren, unseren FührungsIQ zu erhöhen.

Kapitel 1

FührungsIQ

Vor fünf Jahren, als meine Kollegen und ich eben mit den Untersuchungen begannen, die schließlich zu diesem Buch führen sollten, fiel mir eine Geschichte ein, die ich einmal von Eleanor Roosevelt gehört hatte. Ich wuchs in Hyde Park im Staate New York auf, wo die Roosevelts lebten, und hatte die Ehre, im Rahmen eines Sonderprogramms meiner Schule mit Frau Roosevelt die Vorzüge amerikanischer Führungsqualitäten zu studieren. Bei einer Sitzung erzählte sie die folgende Geschichte.

Der Held der griechischen Mythologie, Äneas, wurde einmal gebeten, einen Wettstreit zwischen vier Bogenschützen zu entscheiden. Jedem wurde gesagt, er solle auf eine Taube zielen, die oben auf einem Pfosten saß. Der erste Bogenschütze trat nach vorn, versuchte nicht einmal, die Taube zu treffen, sondern zielte genau auf den Pfosten und traf. Der zweite zielte auf die Taube, aber sein Pfeil irrte ab und durchtrennte statt dessen den Haltestrick. Als sich die Taube in die Lüfte erhob, traf sie der dritte genau mit seinem Pfeil. Dann trat der vierte Bogenschütze ohne zu zögern hervor und schoß seinen Pfeil in den Himmel. Dort ging er in Flammen auf und verschwand im Himmel.

Welchem Schützen würdest du also den Preis geben? Äneas beantwortete die Frage, indem er den vierten Preis dem Schützen gab, der auf die Taube zielte, aber den Haltestrick traf. Dieser Schütze war wie ein Führer, der über seine Möglichkeiten hinausgeht, versucht anzugeben und statt dessen ein Chaos anrichtet. Der dritte Preis ging an den Schützen, der den Pfosten traf. Er kannte seine Grenzen und verhielt sich entsprechend. Der zweite Preis ging an den Schützen, der die Taube traf. Er erreichte sein Ziel. Am meisten bewunderte Äneas aber den Schützen, der nach den Sternen griff, denn er wußte, wie man mehr erreichen konnte, als nur das Ziel zu treffen – er wußte, wie man den Weg weist.

Frau Roosevelt fügte hinzu, sie und ihr Mann, Präsident Roosevelt, hätten oft über die bemerkenswerte Fähigkeit unserer Gesellschaft gesprochen, Schützen hervorzubringen, deren Arbeit die Vorstellungskraft anderer übersteigt, Schützen wie Thomas Jefferson, Abraham Lincoln und – sie war zu bescheiden, darauf hinzuweisen – vielleicht sie selbst und ihr Mann.

Führungsintelligenz

Mit dieser Geschichte im Hinterkopf machten meine Kollegen und ich uns auf die Suche nach Menschen, die heute den ersten Preis im Wettstreit um hervorragende Führungsqualitäten verdient hätten, jene Führungsarbeiter, die in den Augen ihrer Kollegen, Untergebenen und Vorgesetzten in ihrer Arbeit und Führung über die Vorstellungskraft anderer hinauswachsen. Am Ende wies die Untersuchung 1 029 Personen aus, die eine außerordentlich hohe Führungsintelligenz besitzen, bei Webster beschrieben als die Fähigkeit, „den Weg zu weisen“:

> *Das Ausmaß, in dem eine Führungskraft in der Lage ist, die Fähigkeit der Vernunft einzusetzen – die Fähigkeit, aus der Erfahrung zu lernen, anderweitig Wissen zu erwerben und zu bewahren und erfolgreich auf neue Situationen zu reagieren –, andere zu führen oder ihnen einen effektiven Verlauf des Handelns oder Denkens zu zeigen.*
>
> Aus Webster's *New World Dictionary of the American Language,* 1990, über Führung und Intelligenz

Unsere Untersuchung verlieh dieser Definition Substanz und stellte den Gehalt von Führungsintelligenz fest: das Wissen und die Fertigkeiten, die eine Führungskraft befähigen, die Vernunft einzusetzen, um andere zu einem erfolgreichen Handlungsverlauf zu führen. Die Ergebnisse werden in diesem Buch herausgearbeitet.

Die Suche nach Führungsintelligenz

Bei der Suche nach Führungskräften mit hohem FührungsIQ ließen wir uns von einem einfachen Muster des Wiedererkennens leiten. Wir stellten Fragen wie: Wer sind die effektivsten Führungskräfte in diesem Unternehmen? An wen wenden sich die Menschen, wenn sie in schwierigen Situationen Anleitung brauchen? An wen würden Sie sich wenden, wenn Sie Ergebnisse sehen wollten? Und wo wir auch fragten, in großen oder kleinen Unternehmen, Krankenhäusern oder Dienstleistungsbetrieben der Verwaltung und des öffentlichen Dienstes, immer wieder stellten wir fest, daß Mitarbeiter aller Ebenen und in allen Rollen uns durchweg an dieselben wenigen Personen verwiesen.

Alle Befragten, sei es ein Mitglied der Geschäftsleitung, Bereichsleiter, Kunde, Angestellter im direkten Kundenkontakt oder Vorstandsvorsitzender, wählten dieselben zwei oder drei Führungspersönlichkeiten aus. Es wurde deutlich, daß unabhängig von Unternehmenspolitik und ökonomischem Druck jeder einen herausragenden Führungsarbeiter erkannte, wenn er sie oder ihn vor sich hatte. Diese Tatsache wird anschaulich in den Worten eines Krankenhausleiters: „Wenn ich sie auch nicht besonders mag und obwohl sie mir bei der Festlegung von Prioritäten Schwierigkeiten macht, ist hier doch Jo Ostrowski die effektivste Führungskraft, die Leiterin der Abteilung für Onkologie. Ich würde ihr das Leben meiner Familie anvertrauen, und habe das auch schon getan. Kein Mensch, kein Vorgang, kein organisatorisches Problem hält sie davon ab, sich für ihre Patienten einzusetzen."

Nachdem wir einige Monate lang Namen wie Jo Ostrowski gesammelt hatten, entwickelten meine Kollegen und ich ein weiterreichendes und stärker formalisiertes Untersuchungsprotokoll, um Führungsarbeiter zu finden, die von Untergebenen, Gleichrangigen und Vorgesetzten (wenn auch nicht unbedingt von unmittelbaren Vorgesetzten, die sich leider sehr oft von den Hochleistungen der Untergebenen bedroht fühlen), als außerordentlich kompetent bezeichnet wurden. Wir legten fest, daß Vertreter aller Ebenen eines Unternehmens unabhängig voneinander eine Person übereinstimmend empfehlen müssen, wenn sie in unsere Auswahl außerordentlicher Führungsarbeiter aufgenommen werden sollte.

Sobald wir 1029 außerordentliche Führungsarbeiter herausgesiebt hatten, wollten wir wissen, was sie von anderen unterscheidet, falls es überhaupt etwas gab. Wir setzten eine Vielzahl von Instrumenten ein, um möglichst viele Aspekte zu bewerten, von der Kommunikationsfähigkeit und der Kundenzufriedenheit bis hin zu Arbeitsproduktivität und Leistung. Die Ergebnisse bestätigten, daß die von ihren Kollegen als besonders fähig eingestuften Führungskräfte sowohl höhere Leistungen erbrachten wie auch höhere Kundenzufriedenheit, mehr Produktivität und bessere finanzielle Ergebnisse erzielten. Die Tests ergaben auch, daß die besonders Leistungsfähigen ganz anders auf Menschen und deren Arbeit zugehen als andere. Mit diesen Erkenntnissen im Hinterkopf haben wir die *Selbstbewertung zum FührungsIQ* entwickelt, um mehr über die Fertigkeiten und Verhaltensweisen zu erfahren, die zur Entwicklung außerordentlicher Führungsintelligenz beitragen.

Aus den Ergebnissen unserer Selbstbewertung zum FührungsIQ konnten wir allmählich einen *Leitfaden zur Weiterentwicklung des FührungsIQ* erstellen, ein umfassendes Instrument zur Auswahl, Bewertung und Entwicklung von Führungskräften, das jeder anwenden kann, um seine Führungsintelligenz zu steigern und auch ein Führungsarbeiter zu werden. (Im Anhang finden Sie eine Grundversion, die auf dieses Buch abgestimmt ist). Somit konnten wir jenseits subjektiver Einschätzungen eine weitaus objektivere und umfassendere Einsicht gewinnen, was Führungsarbeiter in Schwung hält. Ein Vorstandsvorsitzender sagte einmal: „Wenn ich meine Karriere und das Überleben meiner Firma von der Leistung anderer abhängig mache, will ich Menschen aufgrund einwandfreier, wissenschaftlich nachweisbarer Standards auswählen und ausbilden und nicht auf Anraten irgendeines selbsternannten Experten.“

Die Ergebnisse

Die Untersuchungsergebnisse ergaben ein überzeugendes Profil: Aus der allgemeinen Auswahl an Führungskräften wurden weniger als sechs Prozent von Gleichrangigen, Untergebenen und Vorgesetzten als herausragende Führungsarbeiter bezeichnet. Diese Personen unterschieden sich in bestimmten persönlichen und beruflichen Variablen statistisch nicht von anderen. Zum Beispiel bot die jeweilige Position in einem Unternehmen keinen Anhaltspunkt dafür, ob andere eine Person als hochbegabte Führungskraft einstuften. Weder ein Vorstandsmitglied noch ein Gruppenleiter in vorderster Front des Kundendienstes hatten einen Vorteil. Auch nicht Geschlecht, Hautfarbe oder Ausbildung.

Entscheidend für die Auswahl war die Erkenntnis, daß hocheffiziente Führungspersönlichkeiten bestimmten, klar erkennbaren Prinzipien folgen und bestimmte, genau umgrenzte Rollen ausfüllen. Eine nähere Untersuchung unserer Führungsarbeiter-Population erlaubt uns schließlich, ein konkretes Profil von sieben Leitprinzipien vorzustellen, an denen sich die hohe Führungsintelligenz orientiert, sowie die acht Rollen samt den notwendigen Fertigkeiten, um diese Prinzipien umzusetzen.

Die Leitprinzipien

Führungskräfte mit hohem FührungsIQ haben ein gutes Gespür für menschliches Verhalten entwickelt. Durch Versuch und Irrtum sowie durch diszipliniertes Studium an vorderster Front des wirtschaftlichen und politischen Lebens haben sie gelernt, wie man Geschäfte macht und wie man etwas für die Allgemeinheit tut. Ihr Wissen wurzelt in den sieben Leitprinzipien der Führung, die wiederum die Basis für die Erfüllung der acht Rollen des Führungsarbeiters darstellen. Die Prinzipien ergeben sich in logischer Folge auseinander:

Die sieben Leitprinzipien:

1. Sei ein Erfolgsmensch
2. Sei pragmatisch
3. Übe strategische Bescheidenheit
4. Sei kundenorientiert
5. Sei engagiert
6. Lerne, optimistisch zu sein
7. Übernimm Verantwortung

➤ Nr. 1: Sei ein Erfolgsmensch

Wir können nicht ins Geschäft kommen, Mr. Goldwyn, weil Sie hauptsächlich an Kunst interessiert sind und es mir nur ums Geld geht.

George Bernhard Shaw
auf Samuel Goldwyns Beharren, aus Shaws Stück *Pygmalion*
einen künstlerisch wertvollen Film zu machen

Hocheffiziente Führungspersönlichkeiten haben gelernt, daß Selbstbewußtsein und persönliche Kompetenz unabdingbare Voraussetzungen für Selbstachtung und Erfolg darstellen. Führungsarbeiter glauben daran, daß Erfolg von persönlicher Leistung an vorderster Kundenfront abhängt und Wissen den Erfolg des Einzelnen in einer Gesellschaft fördert, die auf den Idealen pluralistischer Demokratie fußt. In der neuen Weltwirtschaft, wo jede Führungskraft arbeiten muß und jeder Arbeiter führen muß, heißt das Motto: „Wenn ich versage, versagen wir, wenn wir versagen, versage ich." Führungsarbeiter stehen in direkter Opposition zu *prestigeheischenden Führern,* die glauben, es sei wichtiger, wen man kennt, als was man weiß, und zu *geld- und machtgierigen Führern,* die Shaws satirischer Beobachtung Glauben schenken, der Erfolg hinge davon ab, wen man kaufen oder manipulieren könne.

In unserer Studie baten wir die 1029 herausragenden Führungsarbeiter um die Beurteilung zehn wichtiger Faktoren, die Einfluß auf den persönlichen Erfolg bei der Arbeit und im Privatleben haben. Eine beliebige Stichprobe von 1000 Führungspersönlichkeiten aus der Gesamtmenge diente als Kontrollgruppe, sie bewertete diese zehn wichtigen Faktoren ebenfalls. Aus den unterschiedlichen Prioritäten (aus dem folgenden Kasten zu ersehen) ergeben sich einige auffällige Gegensätze.

Personen mit hoher Führungsintelligenz plazierten die persönliche Kompetenz ganz oben auf der Liste und demonstrierten so ihre Überzeugung, daß sie über ihr eigenes Schicksal bestimmen. Die Führungsarbeiter in unserer Untersuchung führten 80 Prozent ihres Erfolgs auf die fünf am höchsten eingestuften Punkte zurück, d. h. auf ihre Fähigkeit, betriebliche Prozesse durch persönliche Fachkenntnis zu steuern und sich Vertrauen und Unterstützung anderer zu erwerben, auch von Kunden.

Erfolgsfaktoren

Rangliste der Führungsarbeiter	*Rangliste der durchschnittlichen Führungskräfte*
1. Persönliche Kompetenz	1. Unterstützung durch das Unternehmen
2. Erfahrungen im direkten Kundenkontakt	2. Unterstützung durch den Vorgesetzten
3. Achtung vor den Kunden	3. Ausbildung
4. Achtung vor den Kollegen	4. Glück
5. Unterstützung durch Familie und Freunde	5. Andere
6. Ausbildung	6. Achtung vor den Kunden
7. Unterstützung durch das Unternehmen	7. Persönliche Kompetenz
8. Unterstützung durch den Vorgesetzten	8. Erfahrungen im direkten Kundenkontakt
9. Andere	9. Unterstützung durch Familie und Freunde
10. Glück	10. Achtung vor den Kollegen

Durchschnittliche Führungskräfte dagegen haben das Gefühl, ihr Schicksal im Beruf liege eher in den Händen anderer, was sie dadurch zum Ausdruck brachten, daß sie die Ursachen von Erfolg oder Mißerfolg zu 70 Prozent auf vier Faktoren verteilten, von denen drei außerhalb ihrer Kontrolle liegen, darunter auch *Glück*. Durchschnittliche Führungskräfte räumten der Ausbildung und der Ausbildungsstätte den dritten Rang ein und gaben diesen Faktoren somit mehr Bedeutung als der individuellen Arbeitsleistung, die an siebenter Stelle rangiert. Durchschnittliche Führungskräfte glauben, der Erfolg hinge mehr davon ab, wen man kennt (Unterstützung durch das Unternehmen lag an erster Stelle, gefolgt von der Unterstützung durch den Vorgesetzten), als davon, was man kann, während die sehr erfolgreichen genau das Gegenteil glauben. Für letztere liegt der Schlüssel zum Erfolg im Leben und bei der Arbeit darin, was man weiß, und in der Fähigkeit, es zum größten Wohl der Kunden einzusetzen.

Der amerikanische Soziologe David McClelland stellte fest, daß Aufstieg und Fall von Zivilisationen von den Überzeugungsstrukturen ihrer Menschen abhängen. Bei Menschen mit großem Prestigebedürfnis degeneriert das Weiterkommen zu einem Spiel, bei dem wichtig ist, wen man kennt. Gesellschaften, in denen das der wichtigste Motor wird, sinken in dem Maße, in dem der Wert der Leistung dem Privileg weicht und Belohnung für den Dienst an vielen durch Belohnung für den Dienst an wenigen ersetzt wird.

Ebenso wird Vorankommen für die Menschen mit großem Machtbedürfnis zu einem Spiel, in dem es darum geht, wen man kaufen oder manipulieren kann. Gesellschaften, in denen das der Hauptmotor wird, sind ebenso unweigerlich dem Abstieg preisgegeben, da der Wert der Leistung einem räuberischen Kampf um Fressen und Gefressenwerden weicht – mit dem Ziel, um jeden Preis zu gewinnen, ohne Rücksicht auf die Konsequenzen für andere.

Menschen, die vom Bedürfnis nach Leistung getrieben werden, definieren dagegen Erfolg und Fortschritt als Folge dessen, was *man kann und was man erreichen kann.* Gesellschaften, in denen das der Hauptmotor ist, wachsen und gedeihen, da Leistung zum Fortschritt führt und Belohnungen für Dienste an der Gesellschaft die Menschen ermuntern, sich mit anderen zusammenzuschließen und das Allgemeingut zu erneuern und zu verbessern. Die gute Nachricht für die Gesellschaft von heute ist, daß eine neue Generation von Führungsarbeitern hervortritt, um ein Gegengewicht zu den Prinzipien „wen man kennt " und „wen man kaufen kann" zu schaffen, die in den 80er Jahren so weit verbreitet waren.

➤ Nr. 2: Sei pragmatisch

Bei der Auswahl von Ingenieuren ging Thomas Edison pragmatisch vor. Er gab dem Bewerber eine Glühbirne und fragte: „Wieviel Wasser geht da hinein?" Die meisten Kandidaten berechneten das Fassungsvermögen der Glühbirne, eine Vorgehensweise, die mindestens 20 Minuten dauert. Die Schlauen jedoch füllten die Birne mit Wasser und gossen den Inhalt in einen Meßbecher, das dauerte weniger als eine Minute. Welchen Ingenieur hat Edison wohl angestellt?

Wie Edison haben heutige Führungsarbeiter erkannt, daß Leistung Pragmatismus fordert, eine Bereitschaft, Fragen zu stellen und offen und ohne Einschränkungen nach praktischen Lösungen für die lästigsten Probleme zu suchen. Es gibt zwei Gründe, warum Führungsarbeiter die pragmatische Fragestellung als Hauptstrategie einsetzen. Ein Aufsichtsratsvorsitzender unter unseren Führungsarbeitern, Grant Walsh, erklärt:

> *Durch Fragen können Sie gleichzeitig forschen und kommunizieren. Sie erbringen nicht nur die Information, die Sie für eine wohlbegründete Entscheidung brauchen, sondern sie vermitteln auch, was Sie vertreten, Ihr persönliches Engagement, Einblick und Einsicht zu erlangen.*

Führungsarbeiter sind eigentlich Wissenschaftler. Sie haben wie der große Architekt und Pragmatiker Frank Lloyd Wright gelernt, daß die *Form der Funktion dienen muß.* Sie haben auch gelernt, zu experimentieren und ihr Urteil zurückzuhalten, bis sie eine Situation objektiv einschätzen können und eine wohlbegründete Vorgehensweise gefunden haben. Solches Handeln muß dann der kritischen Überprüfung standhalten. Das lehrt auch den zuversichtlichsten Führungsarbeiter, bescheiden zu bleiben.

➤ Nr. 3: Übe strategische Bescheidenheit

In seinem Buch *Overdrive: Managing in Crisis-Filled Times,* erzählt Michael Silva eine Geschichte über die Gefahren von Stolz.

> *In den Tagen, als es noch kein Radar gab, fuhr ein Schlachtschiff der Marine vorsichtig durch dichten Nebel. Ein Beobachtungsposten machte die Lichter eines anderen Schiffes aus, das direkt Kurs auf den Kreuzer genommen hatte. Der Flottenkommandant befahl dem Signalmatrosen, dem anderen Schiff eine Warnung zu senden, es solle dem Kreuzer ausweichen. Vom entgegenkommenden Schiff wurde signalisiert: „Bitte ändern Sie Ihren Kurs 20 Grad Backbord." Der Flottenkommandant war erbost und ließ den Signalmatrosen antworten: „Ich bin Flottenkommandant, ändern Sie Ihren Kurs um 20 Grad Backbord!" Die Antwort: „Ich bin Matrose, und ich empfehle Ihnen, Ihren Kurs 20 Grad Backbord zu ändern!" Inzwischen war der Flottenkommandant fuchsteufelswild. Ihm war die Signal-Kommunikation peinlich, denn jeder auf der Brücke konnte sie mitverfolgen, und er ließ folgendes senden: „Ich habe den Befehl über ein Schlachtschiff, und es wäre in Ihrem Interesse, den Kurs zu ändern." Die Antwort kam prompt: „Ich bin der Leuchtturmwärter, und ich rate Ihnen dringend, den Kurs zu ändern."*

Eine der interessantesten Fähigkeiten, die Führungsarbeiter in ihrer Praxis an den Tag legten, ist die von uns so genannte *strategische Bescheidenheit.* Das heißt, daß reife, intelligente Führungskräfte mit Köpfchen wissen, was sie können und was sie *nicht* können, und diese Einsicht führt wiederum zu einem fast unstillbaren Lerneifer. Wir nennen sie *strategische* Bescheidenheit, weil sie aus einer strategischen Entscheidung resultiert, das Lernen als Werkzeug des Fortschritts einzusetzen, und sie ist typisch für selbstbewußte und positiv eingestellte Führungskräfte. Bekannte Persönlichkeiten wie Sam Walton und Andy Grove unterscheiden sich von anderen dadurch, daß sie die Wahrheit in Igor Strawinskys Worten erkannt haben: „Das Bewußtsein der eigenen Unwissenheit wächst exponentiell mit dem eigenen Wissen."

Anders als der Flottenkommandant lassen sich die Führungsarbeiter in ihrem Denken nicht von Stolz behindern. Führungsarbeiter suchen einen Sinn in der Führung, der über den Eigennutz hinausgeht, und das erklärt auch, warum sie den Kunden ins Zentrum ihres Interesses rücken.

➤ Nr. 4: Sei kundenorientiert

Der Dienst an anderen ist die Miete, die man für den Platz hier auf der Erde zahlt.

Muhammad Ali

In unserer gesamten Studie zeigten Führungsarbeiter durchgängig ein viel stärkeres Commitment zu Teamarbeit und Service als Führungskräfte mit durchschnittlicher oder niedriger Leistung. Dies brachte uns auf den Gedanken, in einer gesonderten Untersuchung 412 Führungskräfte einer Kontrollgruppe und 387 Führungsarbeiter zu bitten, ihr Konzept von Führung bildlich darzustellen, indem sie sich selbst in einen Kreis unternehmerischer Beziehungen einordneten. Die durchschnittlichen Führungskräfte zeichneten eines der folgenden Muster.

25 Prozent betrachteten sich selbst als den Kunden und den anderen Mitarbeitern gleichgestellt, sahen sich im großen und ganzen als nicht führende Vermittler, die letztlich keine größere oder geringere Verantwortlichkeit für die Ergebnisse trugen als andere. Wir nannten diese Führungskräfte *Zuschauer,* weil sie wenig Einfluß auf ihre Umgebung und die Menschen um sie herum ausüben, wenn sie auch ihre Arbeit innerhalb dessen, was sie als „natürliche" Struktur sehen, pflichtbewußt erledigen. Ihre Abbildungen sahen so aus:

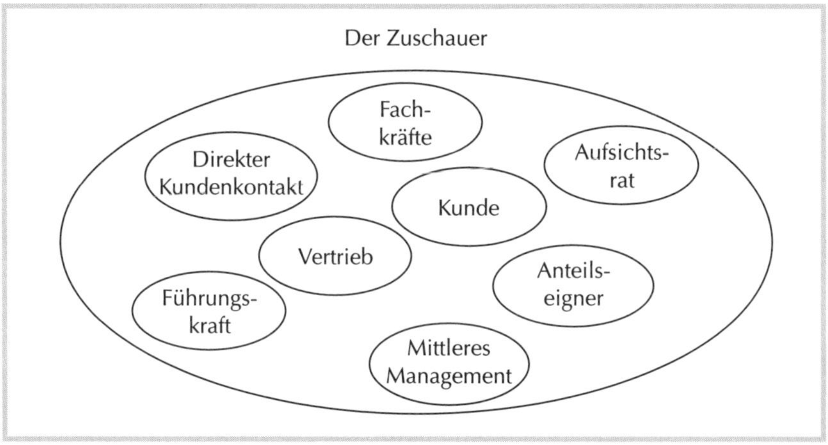

Fast 20 Prozent aus der Kontrollgruppe sahen sich selbst als *Halbgötter*. Sie charakterisierten sich als dominierende Kraft in ihrem Unternehmen, bereit und fähig, alles zu tun, um Erfolge vorzuweisen, jedoch hauptsächlich zu ihrem eigenen Nutzen. Ihre ungeheure Egozentrik beruht auf der Überzeugung, daß sie durch die Kraft ihrer Persönlichkeit alles schaffen können. Da sie jedoch typischerweise nicht delegieren und nicht mit anderen teilen können, gelingt es ihnen selten, die nötige Unterstützung zu mobilisieren, um die höchsten Leistungsstufen zu erreichen. Ihre Abbildungen sahen folgendermaßen aus:

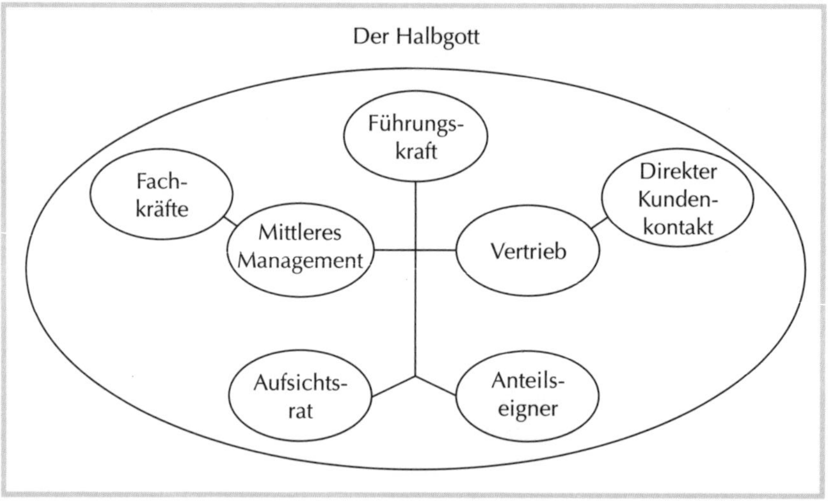

Fast 30 Prozent sahen sich selbst als *Bürokraten,* die in einer exakt eingeteilten Struktur verschiedener Gruppen von Untergebenen alles oder einen Teil überwachen, verantwortlich einer nach oben zunehmend mächtigen Hierarchie von Verwaltern. Bürokraten definieren Erfolg fast nur als Ergebnis interner politischer Kämpfe um territoriale Herrschaft. Daher haben sie keine Energie und keine Zeit, sich anderweitig zu engagieren, weder für den Kunden noch für interne Interessengruppen, die Hilfe brauchen. Die Bilder der Bürokraten sahen so aus:

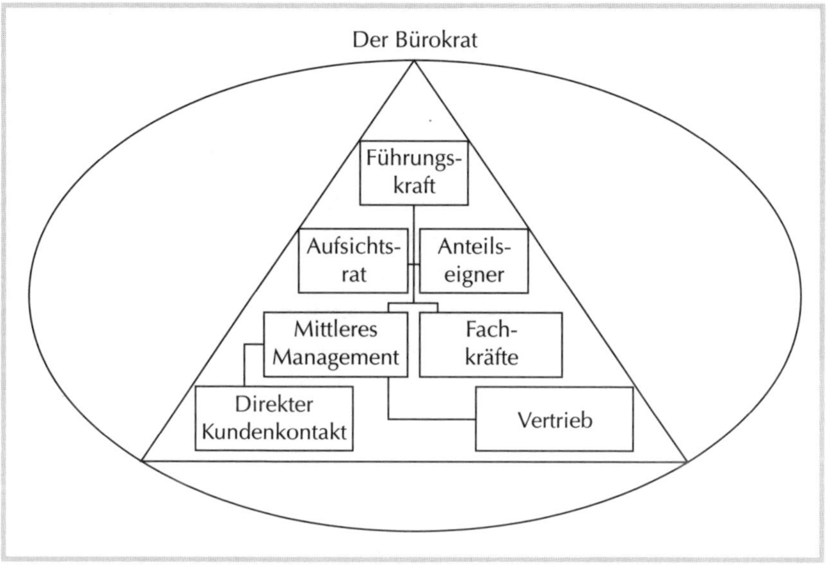

Schließlich betrachteten sich 16 Prozent als *Manipulatoren,* die außerhalb des Unternehmensganzen stehen und versuchen, die anderen zu beeinflussen. Für sie war Machiavelli nicht nur ein Realist, sondern ein Guru. Manipulatoren, Bürokraten und Halbgöttern ist ein offensichtlicher Nachteil gemeinsam: In ihrem Schema bleibt die Führungskraft isoliert – entweder innerhalb oder außerhalb des Kreises.

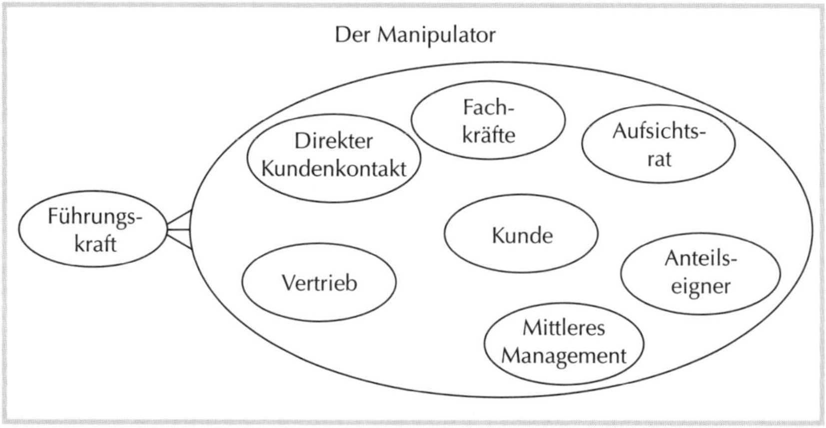

Die übrigen neun Prozent durchschnittlicher Führungskräfte lieferten Mischformen aus diesen vier Szenarios.

Dagegen zeichneten 96 Prozent der Führungsarbeiter eine Variante des *Kundenpartner*-Modells. Sie betrachteten sich selbst als Anwälte des Kunden, die die Welt des Unternehmens verlassen, um den Kunden zum Zentrum des Unternehmens zu begleiten und zu führen. In diesem Modell wird die gegenseitige Abhängigkeit von Unternehmen und Außenwelt erkannt und ein dynamisches Gleichgewicht zwischen beiden angestrebt. Die Führungsarbeiter stellten sich in ihren Zeichnungen als Kundenanwälte dar, die die Verantwortung dafür übernehmen, die Energien des Unternehmens auf den Dienst am Kunden zu konzentrieren. Wie der Dirigent eines Orchesters mobilisieren die Führungsarbeiter das Talent eines jeden Spielers, um eine pulsierende, kohärente Botschaft von Zusammenarbeit und Kundenfreundlichkeit zu verkünden.

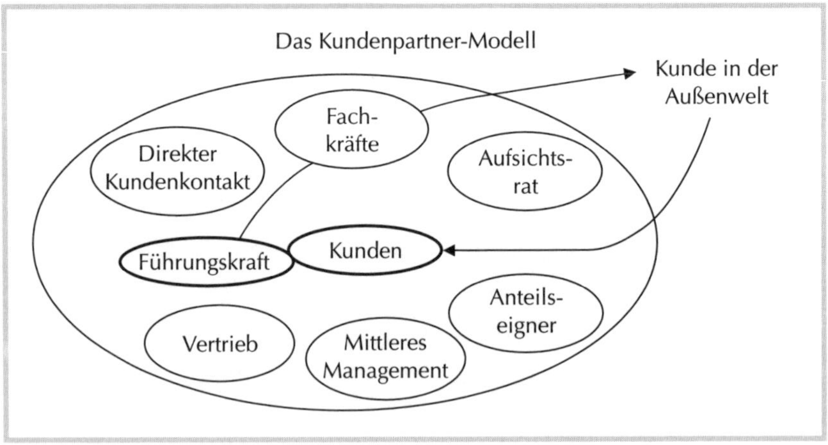

Das Kundenpartner-Modell unterscheidet sich von den anderen in zwei wichtigen Punkten: Erstens zeichnet es statt eines statischen Bildes unternehmerischen Wirkens einen dynamischen Prozeß ständiger Anpassung und Veränderung entsprechend den jeweils auftretenden Kundenbedürfnissen. Noch wichtiger ist, daß das Kundenpartner-Modell den Kunden als *Mitwirkenden für den Erfolg* definiert. Führungsarbeiter erkennen, daß man ein Unternehmen nicht allein von innen lenken kann.

Wirkliche Macht entsteht, wenn man mit den Kunden draußen zusammenarbeitet, die ständig über Erfolg oder Mißerfolg auf dem Markt bestimmen. Das Kundenpartner-Modell betrachtet Erfolg als Gemeinschaftsleistung, gleichzeitig schafft es einen Rahmen für Beziehungen, die Einsatzbereitschaft und gegenseitiges Vertrauen fördern.

➤ Nr 5: Sei engagiert

> *Ich will nicht von „Jasagern" umgeben sein. Ich will, daß jeder mir die Wahrheit sagt… auch wenn es ihn den Job kostet.*
>
> Samuel Goldwyn
> MGM-Mogul

Nun, soviel zum Commitment. Anders als Sam Goldwyn mit seinem Sarkasmus bauen Führungsarbeiter Brücken aus Verständnis und Engagement, um ihr Ideal einer kundenzentrierten Partnerschaft in die Realität umzusetzen. Patrick William, Geschäftsführer einer großen Baufirma, sagte:

> *Ich will nicht nur keine „Jasager", ich kann mir schlicht keine leisten. Wenn etwas schiefläuft, müssen wir das sofort wissen, denn je mehr wir danach falsch planen und bauen, desto mehr werden wir später neu entwerfen und neu bauen müssen. Unser Team weiß, daß wir hinter ihm stehen, und daß wir uns mit ihm gemeinsam für den Kunden einsetzen, der uns ernährt. Wenn wir keine einheitliche Auffassung darüber hätten, hätten wir kein Unternehmen.*

Für Führungskräfte wie William ist Arbeit nicht nur ein Mittel zum Zweck, sondern eine Erfahrung, durch die die Menschen lernen, einander zu verstehen und sich füreinander einzusetzen. Sie überwinden die destruktiven Verhaltensweisen, sich aus dem Weg zu gehen oder Kontakte geringzuschätzen, und sie erreichen Ebenen zunehmender Involviertheit – das bedeutet eine kontinuierliche Entwicklung von Bewußtsein, Betroffenheit, Mitfühlen und Empowerment bis hin zum Commitment. Eine Untersuchung von Salvatore Maddi und anderen hat erbracht, daß ein starkes Commitment Mißerfolg, Ärger und persönliche Verluste überwinden kann. Mit Commitment erlangt man Geduld und Ausdauer und entwickelt große Beharrlichkeit, wenn Widrigkeiten auftauchen.

Laut unserer Untersuchung wird Commitment in einem zehnstufigen Prozeß erreicht, der sich von Verachtung und Beziehungslosigkeit zu starken Banden der Partnerschaft entwickelt. Dabei ergibt sich eine Stufenleiter, die alle Führungskräfte erklimmen müssen, wenn sie ein hochleistungsfähiges Team aufbauen wollen. Durch Commitment lernen Führungsarbeiter, wie man Widrigkeiten entgegentritt und sie überwindet, sie bauen so den notwendigen Optimismus auf, um mit ihren Mitarbeitern eine blühende Zukunft zu schaffen.

➤ Nr. 6: Lerne, optimistisch zu sein

Was schiefgehen kann, geht schief,
und zwar im schlimmstmöglichen Augenblick.

Murphys Gesetz (das alte)

Was gutgehen soll, kann gut gehen,
pünktlich und innerhalb des Budgets.

Murphys Gesetz (das neue)

Seit undenklichen Zeiten wütet der Kampf zwischen Optimismus und Pessimismus – zwischen den Möglichkeiten und Einschränkungen der menschlichen Existenz. Bei den Führungsarbeitern gewinnt jedoch der Optimismus die Oberhand. Um es mit Martin Seligman zu sagen: Führungsarbeiter müssen *professionelle Optimisten* werden. Neuere Untersuchungen haben nicht nur gezeigt, daß Optimisten erfolgreicher im Leben sind, sondern auch, daß Optimismus lernbar ist. Zum Optimisten wie zum Führungsarbeiter wird man gemacht und nicht geboren.

Führungsarbeiter konzentrieren ihre Kräfte auf Weiterentwicklung und Leistung und haben so gelernt, Herausforderungen mit ihrer Fähigkeit zu pragmatischer Problemlösung die Stirn zu bieten. Für die Führungsarbeiter ist ein Versagen nur ein Sprungbrett zum Fortschritt. Auf die Frage, ob er jemals den Mut verlor angesichts von Tausenden vergeblichen Versuchen, die Glühbirne zu erfinden, antwortete Thomas Edison: „Nein, ich lernte nur, wie man eine Glühbirne *nicht* baut.“

Führungsarbeiter lernen, wie man selbst aus der schwierigsten Situation eine Möglichkeit kreiert, Kundenservice zu erbringen und engere Beziehungen zu knüpfen. Damit treten sie Neinsagern entgegen und überwinden Enttäuschungen. Wenn sie lernen, mit Widrigkeiten fertigzuwerden und trotz allem Erfolg zu haben, übernehmen sie letztlich die volle Verantwortung für ihr Leben, für das Leben ihrer Kunden und für die, die dem Kunden dienen.

➤ Nr. 7: Übernimm Verantwortung

Toto, ich habe das Gefühl, wir sind nicht mehr in Kansas.

Dorothy
in *Der Zauberer von Oz*

Roger Connors, Tom Smith und Craig Hickman illustrieren in ihrem Buch *The Oz Principle: Getting Results Through Individual and Organizational Accountability* anhand der Geschichte von Dorothy, dem Löwen, dem Holzfäller aus Blech und der Vogelscheuche, daß die Dinge, die wir uns am meisten wünschen, verlangen, daß wir persönliche Verantwortung übernehmen. Die vier Kameraden machen sich auf eine Reise die gelbe Ziegelstraße hinunter, um die Ziele zu verwirklichen, die sie sich wünschen: Rückfahrt nach Kansas, Mut, Herz und Intelligenz. Nach einer anstrengenden Reise zum Zauberer entdecken sie, daß sie alle die Mittel besaßen, ihre Träume zu erfüllen, aber diese Mittel nicht gebrauchen konnten, solange sie nicht selbst die Verantwortung dafür übernahmen.

Verantwortung anzunehmen heißt, das eigene Leben in die Hand zu nehmen, sich voll der Lösung von Problemen zu verschreiben, Energie und Phantasie zur eigenen Entwicklung einzusetzen, Unrecht, das anderen zugefügt wird, wiedergutzumachen, und schließlich, wie Dorothy, der Realität ins Auge zu blicken. Trotz gelegentlicher Rückschläge wissen Führungsarbeiter, daß persönlicher Erfolg davon abhängt, ob man die Verantwortung für sein eigenes Schicksal übernimmt. Wie der mythische Lebenskreis enthüllen die sieben Prinzipien hoher Führungsintelligenz eine Einsicht, wie menschlicher Fortschritt sich in einer fortlaufenden Spirale der Verbesserung entwickelt: Leistungsbereitschaft führt zu Pragmatismus, Bescheidenheit, Dienst an anderen, Engagement, Optimismus und zur Übernahme von Verantwortung – Eigenschaften, die wiederum zusammenwirken und den Wunsch nach noch höheren Leistungsebenen wecken.

Führungsarbeiter nehmen sich die Ermahnung zu Herzen: „Nimm dein Schicksal selbst in die Hand, sonst wird es jemand anderes tun." Sie wissen, daß die Herrschaft (über das Schicksal) davon abhängt, ob sie die acht Rollen des Führungsarbeiters und die zugehörigen Instrumente beherrschen.

Die acht Rollen des Führungsarbeiters und der hohe FührungsIQ

Aufgrund unserer Untersuchung lassen sich acht unterschiedliche Rollen definieren, in deren Erfüllung die Führungsarbeiter die Erkenntnisse der sieben Leitprinzipien offenbaren. Die Kenntnis dieser Rollen ist eine wesentliche Grundlage für das Verstehen der Leitprinzipien.

Die acht Rollen des Führungsarbeiters

1. Rolle:	*Der Auswählende*	
	Zweck:	Auswahl für den Kunden
	Instrument Nr. 1:	Fokussierte Fragestellung
	Instrument Nr. 2:	Vier Schritte zur Auswahlentscheidung
2. Rolle:	*Der Verbindende*	
	Zweck:	Aufbau und Verbesserung von Beziehungen
	Instrument Nr. 1:	Die Verbindungsleiter
	Instrument Nr. 2:	Das Gitternetz der Beziehungsstile

3. Rolle:	*Der Problemlöser*	
	Zweck:	Resultate erzielen
	Instrument Nr. 1:	Problemumwandler
	Instrument Nr. 2:	Arbeitsblatt zur Problemanalyse und -lösung
4. Rolle:	*Der Bewertende*	
	Zweck:	Verbesserung der Einzelleistung
	Instrument Nr. 1:	Grundprinzipien für effektive Bewertung
	Instrument Nr. 2:	Arbeitsblatt zur Leistungsbeurteilung
5. Rolle:	*Der Vermittelnde*	
	Zweck:	Dienst am Kunden, indem ein Konsens darüber gefunden wird, was getan werden muß
	Instrument Nr. 1:	Analyse der Kundenbedürfnisse
	Instrument Nr. 2:	Leitfaden zur Konsensverhandlung
6. Rolle:	*Der Ausgleichende*	
	Zweck:	Struktur des Unternehmenslebens in Ordnung bringen
	Instrument Nr. 1:	Analyse der Heilungsbedürfnisse
	Instrument Nr. 2:	Leitfaden zur Heilung
7. Rolle:	*Der Beschützende*	
	Zweck:	Diagnose von Bedrohungen für das betriebliche Wohlbefinden und Reaktion darauf
	Instrument Nr. 1:	Leitfaden zur Risikoeinschätzung
	Instrument Nr. 2:	Leitfaden zum Konfliktmanagement
8. Rolle:	*Der Synerget*	
	Zweck:	Ein Ganzes schaffen, das größer ist als die Summe seiner Teile
	Instrument Nr. 1:	Möglichkeiten zur Veränderung
	Instrument Nr. 2:	Leitfaden zur eigenen Leistungsverbesserung in sieben Schritten

Da die acht Rollen und ihre Instrumente eng mit den Leitprinzipien zusammenhängen, kann ein Führungsarbeiter, der lernt, diese Rollen auszufüllen, auch sein Verständnis dieser Leitprinzipien verbessern. (Unsere Untersuchung hat ergeben, daß Führungskräfte, die die sieben Leitprinzipien zunächst nicht verstanden haben, diese schnell lernen, wenn es ihnen gelingt, die acht Rollen auszufüllen.)

Dies ergab sich bei einer gesonderten Teilstudie zur Bestätigung der Aussage, daß man zur Führungskraft gemacht und nicht geboren wird, und daß jeder seine Führungsintelligenz durch Studium und Übung verbessern kann. 125 durchschnittliche bis unterdurchschnittliche Führungskräfte wurden ausgewählt, um am Bewertungs- und Weiterbildungsprozeß teilzunehmen. Danach hatten *alle* ihre Leistung verbessert, und 73 schlossen innerhalb von 12 bis 18 Monaten zur Bezugsgruppe der 1 029 Führungsarbeiter auf.

Diese Ergebnisse heben die Bedeutung der Führungsentwicklung hervor. Die Untersuchung wie auch die Weiterbildung verweisen auf die besondere Rolle von *Skripts* als Hauptmedium der Führung. Führungsarbeiter sagen genau das Richtige genau zur richtigen Person genau im richtigen Augenblick. Die Umwandlung von Wissen in Handeln ist bei ihnen das Ergebnis einer disziplinierten Dialogstruktur. Wie der griechische Philosoph Sokrates leiten, lehren und führen hervorragende Führungskräfte anhand sorgfältig entwickelter Skripts, mit denen sie andere befragen, erforschen, herausfordern und ihnen schmeicheln. Die Führungsarbeiter in unserer Untersuchung lehrten uns, wie abstrakte Prinzipien und Werte in tägliches Handeln in der realen Arbeitswelt umgesetzt werden.

Ein neues Erfolgsmodell

Zusammengenommen liefern die sieben Leitprinzipien und die acht Rollen des Führungsarbeiters zur Steigerung des FührungsIQ ein neues Erfolgsmodell, das wirklich jede Führungskraft in jedem Unternehmen sicher einsetzen kann.

Durch unsere Untersuchung können wir bestimmte Instrumente nennen, die Führungskräften in jeder Rolle zum Erfolg verhelfen. In den folgenden Kapiteln präsentieren wir für jede Rolle zwei wichtige Instrumente, die Ihnen schnell helfen, Ihre Leistung zu verbessern (siehe Tabelle für die acht Rollen des Führungsarbeiters).

Der synergetische Impuls

Im neuen Modell des FührungsIQ sind Wertvorstellungen, Strategie und Praxis zusammengeführt, im Prinzip ist es jedoch einfach. Wie die einzelnen Disziplinen der Kampfsportarten bringen die sieben Leitprinzipien und die acht Rollen des Führungsarbeiters denen, die sie *alle* beherrschen, echten Nutzen. Nur so kann man den synergetischen Impuls erzielen.

Daß alle Rollen beherrscht werden sollten, wurde bei der Auswertung eines weiteren wichtigen Ergebnisses unserer Studie deutlich. Viele der weniger effektiven Führungskräfte, die wir kennengelernt hatten, zeigten sehr gute bis außerordentliche Kompetenz in mehreren Rollen, doch ihre Kollegen, Untergebenen und Vorgesetzten stuften ihre Leistung insgesamt nur durchschnittlich ein. Während diese Personen an der Oberfläche 50 bis 60 Prozent der Kompetenz von Führungsarbeitern erreichten, betrug ihre Gesamteffektivität nur 15 bis 25 Prozent. Warum? Die Antwort liefert der synergetische Impuls, den einzelne erzielen, wenn sie alle Rollen ausfüllen, da sich die Rollen gegenseitig bedingen und unterstützen, gerade wie die Themen einer Beethoven-Symphonie sich zu einem Meisterstück verbinden.

Führungsarbeiter erzielen überdurchschnittliche Leistungen, weil sie gelernt haben, die Macht aller Rollen für sich einzuspannen. Das kann jeder nachahmen. Ein Unternehmer, ein Mitglied eines Fortune-500-Unternehmens, Vorstandsvorsitzender oder Angestellter im direkten Kundenkontakt, ein technisches Genie oder ein Kundendienstleiter: Jede Führungskraft kann lernen, intelligenter zu arbeiten und zu führen.

Kapitel 2

Der Auswählende

Ein ausschlaggebendes Ereignis im Kampf gegen das nationalsozialistische Deutschland war die Wahl von Dwight David Eisenhower zum Leiter der Operation OVERLORD, der Großoffensive der Alliierten, die Hitlers Feldzug in Europa den Todesstoß versetzen sollte. Mit der Entscheidung für Eisenhower bestimmten Präsident Roosevelt und der Generalstabschef der amerikanischen Streitkräfte, General George Marshall, den Lauf der Geschichte.

George Marshall wußte genau, was für eine Person gebraucht wurde, und das war keiner seiner ranghöheren Offiziere. Er wies Bewerbungen solch erfahrener Kommandeure wie General Douglas MacArthur, Feldmarschall Bernard Montgomery und General George Patton zurück, denn er hatte das Gefühl, daß all diese herausragenden und charismatischen Männer mehr an ihrer Laufbahn als am Erfolg der Mission interessiert waren.

Marshall brauchte aber jemanden, der von höheren Beweggründen angetrieben wurde, jemanden mit der Fähigkeit und der Macht, jeden für die Mission in die Pflicht zu nehmen, jemanden, der sowohl selbstbewußt als auch bescheiden genug war, das Scheinwerferlicht mit anderen zu teilen. „Ich wußte, daß Eisenhower unser Mann war, als ich erfuhr, daß er aus Kansas kam", sagte Marshall später halb im Scherz.

Als Marshall seine Entscheidung fällte, wußte er noch einiges mehr über Eisenhower. Sie hatten lange Gespräche geführt, Marshall und Roosevelt hatten Eisenhowers Verhalten in verschiedenen Situationen sorgfältig beobachtet. Auf Marshalls Frage, wie Eisenhower das Ziel der Alliierten erreichen wolle, erklärte Eisenhower schließlich, außer für solch charismatische Genies wie MacArthur und Patton sei der sicherste Weg zum Erfolg, *andere für sich arbeiten zu lassen.*

Da wußte Marshall, daß er den richtigen Mann hatte. Eisenhower seinerseits war nicht ganz so sicher. Er nahm die Position an, jedoch erst nach weiterer Bedenkzeit und weiteren Erörterungen. Sorgfältig und objektiv analysierte er die Führungsanforderungen des Europafeldzuges und willigte schließlich ein, eine eigene Bewerbung in Betracht zu ziehen. Mit Bedenken, die seine strategische Bescheidenheit zeigten, stimmte er Marshall schließlich zu. Trotz seiner Einschränkungen konnte er die Aufgabe übernehmen. Und natürlich löste er sie brillant, später war er noch für zwei Legislaturperioden Präsident der Vereinigten Staaten.

Für Marshall und Eisenhower führte ein gut durchgeführter Auswahlprozeß zu einer der besten Personalentscheidungen des zwanzigsten Jahrhunderts. Beide spielten dabei eine aktive Rolle: Marshall entschied, daß Eisenhower die richtige Person für die Aufgabe war, und Eisenhower tat das ebenfalls.

Die Rolle des Auswählenden

Marshall und Eisenhower demonstrierten, welches das zentrale Ziel des Auswahlprozesses ist: Die richtige Person zur richtigen Zeit an die richtige Stelle zu setzen, damit sie die richtige Aufgabe erfüllt. Die Auswahl ist ein pragmatischer und ein gemeinschaftlicher Prozeß. Der potentielle Arbeitgeber und der potentielle Mitarbeiter tragen gemeinsam die Verantwortung für eine weise Entscheidung. Es ist ebenso unklug, eine Stelle anzunehmen, für die man nicht geeignet ist, wie es auch unklug ist, jemanden einzustellen, von dem man weiß, daß er keinen Erfolg haben kann. Zu oft hat man das Gefühl, der Auswahlprozeß sei einseitig, und die „mächtigere" Person treffe alle Entscheidungen. Unsere Untersuchung hat ergeben, daß Leute mit hohem FührungsIQ genau das Gegenteil glauben: Sie sehen sich in allen Situationen als Entscheidungsträger. Wie Eisenhower geht es ihnen mehr darum, selbst eine Entscheidung zu treffen, als darum, ob ihnen jemand anders eine Wahlmöglichkeit anbietet.

Auf die Bitte, ihre persönliche Fortentwickung aufzuzeichnen, konzentrierten sich die außerordentlichen Führungskräfte durchweg auf den Vorgang aktiver Auswahl als entscheidendes Ereignis an jeder Station ihres Lebensweges. Obwohl sie gelegentlich einräumten, daß auch Glück eine Rolle spielte, führten sie ihren Erfolg stets auf ihre Bereitschaft zurück, Entscheidungen zu treffen. Es ist wichtig, zur rechten Zeit am rechten Ort zu sein, aber das gilt nur für die, die auch bereit sind, Gelegenheiten beim Schopf zu packen.

Die folgende Aufstellung faßt zusammen, was wir über den Auswahlprozeß gelernt haben. Sie kann als Orientierungshilfe für die folgenden Seiten dienen. Dabei wird es um zwei Instrumente zur Erfüllung der Rolle des Auswählenden gehen: die Technik der *fokussierten Fragestellung* und die *vier Stufen zur Auswahlentscheidung.* Diese Instrumente wurden entwickelt, nachdem wir die Praktiken der besten Führungskräfte unserer Studiengruppe untersucht hatten. Auf den folgenden Seiten werden Sie diese Instrumente auf die vier Hauptaktivitäten bei der Auswahl anwenden: Einstellung, Beförderung oder Neuverteilung von Verantwortlichkeiten, Abschlußgespräch und Entlassung.

Die Rolle des Auswählenden

Ziel: Auswahl für den Kunden

Methode: Der sokratische Auswahlprozeß

- ➤ Instrument Nr. 1: Fokussierte Fragestellung
- ➤ Instrument Nr. 2: Vier Schritte zur Auswahlentscheidung
- ➤ Wenden Sie die Instrumente auf die folgenden vier Auswahlsituationen an:
  - Einstellung
  - Beförderung oder Neuverteilung von Verantwortlichkeiten
  - Abschlußgespräch
  - Entlassung

Wie hervorragend ausgebildete klinische Diagnostiker wissen die besten Auswählenden genau, was sie in Hinsicht auf Erfahrung, Persönlichkeit und Wertvorstellungen von einem Bewerber erwarten. Alle ihre Fragen im Auswahlgespräch konzentrieren sich auf den beruflichen Werdegang eines Bewerbers, zusätzlich auf Informationen zu Schulbildung, betrieblicher Ausbildung und zur Motivation. Der berufliche Werdegang ist das einzige, was ihrer Meinung nach zählt. „Ich bin eine glühende Verfechterin der Chancengleichheit", bemerkte Jill Lowenheim, Meisterin der Auswahl im amerikanischen Gesundheitsministerium, „deshalb bestehe ich darauf, daß ein Standardverfahren angewandt wird, auf das wir uns alle geeinigt haben: was ein Mensch in seiner beruflichen Laufbahn erreicht hat." Erörterungen des beruflichen Werdegangs und der Erfahrungen einer Person haben zum Ziel, ihre Wertvorstellungen aufzudecken, besonders ihre Einstellung zu anderen, speziell zu den Kunden. Führungsleistung beginnt und endet beim Kunden, also muß jede Entscheidung in Hinsicht auf ihre Auswirkung auf den Kunden betrachtet werden – sei der Kunde ein Angestellter des Hauses oder die Öffentlichkeit.

➤ Instrument Nr. 1: Fokussierte Fragestellung

In einem erfolgreichen Gespräch stellen Personen mit hohem FührungsIQ die richtigen Fragen zur richtigen Zeit, und sie wägen die Antworten, die sie hören, mit großer Rücksicht auf individuelle Unterschiede ab. Die Beschränkungen des routinemäßigen Auswahlgesprächs, das auf dem Lebenslauf basiert, wo beide Seiten oft auf vorformulierte Fragen und Antworten zurückgreifen, behindern oft die Recherche, welche Vorteile für das Unternehmen die individuellen Eigenarten eines Kandidaten bieten könnten. Mit den folgenden Strategien durchdringen Sie auch die Dressed-for-Success-Schale des bestgekleideten Kandidaten.

Instrument Nr. 1: Fokussierte Fragestellung

Wenn Sie selbst fragen
- ➤ Bringen Sie den Kandidaten dazu, sich spontan zu äußern
- ➤ Untersuchen Sie seine ersten beruflichen Erfahrungen
- ➤ Lassen Sie den Kandidaten reden

Wenn Sie befragt werden
- ➤ Fragen Sie nach den Wertvorstellungen von Personen, die erfolgreich waren
- ➤ Stellen Sie unabhängige Nachforschungen an
- ➤ Verlassen Sie sich nicht auf Ihren Lebenslauf

- *Bringen Sie den Kandidaten dazu, sich spontan zu äußern.* Wenn die Kandidatin Janet Doe weiß, daß sie nach der achtmonatigen Lücke in ihrem beruflichen Lebenslauf gefragt wird, wird sie die Antwort, die der oder die Fragende ihrer Meinung nach hören will, vorformulieren und üben. Wird sie aber nach dem lohnendsten Erlebnis in dieser Zeit gefragt, dann enthüllt sie vielleicht etwas Wesentliches über sich selbst und ihre Wertvorstellungen. Erfolgreiche führen fruchtbare Gespräche, weil sie wissen, wie man das traditionelle „Drehbuch" eines Auswahlgesprächs umarbeitet.
- *Fragen Sie den Kandidaten nach den ersten Erfahrungen im Arbeitsleben.* Die Kandidaten machen sich viele Gedanken darüber, wie ihre jüngsten beruflichen Erfahrungen ihre Chancen auf ihrem Gebiet verbessert haben. Geübte Auswählende haben gelernt, nach prägenden Ereignissen in der Geschichte des persönlichen Arbeitslebens zu fragen – nach Erfahrungen, die nach Ansicht der Kandidaten in keinerlei Beziehung zu der Stelle stehen, um die sie sich bewerben, noch zu irgendeiner anderen Stelle. Janet Does Gedanken über die Zeit als Köchin in einem Fast-food-Restaurant werden ein Licht auf ihre potentielle Leistung als Marketingleiterin werfen.

– *Überlassen Sie das Reden hauptsächlich dem Kandidaten.* Wer gut Gespräche führen kann, kann auch sehr gut zuhören. Bei fast jedem Gespräch (mit Ausnahme des Entlassungsgesprächs) bleibt das Reden hauptsächlich dem Kandidaten überlassen. Anstatt den Gesprächspartner zu zwingen, nach Stichworten zu suchen und eine seiner Meinung nach korrekte Antwort zu liefern, bestimmen erfahrene Interviewer zwar die Richtung des Gesprächs, überlassen das Reden aber hauptsächlich dem Befragten.

Es ist auch eine Kunst, sich gut befragen zu lassen. Das Ziel des Bewerbers ist, soviel wie möglich über die Firma und den Gesprächspartner zu erfahren. Die folgenden Strategien helfen, hinter die Fassaden von Hochglanz-Jahresberichten und sorgfältig formulierten Presseerklärungen zu blicken und die Wahrheit über ein Unternehmen herauszufinden.

– *Fragen Sie, welche spezifischen Eigenschaften den Menschen gemeinsam sind, die in diesem Unternehmen erfolgreich sind.*
– *Stellen Sie eigene Nachforschungen an.* Der Interviewer wird versuchen, Sie reden zu lassen. Was auch immer er Ihnen über das Unternehmen und Ihre potentielle Position erzählt, ist so sorgfältig vorbereitet wie die meisten Jahresberichte. Stellen Sie Ihre eigenen Nachforschungen über Ihren potentiellen Arbeitsplatz so umsichtig wie möglich an, und stellen Sie auf jeden Fall Fragen.
– *Verlassen Sie sich nicht auf Ihren Lebenslauf.* Ihr Lebenslauf kann nicht all das darstellen, was Sie einem Unternehmen zu bieten haben. Sie müssen es Ihrem Gesprächspartner bei der Bewerbung auch persönlich vermitteln.

➤ Instrument Nr. 2: Vier Schritte zur Auswahlentscheidung

Der Auswahlprozeß umfaßt vier grundlegende Schritte:

1. Schaffen Sie eine angemessene Atmosphäre.
2. Führen Sie eine formale Bewertung durch.
3. Stellen Sie die Ergebnisse fest, und werten Sie sie aus.
4. Handeln Sie.

Instrument Nr. 2: Vier Schritte zur Auswahlentscheidung

Für Einstellungen, Beförderungen, Abschlußgespräche

Schritt 1: Schaffen Sie eine angemessene Atmosphäre

- ➤ Vermeiden Sie, was bedrohlich wirken könnte
- ➤ Der Ton sollte persönlich und höflich sein
- ➤ Vermeiden Sie Unterbrechungen

Schritt 2: Führen Sie eine formelle Bewertung durch

- ➤ Stellen Sie grundlegende Fragen – schätzen Sie die bisherigen beruflichen Erfahrungen ein
- ➤ Stellen Sie Sondierungsfragen – bewerten Sie die Übergänge

Schritt 3: Stellen Sie die Ergebnisse fest, und werten Sie sie aus

- ➤ Stellen Sie die Dinge klar
- ➤ Ergänzen Sie Informationen
- ➤ Bewerten Sie die Eignung des Kandidaten

Schritt 4: Handeln Sie

- ➤ Bestätigen oder verwerfen Sie die Entscheidung
- ➤ Informieren Sie alle Kandidaten über Ihre Entscheidung

Zur Entlassung

Schritt 2: Führen Sie eine formelle Bewertung durch

Schritt 3: Stellen Sie die Ergebnisse fest, und werten Sie sie aus

- ➤ Überlegen Sie die Entscheidung sorgfältig

Schritt 1: Schaffen Sie eine angemessene Atmosphäre

- ➤ Bereiten Sie eine schriftliche Vorlage vor und führen Sie das Gespräch von Angesicht zu Angesicht

Schritt 4: Handeln Sie

- ➤ Hat die betreffende Person verstanden?
- ➤ Hat sie noch Fragen?
- ➤ Wiederholen Sie den Entschluß
- ➤ Informieren Sie über die weitere Vorgehensweise

Diese Schritte bleiben gleich, ob Sie einen neuen Bewerber einstellen, jemanden zur Beförderung oder für eine Ausweitung seines Verantwortungsbereichs neu beurteilen oder ein Entlassungsgespräch führen. Auswahlgespräche konzentrieren sich darauf, Informationen zu sammeln. Sie folgen dem Muster des sokratischen Dialogs: Jede Partei ist bestrebt, genau die richtige Information zu erlangen, indem sie genau die richtigen Fragen stellt. So antwortete der talmudische Gelehrte auf die Frage, warum er jede Frage mit einer Frage beantwortete: „Was soll an einer Frage falsch sein?“ Nach den Regeln des sokratischen Dialogs führt die Person, die die Fragen stellt, das Gespräch auf ein gewünschtes Ziel hin, indem sie zu detaillierten, direkten Antworten auffordert. Jedoch sollte in allen Fällen, mit Ausnahme des Entlassungsgesprächs, bei dem der Auswählende 80 Prozent des Gesprächs bestreitet, der Befragende 65 bis 75 Prozent des Gesprächs damit zubringen, den Antworten zuzuhören. Wie die alte Ermahnung uns sagt: „Es hat seine Gründe, daß Gott uns zwei Ohren und nur einen Mund gab.“

Schritt 1: Schaffen Sie eine angemessene Atmosphäre

Hier ist wichtig, daß Sie den richtigen Ton anschlagen: Entspannt, persönlich, respektvoll und höflich. Laut John Gritmon, einem leitenden Angestellten für Informationssysteme bei Coors, vergessen Menschen mit hohem FührungsIQ nie, daß sie *mit* den Leuten sprechen und nicht *zu* ihnen. Dazu trägt auch eine Umgebung bei, die nicht auf Konfrontation und Hierarchie ausgerichtet ist. Um eine Verbindung herzustellen, sollten Sie Interesse signalisieren, nicht Macht. Wenn Sie zum Beispiel Ihrem Kandidaten am Schreibtisch gegenübersitzen, signalisieren Sie, daß Sie sich selbst als Vorgesetzten betrachten. Dies kann manche unsicher machen und in die Defensive treiben. Wenn Sie hinter Ihrem Schreibtisch hervorkommen und sich zu Ihrem Gesprächspartner setzen oder das Treffen in zwangloser Atmosphäre im Konferenzzimmer mit einigen Erfrischungen stattfinden lassen, schaffen Sie eine angemessene kollegiale Atmosphäre statt einer abweisenden.

Schritt 2: Führen Sie eine formelle Bewertung durch

Nach den einleitenden Floskeln sollten Sie direkt zum Thema des Gesprächs kommen und nach dem beruflichen Werdegang fragen. Ein geschickter Gesprächsführer geht das Thema direkt an, zeigt aber immer Respekt und Höflichkeit. Diese Herangehensweise ermöglicht es, immer eindringlichere Fragen zu stellen, die echte Person hinter dem zusammenfassenden Lebenslauf (oder die wirkliche Firma statt des Jahresberichts) zu erkennen. Die Übergänge im beruflichen Lebenslauf eines Menschen offenbaren eine Menge über seine charakterlichen und geistigen Qualitäten. Wie eine musikalische Darbietung mühelos von einer Tonart in die andere und von einem Takt zum nächsten übergeht, sagen die Modulationen und Überleitungen in einem Lebenslauf viel über die Fähigkeiten des Darbietenden aus. Wie hat der Kandidat diese wichtigen Übergänge gemeistert?

Schritt 3: Stellen Sie die Ergebnisse fest, und bewerten Sie sie

Dieser Schritt beginnt mit zusammenfassenden Beobachtungen, um die wichtigsten Punkte klarzustellen und noch einmal zu prüfen. Am Ende des Treffens faßt der Auswählende zusammen, was er gehört hat, und bittet den Kandidaten, die Informationen zu ergänzen oder nicht zutreffende Interpretationen zu korrigieren. Nachdem der Auswählende das Treffen beendet hat, wertet er die potentiellen Übereinstimmungen zwischen den Bedürfnissen und Qualitäten des Kandidaten und des Unternehmens aus, und der Kandidat tut dasselbe. Diese Phase kann auch Rückfragen von beiden Parteien beinhalten und anschließende Erörterungen, falls nötig. In jedem Fall vermeiden die potentiellen Partner überstürzte Entscheidungen. Auf lange Sicht wird es sich auszahlen, wenn man zusätzlich etwas Zeit investiert, um Informationen aus allen Ecken zusammenzutragen. Die Informationsmenge, die ein beruflicher Lebenslauf liefert, geht weit über das Gewohnte hinaus und braucht einige Zeit, um verdaut zu werden.

Schritt 4: Handeln Sie

In diesem Stadium gibt der Befragende die Entscheidung unverzüglich und unmißverständlich mit Begründung bekannt. Wenn der Auswahlprozeß in seinem Kontext bestätigt wird, kommen Werte und Prinzipien ins Spiel. Wenn der Auswählende in einem gut geführten Prozeß die Entscheidung erläutert, begreift der Bewerber die gemeinsamen Werte, die in diesem Unternehmen die Zusammenarbeit und den Dienst am Kunden bestimmen.

➤ Ein Skript für eine Einstellung – Pauls Geschichte

Wir lernten Paul kennen, kurz nachdem er selbst das Auswahlverfahren durchlaufen hatte. Er war vom Direktorium von Teledynamics ausgewählt worden, um in einer ziemlich schlimmen finanziellen Notlage das Ruder herumzureißen. „Ich kam zu Teledynamics", erzählte er uns, „weil ich überzeugt war, die Leute wollten ein besonderes Unternehmen schaffen. Irgendwo im Laufe der verschiedenen Ebenen spaltete sich jedoch der Traum vom finanziellen Erfolg vom echten Engagement für den Kunden ab. Deshalb wurden dort rote Zahlen geschrieben."

Paul brachte klare Wertvorstellungen zu seiner neuen Stelle mit. „Erfolg in der Wirtschaft hat heutzutage mit einem Kampf um Demokratie zu tun. Es geht darum, wer durch besseren Service besseren Zugang zu Ideen und Informationen bietet. *Um diesen Kampf zu gewinnen, müssen die Menschen im direkten Kundenkontakt Zugang zum Wissen anderer haben. Mit anderen Worten, wir müssen denen dienen, die dienen. Der Schlüssel zum Erfolg in dieser Branche ist, daß man die richtigen Leute an die richtige Stelle setzt."*

Dieser Glaubensgrundsatz veranlaßte Paul dazu, nach den Prinzipien sokratischer Befragung und Empathie einen Auswahl- und Beförderungsprozeß im ganzen Unternehmen Teledynamics in Gang zu setzen. „Es begann damit, daß die Geschäftsleitung mich auswählte und ich mich für das Unternehmen entschied. Nun mußte ich einen entsprechenden Geschäftsführer einstellen und damit demonstrieren, daß ich mich für meine Überzeugungen und Prinzipien einsetzte."

Paul erläuterte sein Vorgehen: „Wir beauftragten eine große Personalvermittlung für Führungskräfte mit der Kandidatensuche – es sollten sehr erfolgreiche sein, darauf bestand ich. Nun, einer von ihnen war ein ehemaliger Agent des Geheimdienstes mit Namen Bruce, dessen perfekter Lebenslauf darauf hindeutete, daß er zu uns passen könnte. Er absolvierte alle anderen Auswahlgespräche mit Bravour, dann bat ich, ihn persönlich kennenlernen zu dürfen."

Einen ersten Hinweis auf eine u. U. gefährliche Schwäche von Bruce fand Paul, als er Bruce bat, über seine Berufserfahrung zu sprechen. „Ich fragte ihn nach seinen ersten Erfahrungen", sagte Paul, „aber er lenkte das Gespräch immer auf seine letzten Erfolge und die Glanzpunkte in seinem Lebenslauf." An diesem Punkt habe er seine Taktik geändert, berichtet Paul, und beschlossen, von seiner eigenen Tagesordnung abzuweichen und Bruce die Führung des Gesprächs zu überlassen. „Ich lehnte mich einfach zurück und wartete, wohin uns das führen würde. Bruce sprach über seine letzten Beförderungen, seinen MBA aus Michigan, dann über den von ihm als sehr streng beschriebenen Auswahlprozeß für seine Anstellung beim Geheimdienst. Also bat ich ihn, mir von dieser Auswahl zu berichten."

Nach Pauls Erzählung nahm das Gespräch folgenden Verlauf.

Schritt 1: Eine angemessene Atmosphäre schaffen

Paul wollte das Gespräch in zwangloser Atmosphäre führen, einerseits, weil er vermitteln wollte, wie wichtig seiner Überzeugung nach Teamwork ist, und andererseits sollte der Kandidat locker werden, weil es „schwierig ist, mit aufgeregten Leuten ein gutes Bewerbungsgespräch zu führen", wie er sagte. Beim folgenden Austausch saßen Paul und Bruce nebeneinander am Konferenztisch bei Teledynamics. Paul bot Bruce Kaffee an, Bruce nahm dankend an, trank aber nicht.

Schritt 2: Die formelle Bewertung

Bruce: *(Als Antwort auf Pauls Fragen über den Auswahlprozeß beim Geheimdienst.)* Nun, ehrlich gesagt, Paul, es war nicht wie dieses Gespräch. Es war sehr anstrengend. Ich mußte vor einem dreiköpfigen Gremium antreten, das mir eine Menge schwieriger Fragen stellte.

Paul: Zum Beispiel?

Bruce: Nun, ich fand sie sehr gut geplant und aufschlußreich. Ob ich an die Grundlagen unserer Verfassung glaubte? Ob ich in der Lage sei, mit Streßsituationen umzugehen? Ob es mir Schwierigkeiten bereite, Autorität zu akzeptieren? Ob ich genügend Intelligenz und Mut besäße, das Nötige zu tun? – Solche Fragen waren das.

Paul sagte: „Bruce schien sich etwas zu entspannen, während er über seine Zeit beim Geheimdienst sprach. Er war offensichtlich sehr stolz auf seine Erfahrungen dort. Und da er sich so anscheinend wohler fühlte, sagte ich ihm, seine Geschichte sei interessant, und fragte, was ihn zum Geheimdienst gebracht hatte und was er davor getan habe. Dies führte mich zu meinen ursprünglichen Fragen über Bruce erste Berufserfahrungen zurück. Er berichtete, daß er seine ersten Erfahrungen mit der Arbeitswelt in der Schneiderei seines Onkels gesammelt hatte."

Paul: Welche Erfahrungen haben Sie bei der Arbeit in der Schneiderei Ihres Onkels gemacht?

Bruce: *(Er machte beim Sprechen den Eindruck, als habe er darüber schon oft nachgedacht und sei zu einem bestimmten Entschluß gekommen.)* Das hat mir Ehrgeiz verliehen.

Paul: Wie meinen Sie das? Erzählen Sie mir mehr darüber.

Bruce: In der Schneiderei durfte man keine eigenen Entscheidungen fällen, ständig mußte man für andere da sein. Kunden können so fordernd sein – was generell auch ihr gutes Recht ist –, wir mußten jedenfalls sehr hart arbeiten. Sechstagewoche, vom frühen Morgen – wir begannen um 6 Uhr 30 mit der Arbeit – bis manchmal spät in die Nacht hinein. Und wenn einmal besondere Bestellungen eingingen, arbeiteten wir auch sonntags. In so einer Lage kann man überhaupt nicht über sein Leben bestimmen.

Paul: Können Sie mir ein Beispiel dafür geben?

Bruce: Nun, ich war noch ein Junge, etwa sechzehn glaube ich, da kam zum Beispiel jemand, um einen Anzug abzuholen, den wir geschneidert hatten. Ich erinnere mich noch, ich gab ihm den Anzug, er fand etwas daran nicht in Ordnung und regte sich sehr auf. Er nannte mich verantwortungslos, sagte, wir wüßten nicht, was wir tun. „Euch kann man einfach nichts anvertrauen." Und so weiter. Danach faßte ich den Entschluß, mir so etwas nicht länger bieten zu lassen. Und ich fragte mich, warum mein Onkel das ertrug. Ich nahm an, er mußte das, er saß in der Falle. Also beschloß ich, nie in eine solche Situation zu kommen. Ich würde mich von niemandem so herumkommandieren lassen. Das meine ich mit Ehrgeiz.

Paul erklärte: „Es war eine emotionsgeladene Geschichte. Ich wollte mehr erfahren, versuchte aber, dem Gespräch eine andere Wendung zu geben, damit Bruce die Chance hatte, weniger emotional über die Sache zu sprechen. So konnte er mir mehr über seine Auffassung von Ehrgeiz mitteilen. Ich wußte immer noch nicht genau, was er meinte oder was es für einen Einfluß auf seine Arbeit haben könnte."

Paul: Waren Sie der einzige, der in dieser Schneiderei beschäftigt war? Waren noch andere junge Leute wie Sie dort angestellt?

Bruce: Mein Cousin arbeitete auch dort.

Paul: Also war Ihr Cousin ein Mitarbeiter der Schneiderei? Wie war das, mit dem Cousin als Kollegen zu arbeiten?

„Ich fragte so, weil ich zwar etwas über seine persönlichen Beziehungen wissen wollte, aber nicht danach fragen konnte. Nach seinem Cousin als Kollegen konnte ich fragen, ich hätte ihn jedoch nicht einfach nach seinem Cousin fragen können", erklärte Paul.

Bruce: Er ist da auch rausgekommen. Er ist nun Augenarzt und sehr erfolgreich.

Paul: Nun, was haben Sie noch bei der Arbeit in der Firma Ihres Onkels gelernt?

Bruce: Ich habe gelernt, daß man für diese Art von Arbeit von den meisten Leuten nicht respektiert wird. Man endet als Gefangener in einer einseitigen Beziehung.

Paul: In was für einer Beziehung möchten Sie arbeiten?

Bruce: In einer Beziehung, in der die Maßstäbe des Erfolgs anerkannt werden.

Paul: *(Verwirrt)* Glauben Sie, das sei in den meisten Beziehungen nicht der Fall?

Bruce: Nun, wir wollen als Teammitglieder und Kollegen zusammenarbeiten, aber einer muß als Autorität in einer bestimmten Lage anerkannt werden.

Paul: Was bedeutet das in der Praxis? Wie gehen *Sie* mit Problemen um, und wie arbeiten Sie mit anderen zusammen?

Bruce: Sie sollen wissen, was sie zu tun haben, wofür sie verantwortlich sind, und sie sollen diese Verantwortung auch übernehmen. Ich mache deutlich, daß ich Ergebnisse erwarte und daß sie das System achten sollten.

Paul: *(Formuliert das Gesagte neu in seinen eigenen Worten):* Heißt das, Ihrer Meinung nach sollten die Leute verstehen, daß Sie der Chef sind?

Bruce: Ja, wenn ich der Chef bin. Oder ein anderer, wenn er der Chef ist. Ich glaube, es ist wichtig, daß die Leute die hierarchischen Strukturen kennen und wissen, wer wer in der Befehlskette ist. Man bekommt nichts erledigt, wenn man nicht weiß, wer verantwortlich ist.

Paul: Aha. Und wenn Sie sich selbst als Führungskraft charakterisieren sollten, wie würden Sie sich beschreiben?

Bruce: Nun, ich bin ein direkter, energischer Vorgesetzter, der darauf besteht, daß beste Arbeit geleistet wird und daß die Leute die Verantwortung für ihre Arbeit übernehmen.

Ich glaube, man sagt von mir, ich sei etwas hart, aber gerecht.

Paul: *(Ist zu einer Vermutung gelangt und fragt nach, um sie zu bestätigen.)* Würde man Sie als jemanden beschreiben, der verantwortlich ist und der anderen deutlich macht, daß sie ihm gegenüber die Verantwortung tragen, daß ihre Arbeit getan wird?

„Darauf antwortete er mit Ja“, sagte Paul.

Schritt 3: Pauls Diagnose und die Auswertung der Ergebnisse

„Ich hatte Bedenken bei Bruce, weil wir ein Team von Kollegen aufbauen wollten, in dem der Mitarbeiter jederzeit auch der Chef sein könnte bzw. der Chef Mitarbeiter sein könnte“, erklärte Paul. „Ich war der Meinung, Bruce würde es schwerfallen, dieses Konzept zu verstehen. Er schien in der Beförderung eine Möglichkeit zu sehen, immer mehr die Leitung zu übernehmen und nicht eine Möglichkeit, ein Kollege zu werden. Ich bewunderte seine Leistungen; seine Ausbildung, sein Wissen und seine Referenzen waren sehr gut. Für meine Entscheidung aber war seine Auffassung von Führung ausschlaggebend.“

Die wertvollsten Hinweise auf die Ansichten von Bruce über Dienst am Kunden und Führung fand Paul jenseits seines Lebenslaufs. Paul glaubte, Bruce würde einen ehrgeizigen, fast ausbeuterischen leitenden Angestellten abgeben, der Schwierigkeiten haben würde, seine Kollegen und andere Beteiligte innerhalb seiner Einflußsphäre zu akzeptieren. Bruce fehlte das Verständnis für den größeren Zusammenhang, in dem er arbcitete: Er betrachtete Erfolg nicht als Ertrag für das Unternehmen oder als Zuwachs an Verantwortung, sondern als Macht. Paul entschied sich, Bruce die Stelle nicht anzubieten. Das Wichtigste in diesem Auswahlprozeß waren für Paul bestimmte Wertvorstellungen, und als deutlich wurde, daß Bruce diese Werte nicht vertrat – Respekt für jeden Partner als wertvollen Mitwirkenden und Engagement für den Dienst am Kunden –, wußte Paul, daß Bruce für die Stelle bei Teledynamics nicht geeignet war. Paul sagte: „Im 21. Jahrhundert ist die

Arbeitsumgebung der Belegschaft sehr unterschiedlich, die Klientel ist verschiedenartig, und Information und Wissen sind entscheidend. In einer Zeit, in der eine Sekretärin jederzeit mehr Informationen haben kann als ein Vorstandsvorsitzender, würde sich Bruce bestimmt nicht wohl fühlen und wäre wahrscheinlich eine Belastung."

Schritt 4: Handeln Sie

Paul entschied sich, Bruce nicht einzustellen. Seine Suche fand bald ein Ende mit der Entscheidung für Janice Czech (und ihrer Entscheidung für diese Stelle), eine interne Kandidatin. Sie hatte sich mit der Branche während ihrer 20jährigen Laufbahn kontinuierlich weiterentwickelt, was ihr die Bewunderung von Kollegen, Vorgesetzten und Mitarbeitern eingebracht hatte. Als Paul die Unterschiede zwischen den beiden Treffen mit Bruce und Janice beschrieb, nannte er das erstere einen Monolog, letzteres einen Dialog und schloß: „Noch ehe mein Treffen mit Janice vorüber war, waren wir nicht nur ihren beruflichen Werdegang gründlich durchgegangen, wir hatten auch unsere Firma genau durchleuchtet. Wir hatten uns bereits eine Stunde lang mit Problemlösungen beschäftigt. Wissen Sie, es ist schon komisch, aber der Unterschied zwischen beiden Kandidaten läßt sich an einem Wort festmachen. Bruce muß wohl fünfzigmal „ich" gesagt haben. Janice sagte immer „wir". Für sie stand der Dienst am Kunden im Vordergrund."

Pauls Geschichte lehrte uns sehr viel über die Praktiken von Führungsarbeitern. Einige wichtige Punkte sind:

- *Legen Sie Ihre Prinzipien fest, ehe Sie ein Auswahlgespräch führen.* Für Paul war es eine große Hilfe im Auswahlprozeß, daß er bereits entschieden hatte, sein Kandidat müsse von der Bedeutung von gemeinsam genutzter Information überzeugt sein. Eine unabhängige oder charismatische Führungskraft mag manchmal die richtige Wahl sein, aber in Pauls Fall und nach seinen Prinzipien war ein Teamworker gefragt.
- *Beschränken Sie Ihre Fragen nicht auf die Punkte, die im Lebenslauf angesprochen werden.* Das scheint zwar selbstverständlich,

aber wir haben herausgefunden, daß es tatsächlich nicht der allgemeinen Praxis bei Bewerbungsgesprächen entspricht.

- *Bewerten Sie die Bereitschaft des Kandidaten, Fragen zu beantworten.* Bruce war eher bereit, über seine ersten Erfahrungen in der Arbeitswelt zu sprechen, nachdem er die seiner Meinung nach glanzvolleren Punkte seiner Erfahrungen mitgeteilt hatte.
- *Versuchen Sie, vollständig zu verstehen, was der Kandidat Ihnen sagt.* Paul zeigte Einsatz im Auswahlprozeß, indem er Bruce drängte, sein Verständnis von Ehrgeiz zu erklären.
- *Fragen Sie den Kandidaten, was seine Prinzipien oder Charaktereigenschaften in der Praxis bedeuten.* Paul bat Bruce, seine Vorstellungen von Arbeitsbeziehungen und Führung darzustellen.

➤ Ein Skript für eine Beförderung/Versetzung – Aletheas Geschichte

Unsere Studie hat auch ergeben, daß die erfolgreichsten Führungskräfte die Fähigkeit haben, vorhandene Teammitarbeiter sorgfältig zu beurteilen und neu zu bewerten, um Verantwortlichkeiten und Belohnungen auf möglichst effektive Art und Weise zu verteilen. Sie wissen, daß Menschen sich weiterentwickeln und sich verändern und daß effektive Führung dieses Wachstum und diese Veränderungen klar sehen muß. Das Skript für die Beförderung oder Versetzung ist hervorragend geeignet, eine solche Neubewertung durchzuführen. Alethea Freeman, Verkaufsleiterin bei Adams Inc., einer Firma, die Haushaltsgeräte herstellt, ging nach dem folgenden Skript in einer emotional schwierigen und potentiell anstrengenden Situation vor.

Wenige Tage, nachdem Alethea Freeman ihre Beförderung zur Verkaufsleiterin erhalten hatte, initiierte sie ein Neubewertungsgespräch mit Jesse Adams, einem der meistgeachteten und erfahrensten Verkaufsleute. Jesses Leistung war stark gesunken, und Alethea mußte herausfinden, welches die Ursache für das plötzliche Absinken seiner Produktivität war.

Schritt 1: Sorgen Sie für eine angenehme Atmosphäre

Um dem Gespräch den richtigen Rahmen zu verleihen, lud Alethea Jesse zum Mittagessen in ein gemütliches Restaurant ein, das weit genug vom Büro entfernt lag, daß sie nicht irgendwelchen Mitarbeitern in die Arme liefen. Zu Anfang des Treffens stärkte sie Jesses Selbstbewußtsein, indem sie ihm ihre Bewunderung für seine hervorragenden Leistungen voller Einsatz für den Dienst am Kunden aussprach. Gleichzeitig lenkte sie das Gespräch vorsichtig, aber offiziell auf seinen überraschenden Leistungsabfall, eine Sorge, die er sicher teilte.

Schritt 2: Führen Sie die formelle Bewertung durch

Alethea: Sie haben hervorragende Leistungen erbracht, deshalb fallen die jüngsten Verkaufszahlen um so mehr auf. Wenn es Ihnen nichts ausmacht, würde ich dieses Thema einen Augenblick beiseite lassen und über etwas Grundlegenderes sprechen – nämlich Sie. Wer ist Jesse Adams? Was denkt er über seine Arbeit, seine Kunden und seine Familie?

Alethea erzählte uns: „Er fühlte sich zwar sichtlich unwohl, doch er war einverstanden. Tatsächlich schien er erleichtert über die Gelegenheit, etwas loszuwerden."

Jesse: Ich weiß nicht, wo ich anfangen soll.

Alethea: Für mich ist so etwas auch neu, also werden wir improvisieren müssen. Ich schlage vor, wir fangen am Anfang an. Ist das nicht sinnvoll?

Jesse: Ja, ich habe einige wundervolle Jahre hier erlebt.

Alethea erklärte uns: „Eigentlich hatte ich mich für dieses Skript schon lange vor diesem Gespräch entschieden. Da Adams das Unternehmen seiner Familie war, wollte ich wissen, warum Jesse dort eingestiegen war. Ich wußte nicht, ob er nur etwas Zeit brauchte, um Kräfte zu sammeln, ob er sich nach Jahren der Pflichterfüllung ausgebrannt fühlte oder was auch immer. Und ich mußte natürlich sicherstellen, daß Jesse einverstanden war, zum ersten Akt seiner Laufbahn bei Adams zurückzugehen."

Alethea setzte die Bewertungsphase fort und bat Jesse, sie durch seine berufliche Laufbahn zu führen, beginnend mit seiner ersten Stelle. Alethea gab das Gespräch folgendermaßen wieder: „‚Sicher', sagte Jesse und begann seine Erzählung damit, daß er im Jahre 1954 als Lagerjunge in dem Unternehmen anfing. Hier unterbrach ich ihn und fragte, ob das wirklich seine erste Stelle war. ‚Nein', sagte er, und erzählte mir von einer Arbeit im Jahre 1947. Ist das die erste? Wieder nicht. Schließlich lachte er in sich hinein und sagte: ‚Schauen Sie, Alethea, ich habe das noch niemandem erzählt, aber meine erste Arbeit hatte ich im Jahre 1937 im Alter von sechs Jahren.' Er erzählte weiter, er sei das älteste von vier Kindern, und in jenem Jahr hätten sie ihre Eltern bei einem Autounfall verloren. Sie wurden getrennt und lebten bei Verwandten. Jesse lebte auf dem Bauernhof einer Tante und arbeitete jeden Tag. ‚Ich sparte soviel Geld, daß ich allen meinen Geschwistern in diesem ersten Jahr ein Weihnachtsgeschenk kaufen konnte,' erzählte er, ‚und von da an nahm ich die Stelle meiner Eltern ein.'"

Sobald einmal ein Einstieg gefunden war, breitete Jesse einen Lebenslauf von über fünf Jahrzehnten kontinuierlicher, ununterbrochener Beschäftigung aus. Während er sprach, wurde Alethea deutlich, daß er sein Leben als fortlaufenden Dienst an zwei Familien sah: zuerst an seinen Geschwistern und dann an seinen eigenen Kindern. Jesse war vorzeitig von der High School abgegangen, um ganztags bei Adams, dem Unternehmen seines Großvaters, zu arbeiten. Von da an war er stetig auf der Leiter nach oben gestiegen, vom Lagerjungen zum Betriebsleiter. Als diese Stelle nach einer Fusion vor vier Jahren gestrichen wurde, wechselte er in den Verkauf. Seine Verkaufszahlen folgten der gleichen Aufwärtskurve wie seine vorhergehende Laufbahn. Jesse sprach mit Stolz und Befriedigung über sein langes Arbeitsleben, darüber, was seine beiden „Kinderscharen" erreicht hatten, und über seine Frau, die als Lehrerin kürzlich in den Ruhestand getreten war. In Jesses Erzählung kam eine facettenreiche Persönlichkeit hervor. Er hatte bisher nicht über seine zahlreichen Talente und Errungenschaften gesprochen, weil er fürchtete, seine neue Chefin könnte seinen Mangel an Schulbildung als Makel empfinden. Alethea versicherte Jesse, daß das nicht der Fall sei, atmete tief durch und stellte Jesse die schwierige Frage: „Wie fühlten Sie sich, als Sie zu diesem Treffen fuhren?“

Schritt 3: Aletheas und Jesses Diagnose und die Auswertung der Ergebnisse

„Ich wußte, damit könnte ich einen empfindlichen Punkt treffen“, berichtete uns Alethea. „Ich versuchte einzuschätzen, wie ausgebrannt er war. Jesse hatte 58 Jahre ohne Unterbrechung gearbeitet, und ich nahm an, das war die Erklärung für seinen Leistungsabfall in der letzten Zeit. Ich hatte recht. Er seufzte, blickte mir gerade in die Augen und sagte: ‚Ich war einfach müde.‘“

Alethea: Sie waren nicht aufgeregt?

Jesse: Nein. Mich regt nichts mehr auf. Ich habe hier bei Adams schon alles gesehen.

Alethea: *(Sie gebraucht die Frageform, um zu betonen, daß Jesse letztendlich für seine Zufriedenheit bei der Arbeit selbst verantwortlich ist.)* Was können wir gegen Ihre Müdigkeit tun?

Jesse: Ich brauche eine andere Arbeit.

Das überraschte Alethea, aber je mehr sie darüber nachdachte, desto sinnvoller erschien es ihr. Dieser Mann hatte sein Leben im Dienste anderer verbracht, was könnte also seine Lebenslust mehr wiederherstellen als eine Arbeitsstelle, die seine Werte wieder einsetzte? Sicher nicht der Ruhestand, obwohl er Jesse zustünde.

Alethea: *(Sie betont wieder Jesses Entscheidungsfreiheit in dieser Sache.)* Schwebt Ihnen ein Traumjob vor?

Jesse: Ich weiß, daß meine Leistung in letzter Zeit lausig war, aber es muß doch einen Weg geben, wie Adams von meiner Erfahrung und meinem Wissen profitieren kann.

Alethea: Wollen Sie in den Innendienst?

Jesse: Über die Hälfte meiner Arbeit besteht in der Pflege der Kundenbeziehungen. Gibt es nicht einen Schreibtischjob, wo ich das tun könnte? Vielleicht könnte ich den Neuen zeigen, wie's geht.

Alethea sagte, sie wolle über seine Idee nachdenken, beendete dann das Gespräch, indem sie um ein erneutes Treffen nach Ablauf von zwei Tagen bat. Als er sich zum Gehen wandte, ergriff sie seine Hand, sprach ihm ihre ehrliche Bewunderung aus und sagte, sie habe bei dem Treffen mit ihm eine Menge gelernt.

Schritt 4: Handeln Sie

Alethea dachte in den folgenden beiden Tagen lange und intensiv über Jesse nach. Nachdem sie sich mit dem Personalchef beraten hatte, beschloß sie, Jesse eine Stelle anzubieten, die eine Ausbildungskomponente mit dem Verkaufsinnendienst verband. Sie lachte, als sie uns das erzählte: „Wir *schufen* tatsächlich diese Stelle für Jesse. Er war ein Aushängeschild des Unternehmens, nicht nur, weil er ein Adams war. Über lange Zeit hinweg war er ein Top-Verkäufer gewesen und hatte dem Unternehmen über ein halbes Jahrhundert angehört. Er ist ein Symbol der Stabilität in einer Arbeitswelt, in der die Menschen nicht einmal mehr nach einem sicheren Arbeitsplatz zu suchen scheinen. Wenn man dies berücksichtigt, dazu seine Verkäuferfähigkeiten, die er bewiesen hat, wer wäre besser geeignet als Mentor für die neu Eingestellten? Er hatte zwar anscheinend seinen Zenit im Verkauf überschritten – ich war aber der Meinung, daß ihm die Versetzung auch in diesem Bereich weiterhelfen könnte; Jesse war zu wertvoll, um ihn einfach gehen zu lassen."

Jesse war mit einem Kompromiß im neuen Job einverstanden. Nach sorgfältiger Planung unter seiner Mitwirkung akzeptierte Jesse eine 40prozentige Kürzung seines Gehalts, wobei seine Rente angerechnet wurde, und stürzte sich mit Freude auf seine neue Aufgabe. Er und das Unternehmen profitierten von der Versetzung, so auch externe wie interne Kunden, einschließlich der Menschen, die Haushaltsgeräte von

Adams kauften, und der neu Eingestellten, die von Jesse eine Menge über die Wertvorstellungen im Unternehmen lernten.

Aletheas Geschichte zeigt die Möglichkeiten einer Neubewertung als Strategie der Veränderung. Sie erkannte, daß sie mehr über Jesse wissen mußte, ehe sie sich für eine Vorgehensweise gegen sein Leistungsproblem entschied, und setzte eine Führungsintervention in Gang, die eine Welle positiver Effekte nach sich zog. Hier einige ihrer erfolgreichen Strategien:

- *Treffen Sie sich mit einem Mitarbeiter, statt ihn einzubestellen, um über Probleme zu sprechen.* Das Restaurant war ein neutraler und informeller Treffpunkt. Alethea erklärte uns, sie wollte, daß das Treffen in einer nicht bedrohlichen Atmosphäre stattfände. „Jesse konnte sich sicher denken, daß wir über seine schlechten Leistungen sprechen würden. Dadurch, daß ich ihn ins Restaurant einlud, konnte ich ihm vermitteln, daß ich ihn nicht einbestellt hatte, um ihm eine Standpauke zu halten oder ihn zu entlassen."
- *Beteiligen Sie den Mitarbeiter an seinem Fortkommen.* Alethea wandte sich Jesse mit derselben Empathie und demselben Commitment zu wie ihren Kunden.
- *Sprechen Sie das Thema direkt an.* Ehe sich eine Spannung aufbauen konnte, brachte Alethea ihr Thema taktvoll am Beginn des Gesprächs ein. Jesses Erleichterung war ganz offensichtlich.
- *Berücksichtigen Sie alle an der Situation Beteiligten.* Indem Alethea die sinkenden Verkaufszahlen von Jesse ansprach, schützte sie die Rechte des Kunden sowie die Fähigkeit des Unternehmens, Dienstleistungen zu erbringen. Sie sandte eine Botschaft an jeden im Unternehmen, wie wichtig eine Neubewertung von Rollen in der Arbeit und im Leben ist. Sie zeigte auch die Bindung des Unternehmens an alle Beteiligten, indem sie sich mit Jesses Situation beschäftigte und dafür sorgte, daß seine Anwesenheit neuen Verkäufern zugute kam.

Wäre die Sache anders verlaufen, hätte Jesse vielleicht beschlossen, die Firma ganz zu verlassen. In dem Fall hätte Alethea ein Skript für eine Abschlußbesprechung ähnlich dem folgenden verwendet.

➤ Ein Skript für eine Abschlußbesprechung – Dons Geschichte

Eine weitere bedeutende Anwendung des Auswahlskripts ist die Abschlußbesprechung bei Leuten, die auf eigenen Wunsch gehen oder die wegen einer Umstrukturierung gehen müssen, was nichts mit ihrer eigenen Leistung zu tun hat. Die Abschlußbesprechung geht weit über das typische Entlassungsgespräch hinaus, in dem es normalerweise nur um die Formalien der Entlassung geht und versucht wird, einen Abschied in Freundschaft zu erwirken. Zur Abschlußbesprechung gehört eine beiderseitige Einschätzung der Realität, die es erlaubt, die Entwicklung des einzelnen und seiner Fähigkeiten mit der eigentlichen Dienstleistung und den Überlebensanforderungen der Firma zu vergleichen. Wenn das einmal gut zusammenpaßte, welche Faktoren haben dazu geführt, daß eine Trennung notwendig wurde? In unserer Studie haben Führungsarbeiter eisern darauf bestanden, es sei notwendig, genau zu verstehen, was *auf beiden Seiten* der Beschäftigungsgleichung falsch gelaufen sei. Sie begreifen die Situation als Gelegenheit, wertvolle Informationen von jemandem zu bekommen, der wenig zu verlieren hat, wenn er Ehrlichkeit an den Tag legt. Don Walsh, Bereichsleiter bei IBM, erklärte die Bedeutung und Funktion dieser Herangehensweise.

„Wir haben in den letzten paar Jahren viel lernen müssen. Und manche wichtige Lektion kam entweder von Leuten, die uns wegen Umstrukturierungsmaßnahmen verlassen mußten, oder von denen, die selbst andere Chancen wahrnahmen. Man könnte zwar denken, diese Treffen seien extrem streßbeladen, doch das ist normalerweise nicht der Fall. Man möchte sich gegenseitig helfen und dabei selbst auch verstehen, wie sich die neue Realität entwickeln konnte.

Wir beginnen solche Treffen immer damit, daß wir die Mitarbeiter bitten, ihren beruflichen Werdegang Revue passieren zu lassen, sowohl vor wie auch während der Zeit bei uns. Mitten in all den Veränderungen, die uns begegnet sind, ist es von entscheidender Bedeutung, daß wir begreifen, was wann geschehen ist und aus welchem Grund."

Don fügte hinzu: „Dies wurde deutlich bei einem Gespräch, das ich mit einer unserer Mitarbeiterinnen an der Fertigungslinie, Louise Poplowski, hielt, die uns verlassen sollte. Sie war 10 Jahre zuvor als Leiterin eines Teams zur Neugestaltung der Produktion von Texas Instruments abgeworben worden. Ihre persönliche Entwicklung ging in jeder Phase mit der Entwicklung unserer Systeme einher, einschließlich der dramatischen Änderungen in unserem Produktionsprozeß, die zur Elimination ihrer Stelle geführt hatten. Ihre Fähigkeit, die Stärken und Schwächen jeder Phase zu artikulieren, verschaffte uns wertvolle Einsichten, und ich fand, es wäre zu schade, ihre analytischen Fähigkeiten zu verlieren. Daher bat ich sie, an einem Treffen mit unserem neuen Gruppenleiter teilzunehmen, und der behielt Louise nach ihrem Ausscheiden – ohne Bitternis, möchte ich hinzufügen – als Beraterin."

Dons Geschichte zeigt, wie wertvoll das Skript für die Abschlußbesprechung ist, das den vier Grundschritten jedes Situationsskripts folgt. Anstatt in Einzelheiten von seinem Gespräch mit Louise zu berichten, gab uns Don die folgenden Hinweise:

– *Lassen Sie den Gesprächspartner sofort wissen, daß es sich um ein Abschlußgespräch und nicht um eine Versetzung oder Beförderung handelt.* Stellen Sie diese Tatsache für sich selbst klar, ehe Sie das Gespräch beginnen, und weichen Sie nicht von Ihrer Entscheidung ab.
– *Machen Sie deutlich, daß die Entlassung nichts mit einem negativen Beitrag des Gesprächspartners zum Unternehmen zu tun hat.* Verweisen Sie den Gesprächspartner auf die Beratungsmöglichkeiten, die von seiten der Firma zur Verfügung stehen.
– *Sprechen Sie über die Berufserfahrung des Gesprächspartners im Unternehmen in einer Art, daß er das Gefühl erhält, daß es sich um einen Abschluß handelt.* Helfen Sie dem Gesprächspartner, diese Berufserfahrung als eine erfolgreiche Phase zu sehen, nicht einfach als eine bestimmte Zeitspanne der Beschäftigung, die jetzt zu Ende ist.

Noch einmal, wenden Sie für eine Abschlußbesprechung ein Skript an, das sich auf den kontinuierlichen Einsatz der Firma in bezug auf Werte, Prinzipien und Handlungen konzentriert, und betonen Sie die Übereinstimmung der Firmenentscheidung mit diesem Engagement. Man kann eine Situation schaffen, in der beide die Gewinner sind, wenn man sich auf die Entwicklungsgeschichte der Person und die besonderen Erkenntnisse, die sie in jeder Phase daraus gezogen hat, konzentriert – ebendiese Erkenntnisse können auch dem Unternehmen Kenntnisse über sich selbst verschaffen.

Führungsarbeiter agieren auch mit dem Ziel, den Auftrag des Unternehmens aufrechtzuerhalten, wenn sie die Beschäftigung eines einzelnen beenden müssen, wenn sie auch dazu ein stark verändertes Skript verwenden.

➤ Ein Skript für eine Entlassung – Alices Geschichte

Die Beendigung eines Beschäftigungsverhältnisses ist vielleicht die schwierigste Aufgabe, die sich einem Führungsarbeiter stellt. Einem Mitarbeiter mitzuteilen, daß das Unternehmen seine Dienste nicht länger benötigt, erfordert eine sorgfältigere Vorbereitung als die anderen Auswahlskripts. Andernfalls kann das Gespräch schmerzhaft und sogar destruktiv verlaufen.

Hier bestreitet der Gesprächsführende den Großteil der Unterredung. Die Unterhaltung sollte auch in einem formelleren Rahmen stattfinden. Ganz zu Beginn sollte der Gesprächsführende deutlich und geradeheraus mitteilen, daß man beschlossen hat, die entsprechende Person zu entlassen. Dann sollte die Führungskraft ruhig und detailliert die Gründe für diese Entscheidung darlegen und dabei betonen, daß sie endgültig und unwiderruflich ist.

Alice Derry, eine erfahrene Führungsarbeiterin, Eigentümerin von Derry Accounting Services, verschaffte uns wertvolle Einsichten in das Entlassungsgespräch. Sie erklärte: „Es gibt ein altes Sprichwort, das besagt, wenn wir nicht unten etwas wegnehmen, dann verlieren wir die Spitze. Wir haben eine Verpflichtung gegenüber unseren Kunden, innerhalb wie außerhalb der Firma exzellente Dienstleistung zu erbringen. Wenn jemand einfach nicht in der Lage oder nicht willens ist, zu tun, was der Job erfordert, dann ist eine Trennung angebracht. Wir treffen diese Auswahl sehr sorgfältig, es geht immer eine entsprechende Beratung und Bewertung voraus. Wenn dies nicht geholfen hat, ist es

Zeit, den nächsten Schritt zu tun. Tun wir das nicht, so werden meiner Erfahrung nach unsere Vorgesetzten den nächsten Schritt tun. Sie sind diejenigen, die am meisten verlieren, wenn sie es versäumen, das Haus in Ordnung zu halten.“

Das Gespräch enthält die Schritte 1 und 4: eine angemessene Atmosphäre schaffen und entschlossen handeln. Es ist notwendig, eine formale Bewertung durchzuführen und die Ergebnisse sorgfältig auszuwerten (Schritt 2 und 3), *ehe* man sich für die Entlassung entscheidet.

Schritt 1: Schaffen Sie eine angemessene Atmosphäre

Alice erklärt, daß das Entlassungsgespräch zwar Mitgefühl erlaubt und etwas Raum zur Diskussion lassen sollte, doch die Führungskraft sollte die Kontrolle behalten, indem sie sich auf den einzigen Zweck konzentriert, der die Gesprächspartner zusammengebracht hat. Das Treffen sollte so kurz wie möglich gehalten werden und die Erörterung von Details auf ein Minimum beschränken, was den Zeitpunkt, die Abfindung und Outplacement angeht – Themen, die zu einem späteren Zeitpunkt von jemand anderem mit der entsprechenden Sachkenntnis angemessen behandelt werden können. Alice bereitet eine schriftliche Vorlage vor, die ihr hilft, nicht den Faden zu verlieren, wenn der Gesprächsverlauf anstrengend wird. Vor dem Gespräch nimmt sich Alice 10 oder 20 Minuten Zeit, um sich zu sammeln und ruhig zu werden. Dann bittet sie den Betreffenden herein und fordert ihn auf, auf der gegenüberliegenden Seite des Schreibtischs Platz zu nehmen.

Schritt 4: Handeln Sie

Weil die Schritte 2 und 3 vollendet sein müssen, ehe Alice aktiv wird und das Beschäftigungsverhältnis beendet, geht sie beim eigentlichen Entlassungsgespräch direkt von Schritt 1 zu Schritt 4 über. Hier sagt Alice der betreffenden Person geradeheraus, daß sie das Treffen anberaumt hat, um über eine sofortige Entlassung zu sprechen. Sie läßt sich nicht auf ausgedehnte Erörterungen ein, die vom eigentlichen Zweck des Gesprächs ablenken könnten. Und sie vermeidet es, Empfehlungen für zukünftige Arbeitgeber anzubieten, außer wenn es sich um eine Beendigung des Arbeitsverhältnisses wegen Umstrukturierungsmaßnahmen handelt. In diesem Fall weist sie auf Outplacement-Dienstleistungen hin.

Alice schlägt vor, falls die Person viele Fragen zu dieser Entscheidung stellen will, sollte der Gesprächspartner sagen: „Wir sind hier, um über Ihre Entlassung zu sprechen, nicht über Bewertungen, Beratungen, Disziplinarisches oder Probleme zu diskutieren, das haben wir bereits hinter uns. Es ist Zeit für uns alle, den nächsten Schritt zu tun."

Alice nennt auch ihr wichtigstes Ziel beim Entlassungsgespräch: „Die Entscheidung so sauber und deutlich wie nur möglich darzulegen. Meine Energien und die Bedürfnisse der anderen Person sollen auf die momentanen Tatsachen und die nähere Zukunft gerichtet werden. Es ist Zeit, weiterzumachen, das Negative hinter sich zu lassen und wieder in Schwung zu kommen."

Alices Strategie, wie auch die anderer Führungsarbeiter, zeigt kluges Vorgehen. Sie erkennt die Bedeutung und die Schwierigkeit der Situation und bereitet sich gründlich darauf vor.

Alice gab uns die folgenden Tips:

- *Führen Sie die Entlassungsgespräche von Angesicht zu Angesicht über den Schreibtisch hinweg.* Ein zwangloses Nebeneinander ist in dieser Situation nicht angebracht.
- *Versuchen Sie, das Gespräch auf 10 Minuten zu begrenzen.* Ted Lowe, ehemaliger Leiter der Sprachabteilung am Holy Cross College und Geschäftsführer einer internationalen Übersetzungsfirma, gab Alice in diesem Punkt recht. Er sagte: „Ich habe bereits genügend Energie investiert, andere auch. Wenn ein Schnitt gemacht werden muß, dann lieber kurz und schmerzlos."
- *Im allgemeinen ist es am besten, das Entlassungsgespräch auf das Ende eines Tages, am besten auf das Ende einer Woche zu legen.* Damit wird die Möglichkeit negativer Interaktionen mit anderen Mitarbeitern direkt nach dem Treffen eingeschränkt. So wird der

entlassenen Person auch ermöglicht, ihr Gesicht zu wahren und zu Hause zu trauern.

– *Senden Sie an alle Beschäftigten die positive Botschaft aus, daß die Entscheidung der Firma nützen wird.* Jede Entlassung betrifft alle aus der Firma. Führungsarbeiter zeigen durch ihre laufenden Aufzeichnungen den Interessengruppen in der Firma, daß ihr Handeln mit dem Auftrag der Firma in Einklang steht.

Das Skript für die Entlassung unterscheidet sich wesentlich von anderen Skripts. In einem entscheidenden Punkt ist es jedoch ähnlich: Es stellt Werte in den Mittelpunkt der Überlegungen. Im Falle einer Entlassung hat die betreffende Person gezeigt, daß ihre Wertvorstellungen, ihre Leistungen oder ihr Commitment von denen der Firma divergieren. Führungsarbeiter machen dem einzelnen und den Interessengruppen deutlich, daß jede andere Option außer der Entlassung die Beiträge der anderen Teammitglieder untergraben könnte und dem Dienst am Kunden abträglich wäre. Führungsarbeiter handhaben Entlassungen schnell und sicher. Da sie den überwiegenden Teil ihrer Zeit mit positiven, handlungsfördernden Aktivitäten verbringen, wollen sie ein solch negatives Ereignis so schnell wie möglich hinter sich bringen.

Wie Sie die Rolle des Auswählenden erfüllen

Die Führungsarbeiter, die wir während unserer Studie kennengelernt haben, sind sich darüber einig, daß das Leben und die Arbeit ständig Entscheidungen fordern, und daß man, um die richtigen Entscheidungen zu treffen, tiefverwurzelte Werte entwickelt haben muß und aufgrund dieser Werte Grundsätze formulieren muß – Grundsätze, die zu Entscheidungen führen. Ob man einstellt oder eingestellt wird, befördert, Abschlußgespräche durchführt oder Entlassungen, bei Führungsarbeitern liegen den Entscheidungen Wertvorstellungen zugrunde.

Wir haben bei unserer Studie erfahren, daß zuerst die Auswahl beherrscht werden muß. Ohne diese Kompetenz können die anderen Disziplinen des Erfolges – Verbindungen herstellen, Probleme lösen, Bewerten, Vermitteln, Ausgleichen, Beschützen und Synergien nutzen – nicht ins Spiel kommen. Nachdem Führungsarbeiter die richtigen Entscheidungen getroffen haben, richten sie ihre Aufmerksamkeit darauf, die Verbindungen zu pflegen, die es den einzelnen ermöglichen, als Team zu arbeiten.

Kapitel 3

Der Verbindende

Man kann sich kaum eine stärker von der Welt isolierte Person vorstellen als ein sechs Jahre altes Kind, das in seinem ganzen Leben kaum einen Lichtstrahl gesehen hat, noch fast keinen Ton gehört und kein Wort gesprochen hat. Es ist noch schwieriger, sich vorzustellen, wie eine 21jährige Lehrerin diesem Mädchen nicht nur die Welt eröffnen kann, sondern es schließlich so gründlich einbeziehen kann, daß aus ihm eine weltberühmte Rednerin und Schriftstellerin wird. Die bemerkenswerte Geschichte dieses Kindes, Helen Keller, und ihrer Lehrerin, Annie Sullivan, steht nicht nur für die Kunst der Verbindung, sondern illustriert auch wunderschön, wie Commitment und Hingabe Verbindung erzeugen können.

Helen Keller wurde 1880 in Tuscumbia in Alabama geboren; alle äußeren Bedingungen waren hervorragend, aber eineinhalb Jahre später verlor sie durch eine Scharlacherkrankung Augenlicht, Gehör und Geruchssinn. Fast fünf Jahre verbrachte sie in Dunkelheit und Schweigen, bis Annie Sullivan in ihr Leben trat.

Annie wußte, daß sie einen direkten Weg in Helens Welt finden mußte, und überzeugte Helens Eltern, sie mit dem Kind in einem kleinen Haus auf ihrem Grundstück allein arbeiten zu lassen. Zermürbende Stunden verbrachte sie mit der Suche nach physischen und intellektuellen Möglichkeiten, um Helen aus ihrer Isolation zu befreien. Es war der 15. April 1887, als Helen einen Krug unter das Speirohr einer Quelle hielt und der Krug zu voll wurde, so daß Wasser auf Helens Hand floß. Annie buchstabierte „W-a-s-s-e-r" in Helens andere Hand. Helen reagierte, indem sie nach Annies Hand griff und um neue Wörter bat. Der Durchbruch war geschafft. Annie Sullivan baute eine Verbindung auf. Sie erreichte Helen über die dunkle Stille ihrer physischen Behinderung und emotionalen Entfremdung hinweg. So begann eine lebenslange Partnerschaft des Lernens und des Wachstums, die aus dem „wilden Tier“ Helen Keller schließlich ein Mädchen mit einem Abschluß vom Radcliffe College machte, Mitglied der Massachusetts Commission for the Blind, eine beliebte Rednerin über die Möglichkeiten eines intellektuellen Lebens für Taubblinde sowie Autorin eines halben Dutzends Bücher.

Die Rolle des Verbindenden

Annie Sullivans Leistung resultierte aus ihrem tiefen Wunsch, eine Verbindung herzustellen. Nichts konnte sie an ihrem Engagement hindern. Sie versuchte es wieder und wieder. Schließlich hatte sie Erfolg.

Dieser außerordentlich hohe Einsatz ist für Leute mit hoher Führungsintelligenz ebenso typisch wie für Annie Sullivan. Führungskräfte können ihre Arbeit nicht ohne die Brücken der Hoffnung und des Optimismus tun, die sie befähigen, mit anderen gemeinsam für eine neue und bessere Welt zu kämpfen. Wie Annie Sullivan haben die Personen aus unserer Studie sich nicht einmal von scheinbar unüberwindlichen Hindernissen von der Verbindung abhalten lassen. Führungsarbeiter warten nicht, bis andere die Hand nach ihnen ausstrecken. Statt dessen übernehmen sie die Verantwortung, Verbindungen aufzubauen. Sie erwarten nicht, daß andere sich auf sie einstellen – sie stellen sich auf andere ein.

Mehrwege-Kommunikation nennen wir diese sehr nachdrückliche Methode der Verbindung. Zwei Instrumente werden Ihnen behilflich sein, Ihre Kommunikationsfähigkeit zu verbessern: die *Verbindungsleiter* und das *Gitternetz der Beziehungsstile.* Beide analytischen Instrumente werden Ihnen zu einem tieferen Verständnis für die Menschen Ihrer Umgebung verhelfen. Ehe wir diese Instrumente genauer untersuchen, betrachten Sie das folgende umfassende Bild zum Verbindungsprozeß.

Die Rolle des Verbindenden

Ziel: Aufbau und Verbesserung von Beziehungen

Methode: Mehrwege-Kommunikation

- ➤ Stellen Sie die Stufen der Verbindung/Verbindungslosigkeit in den wichtigsten Beziehungen mit Instrument Nr. 1 fest: der Verbindungsleiter
- ➤ Klären Sie die kommunikativen Bedürfnisse mit Instrument Nr. 2: dem Gitternetz der Beziehungsstile
- ➤ Schneiden Sie die Kommunikation auf die bevorzugten Beziehungsstile zu
- ➤ Wandeln Sie negative Energie von Widerstand und Verachtung in die positive Energie von Commitment um
- ➤ Kommunizieren Sie mit *allen* Interessengruppen in der Mehrwege-Kommunikation

➤ Instrument Nr. 1: Die Verbindungsleiter

Durchschnittliche Führungskräfte neigen dazu, sich in Beziehungen zu stürzen und Kommunikationsstrategien einzusetzen, *ohne* vorher die Aufnahmefähigkeit oder die Kommunikationsfähigkeit ihres Publikums einzuschätzen. Die besten Führungskräfte schätzen *immer* ihre Zuhörerschaft ein, ehe sie eine Strategie entwickeln. Die Verbindungsleiter ist ein praktisches Hilfsmittel für eine solche Beurteilung (siehe S. 72).

Der Gruppenleiter Bill Johnson brauchte vier Mitglieder, die sich sinnvoll für ein sechsmonatiges Projekt einsetzen sollten, und hatte es schließlich mit vier sehr unterschiedlichen Leuten zu tun, die alle unterschiedlichen Einsatz zeigten. Susan Todd reagierte eher passiv auf die Herausforderung, äußerte keine dezidierte Meinung darüber, wie sie erfüllt werden könnte, und vermittelte mit einem Schulterzucken den Eindruck, daß es ihr ziemlich egal war. Bill stufte sie als *gleichgültig*

	Verbindung	
⇑	Commitment	
⇑	Empowerment	
⇑	Mitgefühl	
⇑	Betroffenheit	
⇑	Bewußtheit	
	Kontakt	
⇓	Gleichgültigkeit	
⇓	Meidung	
⇓	Feindseligkeit	
⇓	Verachtung	
	Abbruch der Verbindung	

Die Verbindungsleiter

ein. Frank DeLucci andererseits reagierte enthusiastisch auf den Auftrag, bot sofort Ideen an, wie die Arbeit getan werden könnte, gab der Überzeugung Ausdruck, daß das Team die Fähigkeit besaß, außerordentlich gute Arbeit zu leisten und ermunterte alle, sich „reinzuhängen". Ihn stufte Bill unter *Empowerment* ein.

Das dritte Mitglied, Joan Fox, zeigte leichte Begeisterung für die Aufgabe, stimmte Franks Ansicht zu und war eindeutig bereit, seiner Führung zu folgen. Bill stufte sie unter *Bewußtheit* ein. Walter Bingham dagegen empörte sich darüber, daß Bill vom Team einen Bericht erwartete, und das in einem seiner Meinung nach unrealistischen Zeitraum. Dabei vertraute er ihm an, daß er sowieso nie zu diesem Team gehören wollte. Bill plazierte Walter schnell auf dem Rang *Verachtung* auf seiner Leiter.

Bill Johnson bewertete das Engagement seiner Teammitglieder mit Hilfe der Verbindungsleiter. Die folgende Liste führt im Detail die Verhaltensweisen auf, die er suchte, um jeden auf der Leiter einzustufen. Sie kann auch Ihnen behilflich sein.

	Verbindung	
⇑	Commitment	
⇑	Empowerment	Frank DeLucci
⇑	Mitgefühl	
⇑	Betroffenheit	
⇑	Bewußtheit	Joan Fox
	Kontakt	
⇓	Gleichgültigkeit	Susan Todd
⇓	Meidung	
⇓	Feindseligkeit	
⇓	Verachtung	Walter Bingham
	Abbruch der Verbindung	

Die Verbindungsleiter

Die Verbindungsleiter

Verbindung

⇑ Commitment	Sinnvolle Beziehung ➤ Hoher Grad von gegenseitigem Verständnis und Vertrauen ➤ Bedeutende persönliche Bindung ➤ Effektive Bemühungen in der Zusammenarbeit
⇑ Empowerment	Gemeinsame Leitung ➤ Geben und Empfangen von Informationen; Schaffen von Wahlmöglichkeiten ➤ Bestärken der inneren Qualitäten und Ressourcen des anderen ➤ Ermutigung der anderen Person, soviel Verantwortung zu übernehmen, wie vernünftigerweise möglich ist
⇑ Mitgefühl	Entwickeln von Gefühlen ➤ Sich in den anderen hineinversetzen, ohne seine Aufgaben zu übernehmen ➤ Die Bedürfnisse des anderen verstehen ➤ Echte Sorge und Fürsorge

⇑ Betroffensein	Einsatz der vollen Aufmerksamkeit ➤ Aktiv zuhören und beobachten ➤ Sich nicht ablenken lassen, wenn man mit dem anderen spricht ➤ Eingehen auf Worte, Stimmung und Belange des anderen
⇑ Bewußtheit	Anerkennen von Individualität ➤ Erkennen der speziellen Eigenschaften und Bedürfnisse des anderen ➤ Einstellen des eigenen Verhaltens auf die Persönlichkeit und Anwesenheit des anderen ➤ Anerkennen der grundlegenden Werte des anderen
⇑⇓ Kontakt	Anfängliche Verbindung ➤ Allgemeine Höflichkeit zeigen ➤ Die Gegenwart des anderen wahrnehmen ➤ Eine aufnahmefähige, nicht bedrohliche Atmosphäre schaffen
⇓ Gleichgültigkeit	Passiv beim Zugang auf andere oder in der Reaktion auf solche Initiativen ➤ Zurückhalten der eigenen Meinung, wenn man gefragt wird ➤ Allgemeines Schulterzucken: Wer weiß, wen kümmert's
⇓ Meidung	Keine Beziehung ➤ Dem anderen keine Aufmerksamkeit schenken, ignorieren ➤ Fragen oder Kommentare des anderen beiseite schieben ➤ Zu beschäftigt sein, um die Gegenwart des anderen wahrzunehmen
⇓ Feindseligkeit	Offene oder passive aggressive Aktivitäten, die das Vertrauen der Teammitglieder zueinander untergraben ➤ Verweigerung von Information, Zusammenarbeit und Unterstützung
⇓ Verachtung	Starke Erregung ➤ Widerstand gegen Ziele einzelner, des Teams, des Unternehmens und gegen Leistungskriterien ➤ Sinn der Beziehung geht verloren
Abbruch der Verbindung	

Das *Kontakt*stadium stellt den Wendepunkt von nicht existierender Verbindung zur Verbindung dar. Ohne dieses können Leute wie Susan Todd und Walter Bingham leicht in eine Abwärtsspirale von Gleichgültigkeit, Feindseligkeit und Verachtung geraten. Mit ihm können sie auf der Leiter von Bewußtheit zu Betroffensein, Mitgefühl, Empowerment und Commitment aufsteigen.

Natürlich will Bill jetzt Walter und Susan aus der Abwärtsspirale herausholen, die zum Abbruch der Verbindung führt, und möchte Frank und Joan auf der Leiter weiter nach oben in Richtung Commitment bringen. Ehe er das tut, würde er normalerweise das Gitternetz der Beziehungsstile einsetzen, das wir im nächsten Teil erörtern werden, aber aus Gründen der Vereinfachung nehmen wir an, daß jedes Teammitglied eine strukturierte und emotionslose Herangehensweise beim Aufbau von Beziehungen bevorzugt. Bills Skript zum Coaching des Teams in Richtung Commitment könnte etwa folgendermaßen aussehen.

➤ Skript zum Coaching einer empowerten Person

Bill: Frank, ich wollte mit dir über das Projekt sprechen. Was hältst du von dem Termin in sechs Monaten?

Frank: Ich denke, wir schaffen das, aber es müssen alle mitmachen. Als Team haben wir ein großes Potential. Joan scheint die Sache wirklich im Griff zu haben und weiß, was zu tun ist.

Bill: Da hast du recht. Ich glaube, du und Joan, ihr könntet in einem großartigen Team mitarbeiten. Danke für die Analyse, Frank, und danke für deine Begeisterung. Ich freue mich und glaube, du wirst eine wichtige Rolle für unsere weiteren Fortschritte spielen. *(Bestärken Sie positives Verhalten, und bestätigen Sie die hohe Position der Person auf der Verbindungsleiter. Schlagen Sie dann einen Weg vor, wie man noch weiter auf Commitment hinarbeiten kann.)*

➤ Skript zum Coaching einer bewußten Person

Bill: Joan, hast du eine Minute Zeit? Ich möchte dich fragen, wo wir deiner Meinung nach mit dem Projekt gerade stehen und wie unsere Aussichten sind, daß wir unser Ziel erreichen.

Joan: Mir gefällt diese Aufgabe, aber ich fürchte, wir haben nicht genügend Zeit, es richtig zu machen. Und ich weiß nicht, ob wir die nötigen Ressourcen haben. Aber weißt du, Frank scheint die Sache wirklich im Griff zu haben.

Bill: Ich verstehe deine Sorge, aber es freut mich sehr, daß dir die Aufgabe gefällt. Ich wette, wenn du und Frank als Kern des Teams zusammenarbeitet, können wir es schaffen. *(Bestätigen Sie die Verbindung, indem Sie Verständnis für die Sorge zeigen, bestärken Sie die positiven Beobachtungen Ihrer Mitarbeiterin, indem Sie sie paraphrasieren, und bauen Sie darauf einen Weg zur Stärkung der Verbindung und des Teams.)*

➤ Skript zum Coaching einer gleichgültigen Person

Bill: Susan, hast du einen Moment Zeit? Ich wollte dich fragen, wo wir mit dem Projekt gerade stehen. Wie sind unsere Aussichten, unser Ziel zu erreichen?

Susan: Nun, ich weiß nicht, ich bin mir nicht sicher … es ist nicht so sehr das Projekt als vielmehr, daß Walter und ich einfach keine Möglichkeit sehen, wie man das in so kurzer Zeit schaffen soll.

Bill: Ich verstehe deine Sorge. Du hast doch mit Frank und Joan zusammengearbeitet? *(Zeigen Sie Verständnis und handeln Sie. Bill erkundet Möglichkeiten, Susan besser in das Team einzubinden und von ihrer Bindung an Walter zu lösen.)*

Susan: Ja.

Bill: Nun, sie sind ganz optimistisch. Ich denke, wir sollten dich mit ihnen zusammenbringen, damit wir deine Bedenken genauer kennenlernen und einen Plan für das weitere Vorgehen aufstellen können. Kann ich demnächst darauf zurückkommen? *(Bauen Sie eine Verbindungsbrücke, und bieten Sie einen speziellen Plan zur Verbesserung.)*

Susan: Ja, gut.

Bill: Nun, ich verstehe deine Zurückhaltung, aber wir müssen enger zusammenarbeiten und unser Potential als Team voll ausschöpfen, um dieses Ziel zu erreichen. Das ist jedenfalls für uns alle hier sehr wichtig. *(Bestätigen Sie Ihr Verständnis, führen Sie dann Ihre Mitarbeiterin und stellen Sie eine Verbindung her, indem Sie ihr eine positive Gelegenheit und einen Anreiz bieten – für Susan ist es Sicherheit im Team und persönliche Sicherheit.)*

➤ Skript zum Coaching einer Person, die Verachtung zeigt

Bill: Darf ich dich einen Moment stören und dich nach deiner Meinung zum Projekt fragen? Wo stehen wir deiner Meinung nach im Hinblick auf den Termin in sechs Monaten?

Walter: Ehrlich gesagt, ich halte das für unmöglich. Ich weiß nicht, was ich von meiner Arbeit an diesem Projekt halten soll. Und ich weiß nicht, wie wir das durchziehen können.

Bill: Nun, ich schätze deine Offenheit. Du weißt, daß ich Wert auf deine Meinung lege, und wir beide wissen, daß es von entscheidender Bedeutung ist, ein Team mit Zusammenhalt zu schaffen. Könntest du einmal auflisten, welche Probleme du für uns siehst, damit wir sie erörtern können? Ich glaube, wir müssen ganz konkret in dem sein, was wir sagen und tun. Es geht um viel. Okay?

Walter: Ja, okay.

Bill: Ich freue mich auf das Gespräch mit dir. Ich werde um 14 Uhr 30 auf dich zurückkommen. *(Bill schafft eine positive*

Basis, um Walter entweder wieder einzubinden oder ihm zu helfen, die Bindung mit möglichst wenig negativen Auswirkungen für ihn selbst und das Team zu lösen.)

Wenn wir auch nicht alle Ebenen der Verbindungsleiter behandelt haben, so zeigen diese vier Skripts ein paar Grundsätze, die für jedes Coaching zum Commitment gelten:

- Erkunden Sie die Bereitschaft des Teams, Fortschritte zu machen, ehe Sie eine spezielle Kampagne starten.
- Loben Sie die, die am höchsten auf der Leiter stehen, und übertragen Sie ihnen größere Verantwortung.
- Ermutigen Sie die, die weiter unten auf der Leiter stehen, eine engere Beziehung zu denen aufzubauen, die mehr Einsatz zeigen.
- Legen Sie Probleme klar und offen dar.
- Suchen Sie immer nach Lösungen, die zu größerem Commitment führen können.
- Stellen Sie sich den Bedrohungen, und entwickeln Sie Alternativen, um die Risiken für die Verbindung auf einem Minimum zu halten.

➤ Instrument Nr. 2: Das Gitternetz der Beziehungsstile

Eigentlich würde Bill die Gespräche mit jedem Teammitglied mit Hilfe des Gitternetzes der Beziehungsstile entwickeln. Nachdem er die Position jeder Person auf der Verbindungsleiter bestimmt hätte, würde er Kommunikationspläne formulieren, die die bevorzugte Beziehungsart jedes Gesprächspartners berücksichtigen. Führungsarbeiter wissen: Wenn sie Herz und Verstand eines Menschen erreichen wollen, müssen sie eine Botschaft aussenden, die auf die Frequenz des einzelnen eingestellt ist.

Mehrwege-Kommunikatoren erfassen schnell die Bedürfnisse der Menschen und gestalten ihre Botschaften entsprechend unterschiedlich. Um die Bedürfnisse eines einzelnen zu klären, unterscheiden Mehrwege-Kommunikatoren, ob jemand eher zu rationalen, intuitiven, funktionalen oder persönlichen Beziehungen tendiert.

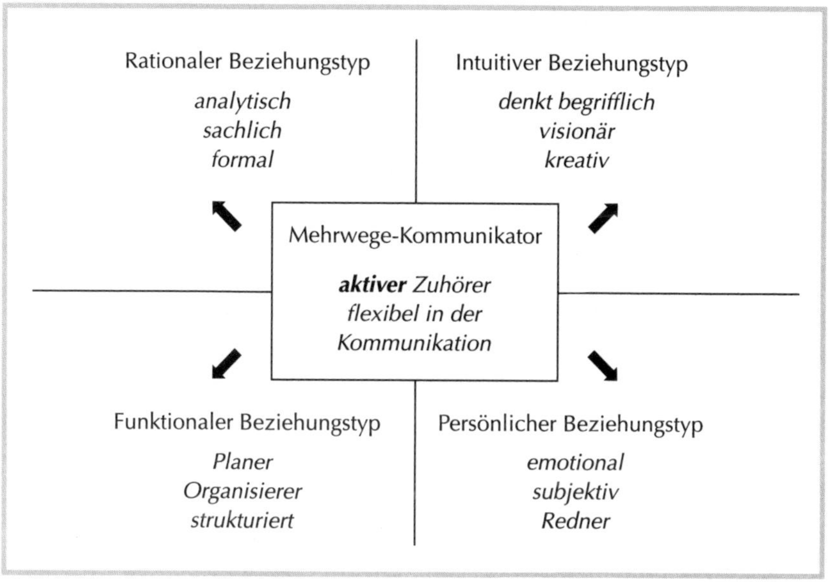

Das Gitternetz der Beziehungsstile

Geübte Führungskräfte erkennen die entsprechenden Bedürfnisse jedes Beziehungsstils. Sie kennen auch ihre eigenen Tendenzen hinsichtlich des Stils und bemühen sich, alle Stile in ihr persönliches Repertoire von Beziehungsfertigkeiten aufzunehmen. Über 70 Prozent der außerordentlich fähigen Führungskräfte zeigen hohe Kompetenz in drei oder vier Beziehungsstilen und können so ihre Botschaften an andere abstimmen. Zwar treten diese Stile oft vermischt auf, doch zeigen die meisten Menschen eindeutige Vorlieben. Mit dem Verständnis dieser Vorlieben steht den Führungsarbeitern ein praktisches Mittel zur Verfügung, mit dem sie die Mehrwege-Kommunikation einführen können.

Der rationale Beziehungstyp

Rationale Beziehungstypen gehen strukturiert und rational vor und legen großen Wert auf Analyse, Fakten und technischen Sachverstand. Es ist ihnen eine große Befriedigung, Probleme zu erkennen, eine Vielzahl möglicher Lösungen zu entwickeln, die Alternativen abzuwägen und sorgfältig zu testen, welche am besten funktioniert. Sie sind typischerweise zuverlässige, unnachgiebige Funktionäre, die Probleme mit wissenschaftlichen Methoden lösen. Gefühlsäußerungen und Spekulationen verabscheuen sie, und oft stehen sie neuen Wegen und Abweichungen von alten Vorgehensweisen skeptisch gegenüber.

Rationale Beziehungstypen schieben Entscheidungen oft hinaus, bis sie die Situation sorgfältig überblickt haben und alle möglichen Alternativen in Betracht ziehen können. Andere suchen ihren Rat, weil sie objektiv sind, unter Druck kühl abwägen können, und oft haben sie den Ruf, daß sie eine Sache erfolgreich, wenn auch verbissen, durchziehen. Sie freuen sich, wenn sie forschen und planen können.

Sie können jedoch auch übermäßig vorsichtig oder konservativ wirken. Sie sind nicht sonderlich befähigt, die Begeisterung anderer zu entfachen und gelten oft als kühl und berechnend. Ein Mehrwege-Kommunikator wird diese Tendenzen beim Aufbau von Beziehungen zu einem rationalen Beziehungstyp berücksichtigen. Im folgenden einige charakteristische Eigenschaften rationaler Beziehungstypen:

- Sie überlegen sorgfältig, ehe sie ihre Ideen oder ihre Meinung äußern. Susan Todd sagt oft zu ihren Kollegen: „Ich werde auf dich zurückkommen …“
- Sie sind zielorientiert und praktisch. Susan hat beispielsweise eine Vorliebe für Schaubilder.
- Es gelingt ihnen, Arbeit und Privatleben zu trennen. Susan nimmt Widrigkeiten am Arbeitsplatz niemals persönlich.

Der funktionale Beziehungstyp

Funktionale Beziehungstypen gehen strukturiert und emotional vor, sie legen großen Wert auf Planung, Organisation und Kontrolle. Es gefällt ihnen, wenn der Tag wie eine gut geölte Maschine läuft, und sie gehen direkt, realistisch und tatkräftig an die Arbeit und das Leben heran, wenn alles nach Plan verläuft. Sie sind sehr pragmatisch und mögen Aktivitäten, die konkret faßbare und sofortige Rückmeldungen erbringen. Andere sehen in ihnen oft die treibende Kraft im Unternehmen, weil sie typische *Macher* sind, die sich auf die Details eines Projekts stürzen und klare Ergebnisse produzieren. Sie setzen sich aber erst dann voll ein, wenn sie sich davon überzeugt haben, daß der vorgeschlagene Plan höchstwahrscheinlich funktionieren wird.

Ihre Vorliebe für kurzfristige Planung kann langfristiges Planen und die Einschätzung von zukünftigen Konsequenzen behindern. Sie sind bestrebt, die Dinge heute zu erledigen, und vernachlässigen oft dabei, daß die Handlungen von heute morgen unangenehme Nachwirkungen haben können. Ihr Verhalten mag manchmal impulsiv oder ungeduldig erscheinen, besonders wenn sie versuchen, ihren eigenen Zeitplan auf Kosten der Konzepte, Vorhaben oder Gefühle anderer durchzusetzen. Im folgenden einige typische Eigenschaften funktionaler Beziehungstypen:

- Sie fühlen sich eher in einer strukturierten Umgebung wohl. Frank DeLucci arbeitet besser mit Leuten zusammen, wenn er ihren Titel und ihre Stellenbeschreibung kennt – dasselbe wünscht er für sich selbst.
- Sie interessieren sich mehr für die Feinabstimmung gegenwärtiger Organisationsvorgänge als für zukunftsorientierte Konzepte. Frank hat zum Beispiel viel Zeit in die Neugestaltung von Formularen investiert, aber es war ihm egal, wie die Firma von Telekonferenzen profitieren könnte. „Ruft mich an, wenn das Telekonferenzsystem installiert ist“, sagte er.
- Sie fühlen sich unbehaglich, wenn sie an mehr als einem Projekt auf einmal arbeiten, und haben das Gefühl, sie müßten erst eine Sache zu Ende bringen, ehe sie eine neue beginnen. Frank wird etwas zur Seite legen, um einen dringenden Auftrag zu bearbeiten, aber er hat dann das Gefühl, er sei schlecht organisiert.

Der intuitive Beziehungstyp

Intuitive Beziehungstypen sind unstrukturiert und rational, sie legen viel Wert auf Konzepte, Visionen und Kreativität. Sie sind Meister im langfristigen Denken und ziehen größte Befriedigung am ehesten aus ihren Visionen für die Zukunft. Ihre Vorstellungen beflügeln oft die Menschen ihrer Umgebung. Sie denken gründlich und schnell und lösen Probleme lieber intellektuell, statt Lösungen tatsächlich herbeizuführen. Sie gehen den Menschen in ihrer Umgebung mit ihrem ständigen gründlichen Untersuchen und nochmaligen Nachprüfen auf die Nerven und ernten viel Respekt, wenn ihre Prophezeiungen wahr werden.

Intuitive Beziehungstypen fühlen sich nicht unwohl in Unordnung und Chaos, denn sie vertrauen darauf, daß sie die Bedeutung von Konflikten erfassen können, die ihrer Meinung nach einfach Zusammenstöße größerer Kräfte sind und nicht Anlaß für Kummer und Bestürzung. Sie betrachten die Welt aus möglichst großzügiger Perspektive und sehen zwischen Kräften oft Beziehungen, die andere nicht sehen.

Andere können sich jedoch durch ihre ungebundene Herangehensweise an die Arbeit frustriert fühlen und könnten sogar all ihr Prüfen und Fragen als Akte von Feindseligkeit interpretieren. Statt die intuitiven Beziehungstypen als Visionäre zu akzeptieren, könnten andere sie ablehnen, weil sie in einer eigenen Welt leben. Folgende Eigenschaften sind typisch für intuitive Beziehungstypen:

- Sie arbeiten lieber in einer Umgebung, die Kreativität fördert. Joan Fox betreibt lieber Brainstorming, statt an strukturierten Zusammenkünften teilzunehmen.
- Sie denken in ganzheitlichen Zusammenhängen und lernen Prozesse auf einen Blick anstatt Schritt für Schritt. Joan hat keinerlei Probleme, an mehreren Projekten gleichzeitig zu arbeiten.
- Sie interessieren sich oft mehr für die Weiterentwicklung des Unternehmens als für die Feinabstimmung des augenblicklichen Vorgehens. Joan war sehr an dem Vorschlag der Telekonferenzen interessiert, hatte sich aber lange nicht um die Formulare gekümmert, an denen Frank arbeitete.

Der persönliche Beziehungstyp

Persönliche Beziehungstypen sind unstrukturiert und emotional, sie legen viel Wert auf Sensibilität, Subjektivität und zwischenmenschliche Kommunikation. Sie genießen Situationen, in denen sie Kontakt zu anderen pflegen können, und sie zeigen großes Interesse daran, was andere denken und tun. Sie verstehen, zwischen den Zeilen zu lesen, hören zu, was andere sagen, und zeigen große Geduld und Nachsicht, wenn es darum geht, Menschen in Schwierigkeiten oder Krisensituationen bei ihrer Arbeit beizustehen.

Auf andere wirken die persönlichen Beziehungstypen dynamisch und anregend, warmherzig und verbindlich den Kollegen gegenüber. Diese suchen ihren Rat, wenn das Verhalten einer Person gedeutet werden soll oder die Stimmung in einer Gruppe einzuschätzen ist. Andere schätzen auch die Fähigkeit der persönlichen Beziehungstypen, vorauszusagen, wie die Gefühle von einzelnen das Ergebnis eines Projekts beeinflussen werden.

Die Konzentration auf Interaktion kann die Kollegen aber auch frustrieren, wenn der Anschein entsteht, daß sie sich mehr mit dem *Prozeß* der Interaktion beschäftigen als mit ihrem *Inhalt.* Sehr oft geraten die persönlichen Beziehungstypen mit ihrem Urteil „aus dem Bauch heraus“ in Konflikt mit denen, die gerne objektiver an eine Situation herangehen. Im folgenden einige typische Eigenschaften persönlicher Beziehungstypen:

- Sie sind bestrebt, ein freundliches Auftreten an den Tag zu legen. Der neueingestellte John Neal hält ein angenehmes Verhalten für unverzichtbar im Berufsleben.
- Sie arbeiten viel lieber im Team als allein. John wird es langweilig, und er wird unruhig, wenn er allein arbeitet, aber er ist ein sehr motivierender Teamleiter.
- Sie sind sehr besorgt um die Gefühle anderer. Als John als Ersatz für Walter Bingham in die Abteilung kam, war er sehr umsichtig bei der Übernahme von Walters Aufgabengebieten und Verpflichtungen.

Kehren wir zu dem Team zurück, das wir bereits kennengelernt haben. Bill Johnson hat Frank DeLucci, Joan Fox und Susan Todd zu größerem Commitment geführt und Walter Bingham durch John Neal ersetzt, der viel Begeisterung in das Team einbringt. Bill hat festgestellt, daß Susan ein rationaler Beziehungstyp ist, Frank ein funktionaler, Joan ein intuitiver und John ein persönlicher. Jetzt braucht Bill jemanden, der eine kurzfristige Zielvorgabe erfüllt, einen Bericht für ein entscheidendes Meeting am Freitag. Er weiß, daß Susan viel Zeit brauchen wird, um nach der optimalen Gestaltung zu suchen. Frank wird es vor Ablauf des Tages auf Bills Schreibtisch haben wollen, Joan wird ihre Kreativität unter Beweis stellen wollen, und John wird sich nicht wohlfühlen, wenn er den Bericht allein schreiben soll. Achten Sie auf den Gebrauch solch *verbindender Formulierungen* wie „ich verstehe", „das ist interessant" oder „ich weiß, daß wir das schaffen" in Bills Skripts, mit denen er auf die Bedürfnisse aller eingeht. Er stärkt die Verbindung, indem er bestätigt, was gesagt oder gehört wurde oder daß das Gesagte einen positiven Schritt auf der Verbindungsleiter darstellt. Wir werden diese Formulierungen im nächsten Abschnitt genauer untersuchen.

➤ Ein Skript zum Umgang mit dem rationalen Beziehungstyp

Bill: Erinnerst du dich an den neuen Bericht, über den wir gesprochen haben? Ich möchte gern am Freitag einen Entwurf sehen. *(Setze ein klares Ziel.)*

Susan: Ich weiß nicht, ob das genügend Zeit ist, um mögliche Layouts zu überlegen und das beste auszuwählen.

Bill: Ich weiß, daß die Zeit knapp ist. Nun, laß mal sehen. Heute ist Montag, also kannst du heute die alten Berichte durchsehen und die besten Layouts heraussuchen, die wir in der Vergangenheit verwendet haben. Dann kannst du Dienstag und Mittwoch darauf verwenden, den neuen Bericht zu gestalten, am Donnerstag kannst du dann die letzten Feinheiten abstimmen. Okay? *(Zeigen Sie Mitgefühl und lassen Sie genügend Zeit für die Aufgabe.)*

Susan: Ja, das sollte reichen.

Bill: Ich werde alles aufschreiben, was der Bericht enthalten sollte und innerhalb einer Stunde auf deinen Schreibtisch legen. *(Wenn Sie die Aufgabe schriftlich festhalten, wird der rationale Beziehungstyp konkrete Ziele leichter akzeptieren.)*

➤ Ein Skript zum Umgang mit dem funktionalen Beziehungstyp

Bill: Erinnerst du dich an den neuen Bericht, über den wir gesprochen haben? Könntest du bis heute nachmittag einen vorläufigen Entwurf zusammenstellen? *(Setzen Sie ein vorläufiges Ziel, das schnell ein Erfolgserlebnis vermittelt.)*

Frank: Sicher kann ich das.

Bill: Das wußte ich. Dann können wir ihn durchsehen, ob etwas verbessert werden muß. Kannst du eventuelle Verbesserungen bis Mittwoch fertigmachen? *(Bestätigen Sie die Verbindung und das Ziel. Räumen Sie dann genügend Zeit für Korrekturen ein.)*

Frank: Das ist genug Zeit.

Bill: Großartig. Dann können Susan und Joan noch einen Blick darauf werfen. Am Freitag hast du dann einen perfekten Bericht für das Meeting. *(Lassen Sie genügend Zeit für die Beiträge anderer.)*

➤ Ein Skript zum Umgang mit dem intuitiven Beziehungstyp

Bill: Erinnerst du dich an den neuen Bericht, über den wir gesprochen haben? Möchtest du die Idee nicht verwirklichen? *(Betonen Sie die Möglichkeit eines kreativen, visionären Herangehens.)*

Joan: Klingt gut. Ich möchte diesmal etwas ganz anderes machen.

Bill: Das ist toll. Denk bitte daran, daß am Freitag alle überzeugt werden müssen. Wenn du etwas ganz anderes machen willst, mußt du vielleicht die alten Berichte als Anhaltspunkt durchsehen. Was meinst du dazu? *(Bestärken Sie die Verbindung. Lassen Sie eine kreative Herangehensweise zu, aber achten Sie auf die Anwendbarkeit der Arbeit.)*

Joan: Ich habe schon eine Idee für ein neues Format, das den Leuten gefallen wird.

Bill: Das wußte ich. Ich werde bis Freitag jeden Tag gegen drei in deinem Büro vorbeikommen, um zu sehen, wie das Projekt fortschreitet. *(Loben Sie und bleiben Sie auf dem laufenden, damit das Projekt im vernünftigen Rahmen bleibt.)*

➤ Ein Skript zum Umgang mit einem persönlichen Beziehungstyp

Bill: Erinnerst du dich an den neuen Bericht, über den wir gesprochen haben? Ich möchte dich gerne damit beauftragen, aber vielleicht willst du, daß Joan und Frank mitmachen. *(Ermöglichen Sie die Zusammenarbeit mit anderen, aber schlagen Sie jemanden vor, der mit seiner Objektivität einen Ausgleich im Team schafft.)*

John: Das wäre großartig. Joan und ich arbeiten wirklich gut zusammen, und Frank gibt der Sache immer den letzten Schliff. Wir werden ein gutes Team abgeben.

Bill: Der Freitag kommt früher, als uns lieb ist. Vielleicht könnte ich beim ersten Meeting heute Nachmittag dabeisein. Und ich werde am Mittwoch in deinem Büro vorbeikommen, um zu sehen, wie ihr vorankommt. *(Betonen Sie realistische, konkrete Ziele für das Projekt, bieten Sie persönliche Hilfe und Interaktion an.)*

John: Das ist eine gute Idee. Bis drei Uhr dann. Ich gehe am besten gleich mal zu Frank und Joan.

➤ Der Mehrwege-Kommunikator

Mehrwege-Kommunikatoren beherrschen selbst alle vier grundlegenden Beziehungsstile, erkennen diese Stile bei anderen und können mit Hilfe dieser Erkenntnis genau das Richtige zur richtigen Zeit sagen. Statt einfach mit unterschiedlichen Stilen umzugehen, lernen sie, in jedem Stil tatsächlich zu kommunizieren. Wie eifrige Studenten einer fremden Kultur besichtigen sie nicht nur die Touristenziele, sondern lernen auch die Sprache, damit sie selbst in die Kultur eintauchen können. Mehrwege-Kommunikatoren lernen die Beziehungssprachen anderer und tauchen in deren Alltag im Berufsleben ein. Daher sprechen sie immer klar die intellektuellen und emotionalen Bedürfnisse anderer an, wenn sie sich ihnen zuwenden – nicht nur, damit sie sich gut fühlen, sondern auch, um sie auf der Verbindungsleiter nach oben zum optimalen Einsatz zu bringen. Dabei unterhalten sie erfolgreich Beziehungen zu einem großen Kreis von Leuten, bilden ausgewogene Teams und gewinnen die Achtung aller, mit denen sie in Kontakt treten.

Wenn auch die Situationen im wirklichen Leben weitaus mehr Feinheiten und Nuancen enthalten werden, beleuchten doch die vorangehenden Skripts sowie die folgende Fallstudie eine Reihe wichtiger Prinzipien, die Sie beachten sollten, wenn Sie Ihre Mehrwege-Kommunikationsfähigkeit entwickeln wollen:

- Gehen Sie davon aus, daß jedes Wort und jede Geste zählen.
- Legen Sie jede Kommunikation darauf an, die Stufen des Engagements zu erhöhen.
- Ergreifen Sie die Initiative zum Kontakt.
- Stellen Sie sich mit Ihrer ersten Äußerung auf die individuellen Bedürfnisse ein.
- Stellen Sie Fragen, und fordern Sie sowohl zu positiver wie auch zu negativer Rückmeldung auf.
- Halten Sie alle Botschaften so einfach und geradlinig wie möglich.
- Kommunizieren Sie klar und konsequent mit allen Interessengruppen.

– Loben Sie und belohnen Sie Verbindung. Reagieren Sie auf die Unterbrechung einer Verbindung schnell und entschieden.

Marliese Thatcher, eine der interessantesten Führungsarbeiterinnen unserer Studie, füllt die Rolle der Verbindenden in beispielhafter Weise aus. Ihre Geschichte zeigt anschaulich, welche Macht die Mehrwege-Kommunikation besitzt, selbst in einem stark zerrissenen und demoralisierten Unternehmen eine Kehrtwende zu bewirken.

➤ Die richtigen Verbindungen knüpfen – Marlieses Geschichte

Unter all den Führungkräften, die wir im Laufe der Jahre kennengelernt haben, nimmt Marliese Woerner Thatcher eine herausragende Stellung ein, weil sie erfolgreich mit Menschen in Verbindung getreten ist, die durch Ärger und Aufruhr entzweit waren. Marliese kam an die Universitätsklinik in San Antonio, einem der ersten Anbieter im Gesundheitswesen, und es gelang ihr, ein komplexes medizinisches Zentrum wieder zu stabilisieren, das mit finanziellem Chaos und entzweiten, verbitterten Interessengruppen zu kämpfen hatte. Wie sie den Beamten der Stadt, des Bundesstaats und des Bundes bei politischen Verhandlungen begegnete, wie sie mit dem entrechteten medizinischen Personal, verunsicherten Mitarbeitern, verzweifelten Gewerkschaftsvertretern, einem schockierten Verwaltungsrat und verängstigten Patienten umging, das ist eine bemerkenswerte Geschichte.

Die Geschichte nahm ihren Anfang kurz nach dem Zweiten Weltkrieg, als Marliese auf Drängen ihrer Familie ein Auslandsstipendium annahm und das immer noch zerstörte Hamburg im damaligen Westdeutschland verließ, um an der Johns Hopkins Universität Chemie und Krankenpflege zu studieren. Ein Jahr vor ihrem Studienabschluß lernte sie einen frischgebackenen Dozenten für Mikrobiologie kennen, heiratete ihn, verließ die Universität und gewöhnte sich an das relativ gemächliche und ereignislose Leben einer Professorenfrau. Sechs Jahre später stand sie jedoch nach einem tragischen Flugzeugabsturz als Witwe mit vier Kindern und ohne Vermögen da. Ihrer Familie in Deutschland wollte sie nicht zur Last fallen, so arbeitete sie als Schwesternhelferin, schloß ihr erstes Studium ab und erwarb weitere Abschlüsse in Mikrobiologie und Wirtschaftswissenschaften.

Wie ihre Kolleginnen und Kollegen unter den Führungsarbeitern hatte Marliese eine Art, auf die Welt zuzugehen, die ihr ermöglichte, sowohl ihrer Familie als auch anderen zu dienen. In den nächsten Jahren zog sie ihre vier Kinder groß, verdiente sich die Achtung und Dankbarkeit von Kollegen auf jeder Ebene im Berufsleben und stieg schließlich in die Geschäftsleitung eines der weltgrößten Unternehmen für Management von Gesundheitsdienstleistungen auf.

In ihrer Amtszeit als Geschäftsführerin dieser Firma bat sie der Leiter des Verwaltungsrats des Universitätskrankenhauses um Hilfe. Statt das Durcheinander auf jemand anderen abzuwälzen, übernahm sie die Aufgabe, die Lage zu stabilisieren. Sie setzte sofort eine klassische Verbindungsstrategie ein.

Zuerst führte sie eine Analyse der Aufgabenbereiche durch. Um genau festzustellen, wo die Kommunikation zusammengebrochen war, sprach sie persönlich mit Ärzten und Angestellten und ließ eine gründliche Bewertung in bezug auf die Effizienz der Aufgabenerfüllung durchführen, wobei über 5 000 Patienten, 4 000 Angestellte, 1 500 Ärzte, 2 000 Vertreter von Gemeinde, Regierung und Zulassungsbehörden, der Verwaltungsrat, Gewerkschaftsführer und Vertragspartner befragt wurden. Sie stellte jeder Gruppe eine Reihe detaillierter Fragen, die darauf abzielten, zwei übergeordnete Punkte zu klären: Erfüllt das Universitätskrankenhaus seinen eigentlichen Auftrag? Wenn nicht, warum nicht? Die Antworten halfen ihr nicht nur, die gravierenden Probleme festzustellen, sondern auch, die Bedürfnisse jeder Interessengruppe kennenzulernen.

Ein wichtiges Forschungsergebnis zur Rolle des Verbindenden ist die Tatsache, daß Interessengruppen kollektive Eigenschaften annehmen können, auch bei den typischen Verbindungsstilen oder der Lösung von Verbindungen und bei den Beziehungstypen. Dies geschieht, wenn einzelne mit einem speziellen gemeinsamen Handlungsziel erkennen, daß sie sich enger zusammenschließen müssen, um es zu erreichen. Dieses Phänomen ist alltäglich in der Welt der Politik, wo die Menschen ihre persönlichen Unterschiede einer kollektiven Identität unterordnen, um ihr Eigeninteresse voranzubringen. Diese Kraft steht hinter Gewerkschaften und Berufsverbänden, Gruppenklagen gegen Unternehmen, dem Lokalpatriotismus von Fußballfans und der Überzeugung religiöser und ethnischer Gruppen.

Auch im beruflichen Alltag können sich die Anliegen einzelner im Gruppenleben niederschlagen. In diesem Fall macht sich die Gruppe die Belange ihrer Mitglieder zu eigen und setzt ihre Fähigkeiten und Ressourcen ein, um ihre Sache auf bestmögliche Weise zu vertreten. Marlieses Geschichte bietet hier ein interessantes Beispiel. Als Ergebnis ihrer ausgiebigen Untersuchung, zu der auch die objektiven Beurteilungen und Treffen mit der Untersuchungskommission und Schwerpunktgruppen gehörten, konnte Marliese ihren Kollegen wissenschaftlich nachweisen, daß unterschiedliche Interessengruppen eindeutig kollektive Identität angenommen hatten. Während die einzelnen in jeder Gruppe in ihrem Privatleben unterschiedliche Beziehungsstile haben mochten, wurden diese den Erfordernissen der Gruppe untergeordnet.

Die Ärzte agierten als rationale und funktionale Beziehungstypen und schlossen sich zusammen, um ein rationales Modell zur Wiedererlangung der Kontrolle in einem Unternehmen zu finden, in dem sie traditionell eine starke funktionale Machtposition innehatten. Die Angestellten agierten als persönliche Beziehungstypen, suchten bei Kollegen und der Gewerkschaft Hilfe, weil sie frustriert waren, daß alle anderen sie abwiesen. Die Manager verhielten sich wie funktionale Beziehungstypen und suchten Sicherheit in der Erfüllung greifbarer Ziele für den Berufsalltag. Der Verwaltungsrat agierte als intuitiver Beziehungstyp und projizierte ein visionäres Ideal, was das Krankenhaus sein sollte und könnte, um sich über den augenblicklichen Zustand hinwegzutrösten. Die Patienten agierten im persönlichen und funktionalen Beziehungsstil, unterstützten sich gegenseitig beim Kampf mit dem System um die Pflege, die viele sonst nicht erhalten hätten.

Das waren sowohl gute wie auch schlechte Nachrichten für Marliese. Die Tatsache, daß die Eigenschaften und Bedürfnisse der Interessengruppen mit einiger Sicherheit als Gruppeneigenschaften festgelegt werden konnten, gab ihr die Möglichkeit, effiziente Verbindungsstrategien zu entwickeln, um Kommunikationsbrücken zu schlagen. Die Tatsache, daß die Interessengruppen sich so stark zusammengeschlossen hatten, war jedoch ein Zeichen für das Ausmaß ihrer Frustration darüber, daß die Klinik ihre persönlichen Bedürfnisse nicht erfüllte. Marliese entging nicht die Ironie der Situation, und sie bemerkte dazu: „Wir sind da, um persönliche Bedürfnisse zu erfüllen, aber weder die Menschen, denen wir dienten, noch die Menschen, die die Dienstleistung erbrachten, handelten als Personen. Die Angst an der Universität war so groß, daß die Einzelpersonen den Schutz ihrer Gruppe gesucht hatten. Ich mußte sie erst als Gruppe erreichen, ehe ich mit ihnen als Personen in Verbindung treten konnte. Wenn ich mit einem Arzt oder Verwaltungsratsmitglied zum Mittag- oder Abendessen ging, legten sie jeweils sofort den Mantel ihrer Gruppe um, wenn wir vom persönlichen Gespräch auf das Krankenhaus zu sprechen kamen."

In 45 Tagen intensiver Arbeit verschaffte sich Marliese einen Überblick, hörte sich Ratschläge an, Meinungen und Geschichten und sammelte Berge von Daten. Dann plazierte sie jede der Haupt-Interessengruppen des Universitätskrankenhauses auf der Verbindungsleiter:

	Verbindung	Stellung der Hauptgruppen:
⇑	Commitment	
⇑	Empowerment	
⇑	Mitgefühl	
⇑	Betroffenheit	Verwaltungsrat und Vertragspartner
⇑	Bewußtheit	Patienten
	Kontakt	
⇓	Gleichgültigkeit	
⇓	Meidung	Medizinisches Personal und sonstige Angestellte
⇓	Feindseligkeit	Gewerkschaft
⇓	Verachtung	
	Abbruch der Verbindung	

Die Verbindungsleiter

Mit dem Gitternetz der Beziehungsstile zeichnete sie die Stile aller Interessengruppen auf und formulierte eine Anfangsstrategie:

Interessen-gruppe	*Gegenwärtige Situation*	*Beziehungsstil und Verbindungsstrategie*
Patienten	Man hat festgestellt, daß Qualität und Engagement abgenommen haben. Anzeichen von Angst und abnehmende Bereitschaft, sich im Krankenhaus behandeln zu lassen.	*Persönliche und funktionale Beziehungstypen:* Sie sollen durch intensive Information und Empowerment einschließlich klinischer, sachlicher und rechtlicher Information beruhigt werden.
Medizinisches Personal	Verlangt eine rationale Erklärung für die Krisen, will aber ungeachtet der Erklärung die persönliche Macht behalten, ohne besonderen persönlichen Einsatz zu erbringen.	*Rationale und funktionale Beziehungstypen:* Sie brauchen ein rationales Aufwachsignal, das sie auf die Gefahr hinweist, die funktionale Macht zu verlieren. Sie brauchen einen Weg, sich für eine Stabilisierung der Lage einzusetzen.
Mitarbeiter	Sie trauern um Mitarbeiter, die durch Downsizing verlorengingen, und fürchten gleichzeitig um die eigene Stellung und Macht. Der Einfluß der Gewerkschaften könnte den Abstieg auf die Stufen Feindseligkeit und Verachtung beschleunigen.	*Persönliche Beziehungstypen:* Die Herausforderung muß in Form von Möglichkeiten neu formuliert werden – nämlich daß das Glas halb voll ist. Die Verbindung zu den Mitarbeitern soll wiederhergestellt werden, indem sie in die gemeinsame Problemlösung und Neugestaltung eingebunden werden.
Führungs-kräfte	Fühlen sich überfordert und hilflos dem Schicksal preisgegeben. Durch Downsizing ist der Arbeitsanfall gestiegen, und bestehende Strukturen und Abläufe wurden zerstört.	*Funktionale Beziehungstypen:* Ihre Rolle muß bestärkt und geklärt werden, um wieder ein Gefühl für Strukturen herzustellen. Sie müssen bei der Setzung von Prioritäten und der Planung ihrer eigenen Zukunft mit einbezogen werden.

Gewerkschafts-vertreter	Fürchten den Verlust von Macht über die Arbeit und auf der persönlichen Ebene. Sie zeigen offene Aggression und bewegen sich auf Verachtung zu – Widerstand und üble Nachrede.	*Persönliche und funktionale Beziehungstypen:* Rationale Analysen der finanziellen und klinischen Aufgaben werden vorgestellt, der Einsatz für die Pflege der Patienten soll bestärkt werden. Sie werden aufgefordert, sich konstruktiv am Prozeß zu beteiligen.
Verwaltungs-rat	Hohes Engagement, basiert hauptsächlich auf Ansehen, verbunden mit der Rolle in der Vergangenheit. Den meisten fehlt rationales Verständnis.	*Intuitive Beziehungstypen:* Durch vielschichtige Orientierung an der Realität werden neue Erwartungen formuliert und die Aufgaben des Verwaltungsrats neu definiert.
Vertrags-partner	Einigermaßen kooperativ, aber besorgt über die Zahlungsfähigkeit des Krankenhauses. Anerkennen die traditionell starke Rolle des Krankenhauses als Kunde.	*Funktionale Beziehungstypen:* Auffrischen der persönlichen Loyalitätsbindung durch Rückblick auf bisherige Zahlungsmoral und Teilhabe an den Plänen zur Konsolidierung. Potential als lebensfähiger Kunde soll betont werden.

Zwar bereiteten Marliese die Verbindungsebenen aller Interessengruppen Sorge, doch wußte sie, daß ihre Bemühungen bei den Kunden des Krankenhauses beginnen mußten – bei den Patienten. Die Patienten waren nicht nur zunehmend unwillig, wiederzukommen, sondern auch Morbidität und Mortalität (Zahl der Erkrankungen und Todesfälle) waren gestiegen – was höchst besorgniserregend war. Sowohl die Übersichts- wie auch die Schwerpunktgruppen kamen zusammen, um die Lage zu untersuchen: Zwar waren die Patienten der Ansicht, sie erhielten angemessene Pflege, doch bezweifelten sie die Fähigkeit des Krankenhauses, diese aufrechtzuerhalten.

Zur Lösung dieser Aufgabe aktivierte Marliese mit Hilfe der Mehrwege-Kommunikation die Menschen zu schnellem und wirkungsvollem Handeln. Als erstes übertrug sie die Neugestaltung der Kommunikation zwischen Krankenhaus und Patienten den neugebildeten übergreifenden Arbeitsgruppen zur Patienteninformation. Zusätzlich lud sie den Leiter des medizinischen Personals, den Dekan der Fakultät und den Vorsitzenden des Verwaltungsrats ein, mit ihr in lokalen Fernseh- und Radioprogrammen aufzutreten, Zeitungsinterviews zu geben und interne Patientenvideos zu erstellen, die eine Botschaft von Engagement und Erneuerung vermitteln sollten. Marliese stimmte diese Bemühungen zeitlich mit gemeinderatsähnlichen Versammlungen für Ärzte und Angestellte ab, in denen sie die Diskussionen anhand eines Skripts leitete, das stark auf Mehrwege-Kommunikation ausgerichtet war. Sie gewann die Leiter der wichtigsten Gruppen, indem sie sie zur Durchsicht der Daten und zur Entwicklung angemessener und sinnvoller Botschaften hinzuzog, mit denen Brücken des Verständnisses gebaut werden sollten. Beobachten Sie, wie Marliese auf einige ihrer Interessengruppen zuging.

➤ Ein Skript zum Aufbau einer Verbindung mit Dr. Smith, einem rationalen Beziehungstyp

Marliese ist fest von der Bedeutung gemeinsamer Entscheidungsfindung überzeugt und hat den Direktor des medizinischen Personals eingeladen, ihr bei der Vorbereitung einer „Gemeinderatssitzung" mit den Ärzten zu helfen. Bei ihrem Gespräch mit Dr. Smith, von dem sie wußte, daß er die Bedürfnisse seiner Ärztegruppe als rationale Beziehungstypen projizieren würde, legte sie ein Skript zugrunde, das auf seinen Stil und seine Ebene der Verbindung eingestimmt ist. Ein Teil des Gesprächs verlief folgendermaßen:

Marliese: Doktor Smith, aus unserer Untersuchung und aus meinen Gesprächen mit Ärzten habe ich den Eindruck gewonnen, sie wünschen eine eindeutige Aufklärung über unsere finanzielle Situation und über eventuell daraus erwachsende Risiken für ihre investierte Energie und ihr Engagement. Würden Sie dem zustimmen? *(Marliese führt ihre Diagno-*

se sowohl als Botschaft wie auch als Frage ein, die auf einen rationalen Beziehungstypen abzielt. Sie formuliert ihre Botschaft als Untersuchungsergebnis und als Rückmeldung einzelner Ärzte. In ihrer Frage taucht eine rationale Wendung auf, „eindeutige Aufklärung“, um nach unterschwelligen Empfindlichkeiten zu suchen. Sie baut einen Brückenkopf zum Aufbau einer Verbindung.)

Dr. Smith: Nun, ja und nein. Wir haben schon so viel gehört, ich weiß nicht, ob das noch jemanden interessiert. *(Er versucht, die Verbindung zu lösen und die Macht an sich zu reißen, indem er Marliese in die Defensive treibt.)*

Marliese: Das ist interessant. Helfen Sie mir bitte, zu verstehen, was Sie gesagt haben. Welche Informationen brauchen die Ärzte Ihrer Meinung nach? *(Marliese gebraucht eine überleitende Formulierung, um die Verbindung wieder aufzunehmen. Dann richtet sie die Verantwortung neu aus, indem sie ihn auffordert, seine offensichtliche Gleichgültigkeit und sein ausweichendes Verhalten aufzugeben.)*

Dr. Smith: Nun, das ist so: Wir haben genug von aller Taktiererei und den Falschgeldspielchen von seiten der leitenden Angestellten und dem Verwaltungsrat. Ich glaube, die Ärzte werden sich erst einbringen, wenn sie wirklich mitspielen und ein gewisses Maß an Macht wiedererlangen können. *(Er antwortet und stellt Kontakt her, macht seinem Ärger Luft und enthüllt seine wahren Befürchtungen: Machtverlust. Auf diese Art eröffnet er auch seine eigentlichen Bedürfnisse und die Kriterien, die erfüllt werden müssen, wenn die Beziehung auf der Verbindungsleiter weiter nach oben steigen soll. So erhält Marliese die notwendigen Informationen, um eine wirkungsvolle Brücke für die Kommunikation zu schlagen.)*

Marliese: Ich glaube, ich verstehe. Meinen Sie, die Ärzte wollen Fakten zu den Finanzen und wollen an der Haushaltsplanung und am Entscheidungsprozeß zum weiteren Vorgehen beteiligt werden, vielleicht mit jemandem wie Sie als formellen Vertreter? *(Sie legt den Köder für das Engagement aus: Sie hebt die Beziehung auf der Leiter nach oben zum Mitgefühl, bestätigt mit „ich verstehe" und bestärkt die Verbindung, indem sie seine Belange in Form einer Frage wiederholt, auf die er mit Zustimmung reagieren muß, wenn auch zögernd.)*

Dr. Smith: *(Sie zieht ihn an Land.)* Das ist eine gute Idee, glaube ich…

Marliese hat mit Hilfe ihrer Einschätzung der Beziehung einen Eröffnungsdialog entwickelt, der auf die Bedürfnisse von Dr. Smith als rationaler Beziehungstyp abgestimmt war. Sie tat das mit einer Frage, die ihm die Verantwortung überließ, sich stärker einzusetzen. Wie eine geübte Tennisspielerin hat sie die Situation so inszeniert, daß sie schließlich einen entscheidenden Punkt mitnehmen konnte.

➤ Ein Skript, um mit Angestellten im direkten Kundenkontakt eine Verbindung aufzunehmen, persönliche Beziehungstypen

Im folgenden kurzen Austausch, der aus dem Skript eines Treffens mit Angestellten stammt, hat Marliese ihre einleitenden Bemerkungen auf eine andere und kompliziertere Herausforderung ausgerichtet. Die Angestellten hatten sich zusammengeschlossen aus Frustration darüber, daß das Unternehmen, das sie inzwischen als ihre Heimat betrachtet hatten, ihre Bedürfnisse nicht erfüllte. Sie hatten auch von der Gewerkschaft erwartet, daß dringende persönliche Bedürfnisse erfüllt würden. Unstrukturierte Gefühle von persönlichem Unbehagen verbanden sich mit tiefer Furcht vor einem möglichen Verlust des Arbeitsplatzes zu einer explosiven Mischung. Viele Angestellte hatten als Folge panisch und schlecht durchgeführter Downsizing-Maßnahmen Freunde verloren. Marliese erkannte die Notwendigkeit, einen Brückenkopf zu so vielen persönlichen Beziehungstypen aufzubauen, und entschied sich, die Zusammenkunft mit dem Ausdruck des Mitgefühls für die Notlage der Personen zu beginnen.

Marliese: Vielen Dank, daß Sie sich neben Ihrem großen Arbeitspensum die Zeit genommen haben, hierherzukommen. Viele von Ihnen haben mir schon berichtet, daß die Entscheidungen der Vergangenheit die heutige Lage soviel schwieriger gestalten. Ihre Anwesenheit hier ist ein Beweis für Ihren ungeheuren Einsatz für den Erfolg dieses Unternehmens. Mit dem Treffen heute beginnt dieser Prozeß, bei dem ich um Ihre Mithilfe bitte, indem Sie mir raten, wie die „Gemeinderatstreffen" für die Angestellten aussehen sollen. Sollen wir mit einem gründlichen Überblick über unsere finanzielle Lage beginnen, oder sollen wir zuerst die höchst bedeutende und notwendige Qualitätsverbesserung und Neuformulierung der Arbeitsanforderungen diskutieren? *(Marliese stellt Kontakt her und ermöglicht erste Schritte zum Commitment hin, indem sie ihr Bewußtsein für die Probleme in der Vergangenheit beweist sowie die Bedeutung vergangener und zukünftiger Beiträge der Angestellten herausstellt. Dann schafft sie den Rahmen für ein Commitment, indem sie Fragen stellt, die die Menschen weg vom Eigeninteresse und hin zu einem Sinn für Dienstleistung führen. Sie zeigt Mitgefühl und eine Bereitschaft, die Mitarbeiter durch gemeinsame Entscheidungsfindung zu befähigen, so können sie sich auf positives Handeln und ihr Engagement konzentrieren und ihren Ärger überwinden. Sie erkennt, daß sie einen Leistungsplan auf den Tisch legen muß, auch wenn dieser zunächst noch nicht zu vollem Commitment führt. Indem sie ihn als Frage formuliert, fordert sie die Mitarbeiter einerseits zur Mitwirkung auf und überträgt ihnen andererseits die Verantwortung für positives Verhalten. Sie zeigt auch an, daß sie die Notwendigkeit erkennt, die destruktiven Verhaltensweisen der Vergangenheit zu überwinden.)*

Mitarbeiter: Frau Thatcher, für uns ist am wichtigsten, daß Sie uns die Wahrheit sagen. Wir kommen uns vor wie Pilze, wir werden im dunkeln gehalten und man wirft Mist auf uns. *(Der Mitarbeiter übergeht Marlieses ausgestreckte Hand mit einer Antwort, die leichten Widerstand zum Ausdruck bringt, geschickt die Übernahme von Verantwortung meidet und sie wieder auf Marliese abschiebt.)*

Marliese: Ich kann Ihre Gefühle verstehen. Ich habe selbst ein paar Stiefel in meinem Schrank für die Fälle, wenn ich durch die Treffen mit Verwaltungsrat und Verwaltungsmitarbeitern waten muß. Welche Art von Informationen brauchen Sie genau? Ich möchte Ihnen auf jeden Fall alles Wissen verfügbar machen, das Sie brauchen, um diese Aufgaben zu lösen. *(Mit einer überbrückenden Formulierung hält sie die Verbindung aufrecht, darauf folgt eine mitfühlende und humorvolle Parodie, um den beabsichtigten persönlichen Angriff abzuwenden, auf den auch eine feindselige Antwort hätte folgen können. So kann sie die Verbindung aufrechterhalten und die potentielle Attacke in eine Gelegenheit zum Informationsaustausch verwandeln; sie bestätigt die Verantwortung für die Dienstleistung, die ja die Grundlage ihres Commitments ist.)*

➤ Ein Skript, um Verbindung zu den leitenden Pflegekräften aufzubauen, funktionale Beziehungstypen

Die leitenden Pflegekräfte haben Marliese eine formelle Einladung zur Teilnahme an ihren zweiwöchentlichen Treffen geschickt, um über eine Reihe von Themen zu sprechen, darunter Budgetkürzungen, Schikanen der Gewerkschaft und die Kontrolle von Arbeitsanweisungen. Da Marliese selbst einmal als Krankenschwester gearbeitet hatte, verstand sie, daß die leitenden Pflegekräfte ihren Blick auf die täglichen funktionalen Erfordernisse des Berufs gerichtet hatten, um irgendeine Form der Kontrolle auszuüben. Sie verstand ihre Bedürfnisse als funktionale Beziehungstypen und ihre Vorstellung, wie die Arbeit bewältigt werden kann. Zu Beginn ihrer Besprechung ging sie auf die strukturellen und emotionalen Bedürfnisse des funktionalen Beziehungstyps ein.

Marliese: Vielen Dank für Ihre Einladung und die sorgfältig vorbereitete Themenliste. Bevor wir beginnen, möchte ich jedoch die Vorsitzende des Treffens fragen, wie Sie vorgehen wollen. *(Sie stellt den Kontakt her, indem sie das Bedürfnis nach Kontrolle honoriert und über ihre eigene Vorbereitung und ähnliche Besorgnisse informiert.)*

Vorsitzende: Frau Thatcher, unsere größte Sorge ist, wie wir mit immer weniger immer mehr erledigt bekommen sollen, in weniger Zeit, mit weniger Unterstützung. Wir würden gerne hören, wie Sie sich das vorstellen. *(Die Vorsitzende zeigt die Feindseligkeit, die funktionale Beziehungstypen empfinden, wenn ihre geordnete, kontrollierte Welt auseinanderbricht. Sie zeigt die tiefe emotionale Besorgnis, die funktionale Beziehungstypen oft in ihre Interaktion einbringen. Marliese hat nun eine Diagnose und entscheidet sich, zu entschärfen, ihr Mitgefühl auszudrücken und eine neue Struktur vorzuschlagen, um dem Gefühl von zunehmendem Chaos entgegenzuwirken.)*

Marliese: Ich weiß, wie Ihnen zumute ist. Ich war auch schon in Ihrer Situation und ich muß sagen, daß ich Ihrer impliziten Schlußfolgerung zustimme: Ich glaube, niemand von uns kann mit weniger mehr leisten, in weniger Zeit, mit weniger Unterstützung. Ihre Bemerkung eröffnet mir eine interessante Möglichkeit. Wir müssen die Dinge anders machen, ganz anders. Wenn ich darf, würde ich Sie um Ihre Unterstützung bei der genaueren Ausarbeitung eines Plans bitten, mit dem klarere Prioritäten gesetzt werden und Arbeitsabläufe sowie die Personalbesetzung neu gestaltet werden sollen. Ich habe einen Entwurf ausgearbeitet und möchte gerne wissen, was Sie davon halten und wie Sie ihn weiterentwickeln wollen, wenn Ihnen das angemessen erscheint. *(Marliese stellt eine*

Brücke her – „ich weiß“ – und verwandelt die Opposition in eine Gelegenheit, auf der Leiter zum Commitment aufzusteigen. Dabei ignoriert sie die Feindseligkeit in der Bemerkung der Vorsitzenden, während sie die sinnvolle Einschätzung darin aufnimmt. Auf diese Art kanalisiert sie die Energie neu von einer absteigenden Bewegung auf der Leiter in Richtung Verachtung zu einer aufsteigenden in Richtung Commitment. Sie verstärkt dies durch einen Akt starken Empowerments, der dem Bedürfnis nach Struktur – einem Plan – und nach Macht – „wie Sie ihn weiterentwickeln wollen“ – entgegenkommt. Am Ende plädiert sie für eine gute Beziehung, indem sie ihnen die Möglichkeit bietet, Entscheidungen zu treffen.)

➤ Ein Skript, um die Verbindung zum Verwaltungsrat aufzubauen, intuitive Beziehungstypen

Der Verwaltungsrat des Universitätskrankenhauses setzt sich aus prominenten Führungskräften aus Wirtschaft und Bürgerschaft zusammen, die sich von ihrer Teilnahme an einer visionären Unternehmung Selbstbestätigung und Erfolgserlebnisse erwarten. Sie hatten gerade eine strategische Vision für das Krankenhaus entwickelt, die vorsah, ein breites Angebot neuer High-Tech-Dienstleistungen auf einem neuen Campus für 500 Millionen Dollar unterzubringen. Doch sie waren frustriert über die ihrer Ansicht nach kleinlichen organisatorischen Details, die der Verwirklichung dieser Vision im Wege standen, ihrer Meinung nach der einzigen Überlebenschance für das Krankenhaus in der Zukunft. Marliese war beauftragt worden, diese Vision anzusprechen. Sie erkannte das klassische Profil von intuitiven Beziehungstypen und wußte, sie mußte ihnen helfen, vom Abstrakten zur gegenwärtigen Realität zu finden.

Verwaltungsratsmitglied Samantha Pelletier: Was denken Sie, Marliese, wie bald können wir beginnen, unsere strategische Vision für die Universität umzusetzen? Ich glaube, wir müssen uns die visionäre Aufgabe vor Augen halten, die wir uns gestellt haben, die Macht der Wissenschaft des einundzwanzigsten Jahrhunderts einzufangen, um die Bedürfnisse der Menschen in unserer Gemeinde zu befriedigen. Wann werden wir erste Fortschritte sehen? *(Samantha zeigt die visionären Bedürfnisse eines intuitiven Beziehungstyps, indem sie eine scheinbar einfache Frage stellt, die nur beantwortet werden kann, wenn man sich komplexen Themen zuwendet. Die Umgehung der Frage wird als ein Akt der Feindseligkeit interpretiert werden, aber wenn man versucht, sie zu beantworten, könnte das zu einer komplexen und höchstwahrscheinlich kontroversen Debatte führen. Um eine Verbindung herzustellen, muß Marliese die Erkenntnis der Intuitiven honorieren und sie mit anderen in Verbindung bringen, deren Ansichten sie nicht in Betracht gezogen haben mögen, und so an ihr Interesse appellieren, mehr Informationen einzuholen.)*

Marliese: Vielen Dank, Samantha, Sie haben die wichtigste und schwierigste Frage für diesen Verwaltungsrat wieder auf den Tisch gebracht. Wenn das volle Potential dieses Unternehmens eingesetzt wird, kann das – und sollte auch – wie Sie ausgeführt haben, zum Fortschritt führen. Ich verstehe Ihre Sorge, wie auch viele andere hier an der Universität, die wollen, daß es wieder vorangeht. Ich kann Ihnen keine präzise und vollständige Antwort auf Ihre Frage geben. Aber ich habe einen Anfang. Er ist in meinem Bericht über die Stärken und Schwächen unseres Unternehmens enthalten, Informationen, die ich von den Menschen, die hier arbeiten, und von denen, die unsere Dienstleistungen in Anspruch nehmen, erhalten habe. Ich glaube, damit läßt

> sich der Status unserer Vision genau einschätzen. Ich möchte Ihnen und dem Verwaltungsrat die Ergebnisse mitteilen: Das ist der erste Schritt zurück auf die Straße des Fortschritts. *(Marliese stellt Kontakt her, indem sie Samanthas Einsatz lobt und dann mit einer überleitenden Feststellung Samantha und die übrigen Mitglieder des Verwaltungsrats mit anderen Interessengruppen in Verbindung bringt. Gleichzeitig benutzt sie die Einschätzungen anderer zur Beurteilung der Relevanz von Samanthas Prioritätensetzung, anstatt sie selbst damit zu konfrontieren. Hier zeigt sie auch aus strategischen Gründen Bescheidenheit, indem sie eingesteht, sie habe „keine präzise und vollständige Antwort"; aber sie habe „einen Anfang". Somit reduziert sie das Risiko, die Verbindung zu verlieren, das sich bei einer Umgehung von Samanthas Frage ergäbe.)*

Marlieses Interaktionen zeigen, wie ein Führungsarbeiter eine Situation einschätzen kann und schnell reagieren kann mit Hilfe von Skripts, die die richtigen Leute mit der richtigen Sache zur richtigen Zeit in Verbindung bringen. Um diese Fähigkeit und ihren wundervollen Humor zu würdigen, überreichten ihr ihre Kollegen kürzlich bei einem Abendessen anläßlich ihres Ausscheidens in den Ruhestand den Norman-Schwarzkopf-Preis für schnelles Reagieren.

Wie Sie die Rolle des Verbindenden ausfüllen

Vergleichen wir Marliese Thatchers Vorgehensweise, Verbindung aufzunehmen, mit der anderer Führungsarbeiter in unserer Untersuchung, so läßt sich ein deutliches Muster erkennen. Führungsarbeiter wenden Zeit dafür auf, die Stufen des Engagements und die Beziehungstypen einzuschätzen – mit dem ausdrücklichen Ziel, Lücken zwischen der bestehenden und der erwünschten Ebene zu schließen. Mit diesem Ziel im Kopf gestalten sie ihre Kommunikation peinlich genau und wählen eine Sprache, die ihr Zielpublikum versteht. Das mag selbstverständlich klingen, doch den meisten Leuten fällt es schwer, ihren Wortschatz für eine Zuhörerschaft nach oben oder nach unten anzupassen. Eine Zuhörerschaft von Ärzten verlangt vielleicht eine detaillierte technische Erklärung, während ein Auditorium von Patienten eine weniger komplexe und weniger sachliche Darstellung erfordert. Führungsarbeiter hören genau auf die Sprache der anderen und versuchen, Formulierungen zu gebrauchen, die Herz und Verstand ansprechen.

Um die Verbindung zu verbessern, sollten Sie *strategisch* und *taktisch* denken. Wenn eine Strategie ein maximales Commitment aufbauen soll, müssen Sie eine Taktik wählen, die die Leute auf der Verbindungsleiter nach oben bringt. Wenn die Führungsarbeiter Kontakt aufnehmen und die Leute aus der Abwärtsspirale herausholen, arbeiten sie stetig daran, die Leute über die Stadien von Bewußtheit, Betroffenheit, Mitgefühl und Empowerment schließlich zum Commitment zu bringen. Klare Fragen, die zu klaren Antworten führen, bewirken mehr als Feststellungen, Befehle oder Bitten um Kooperation.

Die Führungsarbeiter aus unserer Untersuchung waren alle geschickte Mehrwege-Kommunikatoren. Sobald sie ihre Interessengruppen, deren Stellung auf der Verbindungsleiter und ihre Bedürfnisse bestimmt hatten, paßten sie ihre Botschaft entsprechend an, um alle auf der Verbindungsleiter nach oben zu bringen. Im Falle des Universitätskrankenhauses konnte Marliese Thatcher mit ihrem Verbindungsprogramm das Unternehmen vom Rande des Bankrotts und untragbaren Zuständen im klinischen Bereich zurück in seine historische Rolle als erstes Zentrum für Krankenpflege und Ausbildung führen, auf einer Grundlage, die weitere Fortschritte erwarten läßt.

Auswahl bringt die richtigen Leute zur richtigen Zeit an die richtige Stelle, und die Verbindung bringt die richtigen Leute mit der richtigen Sache in Verbindung. Wenn es jedoch darum geht, daß die Arbeit getan wird, ergeben sich immer Probleme. Die nächste Rolle, die des Problemlösers, erkundet, wie Führungsarbeiter Probleme schnell und dauerhaft lösen, um Ergebnisse zu erzielen.

Kapitel 4

Der Problemlöser

Während einer bahnbrechenden Operation an der Johns Hopkins Universität im Jahre 1945 konnte ein Anästhesist erstaunt beobachten, wie ein sterbender Sechsjähriger, der als blausüchtiges Baby mit krankhaft blau angelaufenem Gesicht geboren worden war, plötzlich eine gesunde rosige Gesichtsfarbe und kirschrote Lippen bekam. Ein hervorragender Chirurg, Dr. Alfred Blalock, hatte versuchsweise eine Operation an dem Jungen vorgenommen, die die Medizin revolutionieren sollte und Zehntausende Leben retten würde. Die Idee stammte von einer Kollegin, Dr. Helen Taussig. Dr. Taussig war selbst keine Chirurgin, sondern Kinderkardiologin und hatte selbst zahllose Male schweren Herzens die traurige Pflicht erfüllt, Babies mit Zyanose oder Blausucht nach ihrem Tod zu untersuchen.

Zyanose verlief fast immer tödlich für Neugeborene. Schon in den 30er Jahren erkannte Dr. Taussig, daß viele blausüchtige Babies mit einem Herzfehler geboren wurden, der verhindert, daß die Lunge ausreichend mit Blut versorgt wird, so daß dem Körper nicht genügend Sauerstoff zugeführt wird. Als sie am Children's Hospital in Boston eine Operation an einem blausüchtigen Baby beobachtete, bei der Dr. Robert Gross den Blutfluß zur Lunge *drosselte,* kam sie auf die Lösung des Problems: Warum sollte man nicht ein Blutgefäß aufbauen und so den Blutkreislauf beschleunigen? Dr. Gross schien diese Idee durchführbar, aber seine schulmedizinische Ausbildung hielt ihn davon ab, es auszuprobieren.

In den 40er Jahren fand Dr. Taussig in Dr. Blalock an der Johns Hopkins Universität schließlich einen Chirurgen, der dazu bereit war. Die Versuchsoperation verlief erfolgreich, und als die Nachricht über diese Leistung die Presseagenturen erreichte, wurden sie von Anfragen verzweifelter Eltern aus dem ganzen Land überflutet. In den nächsten sechs Jahren untersuchte Dr. Taussig über 3 000 Kinder in ihrer Klinik, und Dr. Blalock und seine Mitarbeiter führten die lebensrettende Operation über tausendmal durch.

Viele tausend Kinder verdankten ihr Leben Dr. Taussigs Operation, ehe die Herz-Lungen-Maschine Operationen am offenen Herzen erst möglich, dann fast zur Routine machte. Ihre Vision eröffnete das ganze Feld der Herzchirurgie und ermutigte Chirurgen zur Entwicklung von Techniken, die vorher niemand für möglich gehalten hätte. Das Verfahren, das sie entwickelt hatte, wurde bekannt als die Blalock-Taussig-Operation und brachte Dr. Blalock im Jahre 1946 die Wahl in die National Academy of Science – eine Ehre, die Dr. Taussig erst im Jahre 1973 zuteil wurde.

Ironischerweise wurde Dr. Taussig in ihrer Laufbahn ständig diskriminiert. Zwar ließ die School of Public Health in Harvard seit Anfang der 20er Jahre Frauen zu, doch erlaubte sie ihnen nicht, einen Abschluß zu machen. Die Harvard Medical School nahm überhaupt keine Frauen auf und gestattete ihnen nur, einzelne Veranstaltungen mit Erlaubnis des Lehrenden zu belegen. Helen zum Beispiel machte einen Kurs in Histologie, durfte aber nicht mit den männlichen Studenten sprechen.

Sie arbeitete jedoch unermüdlich weiter an der Lösung medizinischer Probleme. In den 50er Jahren setzte sie sich zusammen mit Dr. Frances Kelsey bei der amerikanischen Arzneimittelbehörde dafür ein, Thalidomid vom amerikanischen Markt fernzuhalten und so den Eltern dort die Tragödie zu ersparen, die Eltern in Europa in den 50er und 60er Jahren dieses Jahrhunderts erlebten, als Tausende schwer mißgebildeter Contergan-Kinder geboren wurden.

1959 wurde sie ordentliche Professorin an der Johns Hopkins Universität, 1964 wurde sie als erste Frau zur Präsidentin der American Heart Association gewählt, und im Jahre 1972 wurde sie als erste Frau Master of the American College of Physicians. Zusätzlich zu ihrer Ernennung zum Ritter der französischen Ehrenlegion und der Verleihung der amerikanischen Freiheitsmedaille erhielt sie 20 Ehrentitel und wurde in die Women's Hall of Fame für die Naturwissenschaften in Seneca Falls im Staate New York aufgenommen. Zwar war sie in den 70er Jahren offiziell in den Ruhestand getreten, doch arbeitete sie bis zu ihrem Tode weiterhin acht Stunden täglich.

Die Rolle des Problemlösers

Wie andere Führungsarbeiter unserer Studie war Dr. Taussig nicht bereit, irgendein Problem als unlösbar anzusehen.

Unsere Untersuchung erbrachte die Tatsache, daß ausgezeichnete Führungspersönlichkeiten den größten Teil ihrer Zeit – 60 Prozent – mit der Lösung von Problemen verbringen. Weitere 30 Prozent verbringen sie mit der Ausfüllung der anderen sieben Führungsrollen, die sich oft mit ihren Bemühungen um Problemlösung vermischen. Routineaufgaben wie Schreibarbeiten nehmen nur 10 Prozent ihrer Zeit ein. Kurz, sie konzentrieren sich auf ihre vorrangige Aufgabe und investieren den Großteil ihrer Zeit und ihrer Energie in die Erfüllung dieser Aufgabe.

Dies steht im Kontrast zu durchschnittlichen Führungskräften, die weniger als 30 Prozent ihrer Zeit mit der Lösung von Problemen zubringen und über 45 Prozent mit Routinearbeiten, darunter Schreibarbeiten und Formalitäten. Sie sind so gefangen in der Komplexität und Bürokratie ihres Organisationssystems, daß es ihnen nicht gelingt, sich freizumachen, um sich auf ihre wichtigsten Aufgaben zu konzentrieren, nämlich Probleme für Kunden und Mitarbeiter zu lösen. Sich aus der Falle der Routine und Bürokratie zu befreien erfordert Initiative. Menschen mit hohem FührungsIQ sind bestrebt, die Kontrolle über ihr Leben zu übernehmen, und vermeiden es, sich von anderen beherrschen zu lassen. Sie sind ein Rollenvorbild für persönliche Verantwortung am Arbeitsplatz.

Die besten Problemlöser wenden eine einfache Analysemethode an, um ihre Arbeit auf das Wesentliche auszurichten. Dieser analytische Vorgang ist so logisch und überzeugend in seinem Verlauf, daß er wie eine Beethovenmelodie in vielen verschiedenen Umgebungen mit vielen verschiedenen Spielern erfolgreich zu spielen ist. Die folgende Übersicht zeigt, wie diese Methode funktioniert:

Die Rolle des Problemlösers

Ziel: Resultate erzielen

Methode: Der Problemlösungsprozeß

- ➤ Sammeln Sie Daten mit Instrument Nr. 1: dem Problemumwandler
  - Was haben wir getan?
  - Wieviel Zeit und Geld hat es gekostet?
  - Welche Probleme standen dem im Weg?
  - Wieviel Zeit und Geld hat das gekostet?
  - Welche Verbesserungen können wir angesichts des Geschehenen machen?
- ➤ Vergleichen Sie zu erledigende Aufgaben und Hindernisse, um Probleme zu erkennen
- ➤ Probleme und potentielle Lösungen festlegen mit Instrument Nr. 2: dem Arbeitsblatt zur Problemanalyse und -lösung
- ➤ Stellen Sie fest, was getan werden muß und wie Sie sich darauf konzentrieren können
- ➤ Wenden Sie den Prozeß auf Problemlösungen für einzelne, Zweiergruppen und Teams an

Problemlöser sind Wissenschaftler. Sie suchen Daten, die ihnen helfen, Möglichkeiten für eine Veränderung zu erkennen, und suchen hinter der bürokratischen Fassade von Abläufen und Vorschriften nach den eigentlichen Problemen und machbaren Lösungen. Eine der Führungskräfte in unserer Untersuchung sagte: „Bei wirklich schwierigen Aufgaben halte ich mich möglichst an das Motto: ‚Gott vertrauen wir. Alle anderen müssen Daten liefern.'" Um Daten zu erhalten und sie auf wirkliche Probleme auszurichten, setzen Problemlöser zwei einfache Instrumente ein, den Problemumwandler und das Arbeitsblatt zur Problemanalyse und -lösung.

➤ Instrument Nr. 1: Der Problemumwandler

Sowohl Dr. Taussig als auch gegenwärtige Problemlöser stellen fünf Fragen, mit deren Hilfe sie Probleme in Möglichkeiten verwandeln.

Der Problemumwandler

1. Was haben wir getan?
2. Wieviel Zeit und Geld hat das gekostet?
3. Welche Probleme (Hindernisse) tauchten auf?
4. Wieviel Zeit und Geld haben die Probleme verschlungen?
5. Was sollten wir angesichts des Geschehenen tun?

Dr. Taussig lernte aus ihrer Erfahrung mit der Untersuchung von Blausuchtopfern, daß sie über bekanntes Wissen hinausgehen und nach neuen Wegen suchen mußte, um bessere Ergebnisse zu erzielen. Sie setzte bewußt ein Analyseverfahren ein, und da sie wußte, daß sie es nicht allein schaffen konnte, sah sie auch die Hilfe von Dr. Blalock und seinen Mitarbeitern vor. Unter Dr. Taussigs Anleitung bauten sie ein starkes Team auf, das auf Offenheit und Commitment gegründet war. Sie waren sich ihrer Verantwortung für die Erreichung des Ziels bewußt, deshalb dokumentierten sie alle ihre Erfolge und Mißerfolge. Dann werteten sie die Ergebnisse aus und entdeckten Lösungen, die alle dem Ziel näher brachten, auch wenn das bedeutete, daß vorherige Fortschritte, wie die Vorgehensweise von Dr. Gross, nichtig wurden.

Heutige Führungskräfte gehen denselben Weg. Untersuchen wir das Skript eines Problemumwandlers zur problemlösenden Führung für Mitarbeiter im direkten Kundenkontakt.

➤ Ein Problemlösungsskript für die Mitarbeiter im direkten Kundenkontakt: Teil 1

Ricardo, oder „Ric“, der neue Filialleiter in einem Franchise-Unternehmen mit zwölf Fahrradgeschäften, hat ein Problem: Im Verkaufsraum schauen sich zwei Paare, ein Student und eine Familiengruppe um, aber es ist nur eine Verkäuferin da, Lisa, um sie alle zu bedienen. Und sie ist im Lager damit beschäftigt, ein Sortiment zur Auslage im Schaufenster zusammenzustellen. Ric geht auf Lisa zu:

Ric: Lisa, was ist los?

Lisa: Ich stelle noch eine Auslage zusammen.

Ric: Können Sie sich später darum kümmern? Wir haben gerade den Laden voller Kunden. *(Ric erkennt und löst schnell ein aktuelles Problem – mangelnde Bedienung –, aber er weiß, daß er auf die Umstände eingehen muß, die dazu geführt haben.)*

Lisa: Sicher.

Ric: Fragen Sie mich später wegen der Auslage, wenn Sie Gelegenheit dazu haben. Ich bin neugierig. *(Ric setzt eine spätere Erörterung des Problems fest.)*

In dieser kurzen Skizze haben wir gesehen, wie Ric die erste Frage des Problemlösungsskripts für die Mitarbeiter im Kundenkontakt stellte: „Was tun Sie?“ Dann unterbricht er das Skript, um Lisas Aufmerksamkeit auf die Kunden zu lenken, stellt jedoch sicher, daß Lisa die Verantwortung dafür bekommt, das Gespräch später wiederaufzunehmen.

Während einer Pause im Geschäft am späteren Nachmittag kommt Lisa zu Ric.

Lisa: Ric, Sie wollten mich wegen dieser Auslage sprechen.

Ric: Ja, danke, daß Sie darauf zurückkommen. Haben Sie 20 oder 30 Miunten Zeit, ehe es wieder losgeht? *(Ric stellt eine Verbindung zu Lisa her und klärt ihre Verfügbarkeit für eine Zusammenkunft zur Problemlösung.)*

Lisa: Ja sicher, jetzt ist die Ruhe vor dem Sturm, in etwa einer Stunde wird es wieder losgehen.

Ric: In Ordnung. Folgendes möchte ich tun: Ich möchte Sie bitten, mir bei der Lösung eines Problems ein bißchen behilflich zu sein. Fangen wir einmal bei der Auslage an. Okay? *(Ric beteiligt Lisa an der Lösung des Problems und stärkt damit das Team.)*

Lisa: Sicher, worum geht es?

Ric: Wir müssen fünf grundlegende Fragen stellen: Was tun Sie? Wieviel Zeit braucht das? Welche Hindernisse stehen Ihnen im Weg? Wieviel Zeit kosten sie Sie? Wir werden diese Informationen auf einem Blatt Papier festhalten, und dann werden wir, unabhängig davon, fragen: Was können wir, nach allem was wir wissen, tun, um die Lage zu verbessern? Fangen wir mit der Auslage an. Wie lange brauchen Sie, um sie zusammenzustellen? *(Ric nimmt ein Blatt Papier und legt einen Problemumwandler an.)*

Lisa: Etwa eineinhalb Stunden, vielleicht zwei.

Ric: Ist dies generell ein Teil Ihrer Arbeit, oder ist es nur ein plötzlich auftauchendes Hindernis?

Lisa: Oh, nein, wir machen das seit sechs Monaten, seit ich hier bin. Jill sagte, unsere Fahrradgeschäfte haben immer Displays aufgestellt, aber die meisten wollen das nicht mehr.

Ric: Nun, halten wir das für den Augenblick als Aufgabe fest. Wie oft stellen Sie Auslagen zusammen? *(Ric beginnt, Lisas Problemlösung einzuleiten).*

Lisa: Oh, ich würde sagen, einige pro Woche, denn die anderen Geschäfte haben mich gebeten, es für sie auch zu tun.

Rics Arbeitsblatt zur Erhebung von Daten für den Problemumwandler

Was haben wir getan? (Aufgaben)	Warenauslagen zusammengestellt
Zeitaufwand	je 1½ Stunden
Hindernisse (Probleme, die dem im Wege stehen)	Unterbrechungen
Zeit, die die Hindernisse in Anspruch nehmen	Etwa 30 bis 45 Minuten mehr für jeden Aufbau von Auslagen veranschlagen

Ric: Nun, das ist interessant! Das sind also drei Auslagen pro Woche, insgesamt viereinhalb bis sechs Stunden. Trifft das in etwa zu? *(Ric bestätigt Lisas Beteiligung, ihre Verantwortung für die Richtigkeit der Daten und auch für die Mitwirkung an der Problemlösung in der Praxis, indem er sie bittet, die gegebenen Informationen zu bestätigen.)*

Lisa: Ja, aber der Zeitaufwand erschreckt mich ein wenig. Vielleicht steht das in keinem Verhältnis! Ich arbeite jetzt Teilzeit, und das ist ein Drittel der Zeit, die ich hier verbringe!

Ric: Machen Sie sich erstmal keine Sorgen wegen der Genauigkeit. Wir erhalten so ein allgemeines Bild, das sehr hilfreich ist. Die Information reicht aus, daß wir zum nächsten Schritt übergehen können und fragen, was wir anders machen sollten. Können Sie irgendeine allgemeine Beobachtung zu dem beisteuern, was wir entdeckt haben, ehe wir zur wirklich wichtigen Frage übergehen, was anders gemacht werden sollte? *(Ric erhöht weiter Lisas Beteiligung im Verlauf, indem er die Verantwortung für Beobachtungen auf sie überträgt.)*

Lisa: Nun, ich werde eigentlich fürs Verkaufen bezahlt, aber das tue ich nicht wirklich – ich bin Mädchen für alles, tue alles mögliche oder plage mich mit Hindernissen herum. Das ist verrückt. Kein Wunder, daß meine Provisionen gesunken sind.

Ric: Das ist der Durchbruch, Lisa! Sie sehen: Wie wir unsere Arbeit organisieren, kann uns helfen oder schaden. Glauben Sie, wir wissen nun genug, um herauszufinden, was wir dagegen tun können? *(Ric bestätigt Lisas Beobachtung und ihr beiderseitiges Interesse an der Suche nach Lösungen und bereitet den Übergang zur fünften Frage vor.)*

Lisa: Sicher, ich weiß jetzt, daß wir dieses Problem lösen können.

Ric: Hervorragend. Suchen wir jetzt nach Antworten auf die Frage: Was können wir, nach allem was wir jetzt wissen, verbessern? Analysieren wir unser Problem genauer.

➤ Instrument Nr. 2: Das Arbeitsblatt zur Problemanalyse und -lösung

Wir haben gesehen, wie Ric und Lisa in einem relativ kurzen, 20minütigen Dialog von der Entdeckung und Definition eines Problems zu einem Punkt gelangen, wo sich Lösungen ergeben können. Die Beantwortung der Frage: „Was können wir, nach allem was wir jetzt wissen, verbessern?" stellt ein entscheidendes Stadium im Problemlösungsprozeß dar, an das Helen Taussig und andere Führungsarbeiter mit Wissen und Entschlußkraft herangehen.

Das Arbeitsblatt zur Problemanalyse und -lösung

Was getan werden muß (Ziele)	Zeitaufwand
1. ____________	________
2. ____________	________
3. ____________	________
4. ____________	________
5. ____________	________

Tätigkeiten, die dem im Wege stehen (Hindernisse)	Zeitaufwand
1. ____________	________
2. ____________	________
3. ____________	________
4. ____________	________
5. ____________	________

Soll-Aktivitäten (Lösungen)	Zeitaufwand
1. ____________	________
2. ____________	________
3. ____________	________
4. ____________	________
5. ____________	________

Wenn wir aus den ersten vier Fragen im Problemumwandler Daten beziehen, dann sortiert das Blatt zur Problemlösung die Aktivitäten in drei Kategorien:

1. Was man tun muß (Ziele)
2. Was dem im Wege steht (Hindernisse)
3. Was man tun sollte (Lösungen)

➤ Ein Problemlösungsskript für die Mitarbeiter im direkten Kundenkontakt: Teil 2

Ric bringt Lisa ins nächste Stadium der Problemlösung, indem er das Augenmerk auf die Bedeutung der Daten aus dem Problemumwandler richtet, die für ihren beiderseitigen Erfolg notwendig sind: Verkauf und Dienst am Kunden.

Ric: Lisa, die Frage lautet: Was können wir, nach allem was wir jetzt wissen, verbessern? Um uns an diese große Frage zu machen, müssen wir fragen: Was müssen wir tun, und wie können wir die Zeit dafür vermehren? Und nun müssen wir zu unserem Hauptziel kommen und nach Wegen suchen, dieses zu erreichen. Was hat erste Priorität für uns? *(Ric lenkt Lisas Aufmerksamkeit auf ihre vorderste Pflicht und stellt so klar, was ihre Hauptaufgabe ist.)*

Lisa: Das ist mir jetzt ganz klar: Verkaufen und alles, was damit zu tun hat.

Ric: Okay. Halten wir die Verkäufe als allererste Pflicht fest. Wie können *Sie* mehr Zeit dafür finden?

Lisa: Nun, ehrlich gesagt, indem ich alles aufgebe, was dem im Wege stehen könnte und zuerst den Kunden bediene. Das heißt, daß der Dienst am Kunden meine Hauptaufgabe ist und daß die Zusammenstellung von Warenauslagen ein großes Hindernis darstellt.

Ric: Bingo! Ich glaube, Sie kennen Ihre Prioritäten ganz genau. Es gibt nur einen Grund, warum wir hier sind. Alles, was dem Dienst am Kunden im Wege steht, muß ausgeräumt, besser organisiert oder ausgeschaltet werden. Richtig? *(Ric lobt Lisas Einsicht, bestätigt ihren Wert, ihre Rolle und seine Erwartungen an sie. Dann bringt er sie ins nächste Stadium, das auch eine Analyse des Problems und eine gemeinsame Verantwortung für die Lösung einschließt.)*

Lisa: Natürlich.

Ric: Gut. Nun, gehen wir weiter und stellen fest, welches die Hindernisse sind und was wir tun müssen, um sie zu überwinden. Wir müssen auch die Verantwortung für eine Verbesserung klar zuweisen. Das betrifft uns alle. Danach werden wir uns auch mit dem restlichen Team einzeln treffen. Okay, stellen wir unsere Analyse zusammen. *(Ric erklärt, wie wichtig der Problemlösungsprozeß für die Effektivität des gesamten Teams ist, und erinnert Lisa an ihre persönliche Verantwortung für die Dienstleistung wie auch für die Verbindung zum gesamten Team. Sie füllen das Arbeitsblatt zur Problemanalyse und -lösung aus und entwerfen einen Handlungsplan.)*

Ric: Nun, Lisa, ich denke, es war ein guter Anfang, daß wir das Problem angesprochen haben. Es sieht aus, als hätten wir einen Plan zur Problemlösung, den wir sofort umsetzen können. Davon sollten alle profitieren. Wenn wir 75 bis 80 Prozent unserer wöchentlichen Arbeitszeit mit unseren Kunden verbringen, sollten die Qualität unserer Dienstleistung und unsere Produktivität um gute 18 Prozent steigen.

Lisa: Eines ist sicher: ich weiß jetzt besser, welche Prioritäten ich setzen muß, um das zu erreichen.

Ric: Ich auch. Vielleicht sollten wir diese Übung regelmäßig machen. Wie wäre es, wenn wir uns nächste Woche für 15 oder 20 Minuten zusammensetzen, um unsere Lösung für dieses Problem noch einmal anzusehen und ein anderes in Angriff zu nehmen? Fallen Ihnen noch andere zeitaufwendige Tätigkeiten ein, die Sie behindern?

Lisa: Ja, das neue Computernetzwerk. Es ist voller Fehler.

Rics und Lisas Arbeitsblatt zur Problemanalyse und -lösung

Arbeiten die getan werden müssen (Ziele)	**Zielzeit**
1. Verkauf an Kunden	14 Stunden einer Wochenarbeitszeit von 18 Stunden

Arbeiten, die dem im Wege stehen (Hindernisse)	**Benötigte Zeit**
1. Zusammenstellen von Displays	6 Stunden pro Woche

Was getan werden sollte (Lösungen)	**Benötigte Zeit**
1. Alle Verkaufsmitarbeiter: Die Lieferanten bitten, die Displays aufzustellen	½ Stunde
2. Ric: Nötigenfalls eine Hilfskraft zum Zusammenstellen der Displays einstellen	20 Minuten (plus Lohnkosten)
3. Ric kümmert sich darum: Die aufgestellten Displays werden unter den einzelnen Geschäften der Kette weitergegeben	1½ Stunden zum Aufstellen eines Displays

Ric: Okay. Setzen wir das auf unsere Liste. Hey, es kommt Kundschaft. Also los! *(Ric hat Lisa an einen Punkt gebracht, wo sie aktiv werden kann, um ein Problem zu lösen. Er stellt auch klar, daß er weitere Treffen erwartet, und regt an, das Problemlösen zu einem bewußten und fortlaufenden Teil ihrer Arbeit zu machen.)*

➤ Problemlösung für den Patienten – Doris Geschichte

Dori Martingloria ist Pflegedienstleiterin in der Onkologie in einem führenden medizinischen Zentrum: Solange man sich zurückerinnert, hat sie sich dem Dienst am Nächsten verschrieben. Sie spricht zwar selbst nie darüber, aber andere tun es, und es ist eine Geschichte unerschöpflicher Hingabe und pragmatischer Problemlösungen, die alle in ihrem Umkreis motiviert, auch die größten Schwierigkeiten anzugehen. Seit ihrer ersten Ausbildung zur staatlich geprüften Krankenschwester bis zu ihrer Promotion hat sich Dori die Liebe zur Arbeit am Bett der Patienten erhalten. Nun, da sie vor der Aufgabe steht, die Station für Onkologie neu zu strukturieren, die sie in sieben Jahren zu einem Weltklasse-Team aufgebaut hat, muß sie ihre letzten Reserven an Entschlußkraft mobilisieren.

Soeben hat Dori die gesammelten Ergebnisse einer speziellen Problemumwandler-Beurteilung erhalten, in der sie ihre Angestellten gebeten hatte, ihre Aufgaben für den Zeitraum einer Woche aufzulisten. Bei der Durchsicht füllte sie ein Arbeitsblatt zur Problemanalyse und -lösung aus. Zu den Aufgaben, die unbedingt erledigt werden mußten (Ziele) schrieb sie: „Trotz jüngster betrieblicher Downsizing-Maßnahmen bessere Leistung erbringen.“ Die Ergebnisse will sie bei einer Besprechung mit ihrem Führungsteam zur Neustrukturierung der Arbeit diskutieren, wobei gravierende Probleme in der Pflege und bei den Finanzen festgestellt und gelöst werden müssen.

Bei der Zusammenkunft wird Dori mit einer zentralen Frage die Aufmerksamkeit aller auf Lösungen richten: „Sind die richtigen Leute zur richtigen Zeit am richtigen Ort, um mit den richtigen Kosten hochwertige Pflege der Patienten zu leisten?“ Am stärksten betroffen sind von dieser Frage die staatlich geprüften Krankenschwestern, deren Stundenlohn 50 Prozent über dem der praktisch ausgebildeten, nicht staatlich geprüften Krankenschwestern und 100 Prozent über dem der Schwesternhelferinnen und Sekretärinnen liegt. Wie kann das Team die Lohnkosten um mindestens 10 Prozent reduzieren, *ohne* daß die Qualität der Pflege darunter leidet? Dori beginnt das Treffen mit Jim, Melissa und Paul, indem sie alle auf das Ziel einstellt.

Dori: Guten Morgen. Wie wir alle wissen, geht es heute darum, wie unsere Abteilung so umstrukturiert und neu aufgebaut werden kann, daß die richtige Person…

Jim, Melissa und Paul *(Unisono):* am richtigen Ort zur richtigen Zeit ist – zu den der Qualität entsprechenden Kosten.

Melissa: Dori, den Satz können wir jetzt im Schlaf.

Dori: Gott sei Dank. Den werden wir bei unserer Aufgabe heute brauchen. Ich habe alle Daten von unserer Problemumwandler-Bewertung zusammengestellt. Alle haben berichtet, was sie tun und noch einiges darüber hinaus. Das soll uns bei wichtigen Entscheidungen zur Neustrukturierung helfen, um das Ziel zu erreichen, das wir in den letzten Wochen erörtert haben: die Lohnkosten um 10 Prozent zu reduzieren und immer noch hochwertige Pflege zu leisten.

Aber ehe ich die Daten austeile, möchte ich jeden von euch bitten, mir bei einer besonderen Übung zu helfen. Sie besteht aus zwei Teilen. Zuerst möchte ich, daß wir das Profil eines typischen Patienten auf unserer Station beschreiben und welches seine Bedürfnisse sein könnten. Zweitens möchte ich, daß wir uns die Arbeit mit den Augen des Patienten anschauen. Jim, Sie haben Patientenprofile und Daten über Patientenzufriedenheit ausgewertet. Sagen Sie etwas dazu. *(Dori zeigt großen Einsatz für die Aufgabe und ihr Team, indem sie schwierige Probleme in den Kontext ihrer gemeinsamen Verantwortung für den Kunden stellt – den Patienten.)*

Jim: Okay. Ich habe viele Kommentare unserer Patienten gelesen, also kann ich wohl etwas vom Standpunkt des Patienten aus sagen. Nehmen wir an, ich bin ein 54jähriger Mann, der gerade mit Prostatakrebs auf unserer Station eingeliefert wurde. Ich bin sehr beunruhigt und möchte wissen, welche Behandlung ich bekommen werde, will aber nicht in Panik verfallen. Meine Bedürfnisse sind: Kann mir jemand sagen, was los ist und welche Wahlmöglichkeiten ich habe? Wie werden die chirurgischen und chemotherapeutischen Maßnahmen durchgeführt? Welche Chancen gibt es für den Behandlungserfolg? Vielleicht bin ich auch aufgeregt, weil meine Voruntersuchung von einer niedergelassenen Ärztin durchgeführt wurde, die nur halb so alt war wie ich, und weil ich bisher unendlich viele Verzögerungen bei meiner gesamten Behandlung hinnehmen mußte, was mir viel Streß bereitete.

Paul: Jim, ich fühle mich schon gestreßt, wenn ich das nur höre. Fühlen sich unsere Patienten so?

Dori: Ja, ich habe ihre Bewertungen gelesen, und das sollten auch alle anderen tun. Jim hat ein realistisches Bild gezeichnet. Fragen wir uns selbst anhand dieses Falles: Wenn wir dieser männliche Patient wären und hier Entscheidungen treffen könnten, welche Arbeit hätte oberste Priorität? Wie erreichen wir unser Ziel – unsere eigentliche Aufgabe –, trotz Personalabbau in der Vergangenheit und in der Zukunft eine hervorragende Behandlung durchzuführen? Ich werde die Bemerkungen auf dem Arbeitsblatt zur Problemanalyse und -lösung festhalten. *(Dori lenkt die Aufmerksamkeit des Teams auf das Kernproblem und bindet es so in den Aufbau gemeinsamer Verantwortung ein.)*

Paul: Nun, ich würde Patientenbeobachtung, Aufklärung und Beratung ganz oben auf die Liste schreiben.

Melissa: Ich auch, aber ich würde die Medikation dazuschreiben, besonders die Chemotherapie.

Paul: Nehmen Sie lieber auch die ärztliche Hilfe auf. Wenn wir die Sache vom Standpunkt des Patienten aus durchdenken, müssen wir auch solche Dinge wie Sauberkeit der Räume, Höflichkeit des Personals und Pünktlichkeit berücksichtigen.

Dori: Ausgezeichnet! Noch etwas? *(Dori führt das Team durch eine zehnminütige intensive Problemanalyse.)* Ehe wir weitermachen, sollten wir einen Blick auf die Daten werfen, die wir im Problemumwandler zusammengestellt haben. Daraus können wir ersehen, was jeder *wirklich* tut. Darf ich Sie auf eine Tatsache aufmerksam machen? Unsere staatlich geprüften Krankenschwestern haben berichtet, daß sie weniger als 25 Prozent ihrer Zeit mit ihren eigentlichen Aufgaben verbringen, die Sie gerade genannt haben. Ich habe mal einen Kreis darum gezeichnet, damit Sie das erkennen können. Die Daten zeigten auch, daß ausgebildete Krankenschwestern eine beträchtliche Zeit mit allgemeinen Bürotätigkeiten, Füttern, Materialbeschaffung, Haushaltstätigkeiten, Toilette, Wechseln der Bettwäsche, Transport und Baden verbringen, aber auch mit angemesseneren Tätigkeiten wie Patientenbeobachtung, Verabreichen von Medikamenten, Beratung und Aufklärung der Patienten sowie Unterstützung der Ärzte. Insgesamt sind ihre Tätigkeiten sehr komplex – sie berichteten über 44 Aktivitäten – und anstrengend. Was läßt sich nun angesichts unserer Pflichten zu diesen Daten sagen? Wo sind unsere Hindernisse, was steht uns im Weg? *(Dori teilt die Ergebnisse des Problemumwandler-Berichts aus, in dem in Prozenten die Zeit verglichen wird, die Krankenschwestern bei ihrer Arbeit mit den 15 zeitaufwendigsten Tätigkeiten verbringen, mit der Zeit, die andere damit verbringen.)*

Melissa: Ich weiß, ich sollte erschrecken, aber ich bin eigentlich nicht überrascht. Wir haben hier eine Umkehrung von Verantwortlichkeiten. Die Krankenschwestern verbringen zuviel Zeit mit Verwaltungs- und anderen Tätigkeiten, die eigentlich nicht zu ihrer Arbeit gehören sollten, wie zum Beispiel Materialbeschaffung. Und ich fürchte, das ist im ganzen Krankenhaus der Fall, nicht nur hier auf der Onkologie.

Paul: Richtig. Unsere teuersten Leute, die staatlich geprüften Krankenschwestern, machen die Handlangerarbeiten.

Jim: Denken Sie aber daran, ich bin der Patient. Ich brauche immer noch jemanden, der mit mir über meinen Zustand

Problemumwandler-Berichte für Doris Abteilung für Onkologie

Prozentsatz an Zeit, den die geprüften Krankenschwestern mit den 15 wichtigsten Tätigkeiten verbringen, im Vergleich zu anderen Mitarbeitern

Tätigkeiten	*staatlich geprüfte Kranken-schwestern*	*praktisch ausgebildete Kranken-schwestern*	*Schwestern-helferinnen*	*Sekretä-rinnen*
allgemeine Büroarbeiten	8%	6%	3%	33%
Patientendokumentation	7%	9%	7%	–
Patientenbeobachtung	6%	12%	14%	3%
Füttern	5%	3%	4%	7%
Materialversorgung	5%	7%	3%	6%
klinische Verfahren	4%	10%	–	1%
Haushaltstätigkeiten	4%	4%	6%	7%
Toilette	4%	2%	4%	2%
Bettwäsche wechseln	3%	2%	5%	2%
Medikation	3%	6%	3%	–
Beratung der Patienten	3%	4%	7%	4%
Transport	3%	4%	6%	4%
Baden	3%	7%	4%	–
Unterstützung des Arztes	3%	6%	6%	3%
Aufklärung der Patienten	2%	5%	6%	9%

spricht und der dafür sorgt, daß ich saubere Bettwäsche bekomme. Ich finde, unsere Krankenschwestern müssen sich wieder auf ihre eigentliche Arbeit konzentrieren können, indem die Arbeit neu aufgeteilt und Unnötiges weggelassen wird. Dabei müssen wir aber sicherstellen, daß qualifiziertes Personal zur Verfügung steht, um gute Pflege zu leisten.

Dori: Warten Sie einen Augenblick, damit ich das auf dem Arbeitsblatt zur Problemanalyse festhalten kann. Okay. Ich gebe Ihnen recht, und ich möchte Ihnen noch ein paar Fragen stellen. *(Dori hat das Team zu hohen Stufen von*

Beteiligung und Empowerment geführt und beschließt weiterzugehen.)

Paul: Oh nein. Ich weiß nicht, ob ich das durchstehe.

Dori: Immer mit der Ruhe, Paul. Die Fragen jetzt sind sehr direkt und logisch. Stellen wir uns mal das fast Undenkbare vor: Wir verringern die Anzahl unserer staatlich geprüften Krankenschwestern, um zweierlei zu bewirken: Erstens haben wir dann Geld, um mehr Hilfskräfte zu beschäftigen. So können wir sicherstellen, daß die Patienten immer saubere Bettwäsche haben, daß ihnen heiße Mahlzeiten serviert werden und daß jemand kommt, wenn sie die Rufglocke betätigen. Wenn wir nur einige Stellen für geprüfte Krankenschwestern streichen, können wir mehrere Hilfsschwestern einstellen. Zweitens werden diese Hilfskräfte es möglich machen, daß die staatlich geprüften Krankenschwestern mehr Zeit für ihre Hauptaufgaben in der Krankenpflege zur Verfügung haben, für die nur sie ausgebildet sind. Dadurch, daß die geprüften Krankenschwestern einen Teil ihrer Zeit mit Hilfsarbeiten und anderen Tätigkeiten zubringen, sind gut 40 Prozent ihrer Zeit und unserer Lohnkosten verschwendet. Sie tun nicht die Arbeit einer Krankenschwester, sondern verrichten andere Tätigkeiten. Wenn wir den Schwestern ermöglichen, die Arbeit zu tun, die sie tun sollen, wird das jedem zugute kommen, besonders den Patienten. *(Dori drängt zur nächsten und schwierigsten Ebene des Problems: Kosteneinsparungen.)*

Paul: Warten Sie, Dori, jetzt betreten wir das Allerheiligste. Wie wollen Sie diesen Schritt rechtfertigen?

Dori: Mit den Daten. Und diese Daten stammen von unserem Personal. Die Leute haben uns mitgeteilt, daß sie sich nicht auf ihre Kernaufgaben konzentrieren können, das heißt, *die Qualität ist in Gefahr.* Und genauso relevant ist: Die Lebensqualität der geprüften Krankenschwestern leidet. Weil sie sich nicht ausreichend auf die Krankenpflege konzentrieren können und weil ihre Arbeit im Vergleich zu anderen sehr komplex ist, sind sie *starkem Streß* ausgesetzt.

Melissa: Das stimmt. Die Daten lassen diesen Schluß zu.

Jim: Und ich glaube, das Personal schätzt die Situation inzwischen genauso ein. Schließlich haben wir die Daten ja von ihm.

Dori: Das denke ich auch. Wenn wir uns um die Belange der Patienten kümmern wollen, wie Jim sie uns kurz umrissen hat, und wenn wir die Schwierigkeiten bei der Arbeitsverteilung angehen wollen, die unsere Daten offengelegt haben, müssen wir entscheidende Schritte unternehmen, die wir schließlich auf dem Arbeitsblatt zur Problemanalyse und -lösung aufgelistet haben. Sehen Sie sich das bitte an: Faßt dies die Dinge zusammen, und bringt es uns zu einer Lösung? *(Dori lenkt das Team zu seinem ursprünglichen Ziel zurück, Lösungen für eine erstklassige Pflege zu finden.)*

Jim: Das ist zwar bitter, aber richtig. Wenn unsere Krankenschwestern nicht wieder zu ihren Kernaufgaben kommen, wird die Pflege der Patienten leiden.

Melissa: Ja. Aber manchen Skeptikern werden diese Ergebnisse nicht gefallen.

Dori: Da gebe ich Ihnen allen recht. Unsere Krankenschwestern müssen sich wieder auf ihre Hauptaufgabe konzentrieren können, und wir müssen verantwortungsvoller mit unserem Geld umgehen. Ja, Paul, es gibt Skeptiker, und ich schlage vor, wir begegnen ihnen direkt. Wir werden solche Problemlösungssitzungen auch mit unseren Ärzten und mit dem übrigen Personal abhalten müssen, um sie alle in diesen Prozeß einzubinden. Paul, welche Sitzung sollte Ihrer Meinung nach zuerst kommen? *(Dori hat im Verlauf der Problemlösung die Angelegenheit erforscht und eine Lösung vorgeschlagen, die sie sich überlegt hat. Doch sie weiß, daß vor der Umsetzung einige praktische Fragen geklärt werden müssen, auch der Widerstand, den Paul ver-*

Doris Arbeitsblatt zur Problemanalyse und -lösung für Jims Fallstudie

Pflichtaufgaben (Ziele)

1. Noch bessere Leistung erbringen trotz organisatorischer Kürzungen

Tätigkeiten, die dem im Wege stehen (Hindernisse)

1. Umkehrung von Verantwortlichkeiten der staatlich geprüften Krankenschwestern
2. Staatlich geprüfte Krankenschwestern verrichten Büroarbeit und sorgen für Materialnachschub
3. Die Krankenschwestern tun nicht ihre eigentliche Arbeit

Was getan werden sollte (Lösungen)

1. Die Krankenschwestern sollten sich wieder auf folgende Tätigkeiten konzentrieren können:
   - Patientenbeobachtung
   - Aufklärung der Patienten
   - Beratung der Patienten
   - Medikamente verabreichen (Chemotherapie)
   - Unterstützung der Ärzte
2. Neuverteilung der Hilfsarbeiten von den Krankenschwestern an andere und …
3. Es sollte überlegt werden, die Anzahl der staatlich geprüften Krankenschwestern zu reduzieren, damit mehr Hilfskräfte eingestellt werden können.

tritt. Sie bezieht ihn mit ein, indem sie seine verständlichen Zweifel sinnvoll einsetzt. Dazu bittet sie Paul, zwischen zwei Möglichkeiten zu entscheiden, anstatt ihn durch eine offene Frage nur weiter zu verängstigen und eventuell weitere Opposition zu provozieren.)

Paul: Jede oder beide, sobald wir fertig sind. Dies ist zu wichtig, um noch mehr Zeit verstreichen zu lassen. Ich würde eigentlich dieselbe Übung anwenden, die Sie mit uns gemacht haben. Wenn sie die Sache aus der Sicht des Patienten betrachten, werden die Dinge klarer.

Dori: Danke, ich bin ganz Ihrer Meinung. Überlegen wir, wie wir vorgehen können.

Dori plant mit dem Team weitere zehn Minuten lang die nächsten Schritte. Sie weiß, daß es äußerst wichtig ist, jede Problemlösungssitzung mit der Aufstellung eines praktischen Aktionsplans zu beschließen. Wie Ric und Lisa hat sie mit dem Problemumwandler Daten gesammelt und damit das Problem definiert. Dann entwickelte sie mit dem Team und dem Arbeitsblatt zur Problemanalyse und -lösung mögliche Lösungen.

Wie Sie die Rolle des Problemlösers ausfüllen

Getreu den Worten des heiligen Jakobus: „Wenn der Glaube nicht Werke hat, ist er tot“, haben Dr. Taussig, Ric, Lisa und Dori mit ihrem Team den Wert einer Gruppe daran festgemacht, ob der Einsatz der Teammitglieder – ihr Glauben – in Handlung umgesetzt und die Probleme im direkten Kundenkontakt gelöst werden. Für solche Probleme bedienen sich die Führungsarbeiter einer vereinfachten Version der wissenschaftlichen Methode, nach Problemen zu suchen, sie zu definieren und Lösungen zu entwickeln, die ihre Arbeitsweise verändern. Die beiden in diesem Kapitel vorgestellten Instrumente, der Problemumwandler und das Arbeitsblatt zur Problemanalyse und -lösung, lenken die Aufmerksamkeit auf die Entdeckung, Definition und Lösung von Problemen.

Betrachtet man Dr. Taussigs historischen Durchbruch in der Behandlung blausüchtiger Kinder oder Lisas und Rics Neubestimmung der momentanen Prioritäten bei der Arbeit oder auch Doris Einsichten zur Neustrukturierung der Krankenpflege in den 90er Jahren – Führungsarbeiter gehen die schwierigsten Probleme direkt an. Sie binden ihre Mitarbeiter ein und sprechen die wichtigsten Punkte in deren Berufsleben direkt an. Dabei gehen sie auch auf ausschlaggebende Fragen wie das Delegieren von Arbeit, Streß am Arbeitsplatz, Konzentration auf den Kunden und Verantwortlichkeit für die Arbeit ein. Um die eigenen Hauptaufgaben im Auge zu behalten, verbringen sie über 60 Prozent ihrer Zeit mit der Lösung von Problemen. Oft verbinden sie die Problemlösung mit anderen Rollen, damit ihre Bemühungen zusammenwirken und garantiert Ergebnisse bringen. Führungsarbeiter setzen ihre Rolle als Problemlöser vor allem ein, um Einsatz und Optimismus der Mitarbeiter zu stärken und um sie auf einen möglichen synergetischen Impuls in der Leistung vorzubereiten. Eine solche Leistung bereitet den Boden für eine Expansion und Stärkung des Unternehmens durch die Rolle des Bewertenden, das Thema des nächsten Kapitels.

Kapitel 5

Der Bewertende

Am 15. August 1947 ließ Indien 200 Jahre britischer Kolonialherrschaft hinter sich und wurde unabhängig. Zwar hatten dies viele der 250 Millionen Einwohner des Landes herbeigesehnt, doch ein Mann hatte mehr als alle anderen dazu beigetragen, daß dies möglich wurde: Mahatma Gandhi.

Mitglieder der Familie Gandhi hatten schon seit langer Zeit als indische Premierminister für ihre britischen Herrscher Angelegenheiten der Kommunalverwaltungen geregelt. Als dem jungen Gandhi klar wurde, daß ein Aufstieg bei der Arbeit seines Vater und anderer Familienmitglieder stark davon abhing, ob sie den Engländern zu Gefallen handelten, überredete er seine Familie, ihn in London Jura studieren zu lassen. Bei seiner Ankunft in London im Jahre 1888 war er so beeindruckt und überwältigt, daß er englische Gewohnheiten übernahm und „den englischen Gentleman spielte", wie er es später beschrieb: Er kleidete sich schick mit Zylinder, Seidenhemden und Gamaschen und trug einen Spazierstock mit Silberknauf bei sich.

Nach seinem Juraexamen im Jahre 1893 ergriff er die Gelegenheit, in Südafrika an einem komplizierten Rechtsfall in der Wirtschaft mitzuarbeiten. Seine Anstellung war auf ein Jahr begrenzt, doch am Ende sollte Gandhi weitere 21 Jahre in Südafrika verbringen und für Bürgerrechte kämpfen. Zwei denkwürdige Ereignisse bald nach seiner Ankunft hatten sein Leben für immer verändert.

Das eine ereignete sich an seinem ersten Tag am Gericht, als er sich mit der Arbeitsweise des örtlichen Rechtssystems vertraut machen wollte. Einige Minuten, nachdem er den Raum betreten hatte, bemerkte er, daß der Magistrat ihn anstarrte. Es stellte sich heraus, daß den Richter sein Turban störte, und er befahl, daß Gandhi ihn abnehmen sollte. Gleichfalls beleidigt, weigerte sich Gandhi und verließ das Gericht.

Sein Klient erklärte ihm später, seine Weigerung sei ein Akt zivilen Ungehorsams gewesen: Er hatte ein Gesetz gegen nicht-westliche Kleidung gebrochen. Gandhi war erbost über solche diskriminierenden Praktiken und schrieb einen Protestbrief an die Zeitungen.

Der zweite Zwischenfall ereignete sich auf einer Zugreise nach Pretoria, für die sich Gandhi eine Fahrkarte erster Klasse gekauft hatte. Unterwegs stieg am Bahnhof Maritzburg ein weißer Passagier in das Abteil ein, warf einen Blick auf den jungen Inder, mit dem er es teilen sollte, und ging wieder – allerdings nur, um mit zwei Bahnbeamten zurückzukehren. Die Beamten warfen Gandhi unter dem Vorwand hinaus, er habe zwar eine Fahrkarte erster Klasse gekauft, aber nicht für die Unterbringung über Nacht bezahlt.

Eine Erniedrigung folgte der anderen, und nach kurzer Zeit hatten die Demütigungen durch die systematische Benachteiligung die Ambitionen des jungen Anwalts völlig verändert. Statt in einem perversen System mitzuwirken, widmete er sein Leben dessen Veränderung. Englische Gesetze, schloß er, schützten nur die Engländer, und wenn auch die Perversion demokratischer Prinzipien in Südafrika offenkundiger war, waren die Gesetze in Indien nicht weniger einschränkend und Anlaß zur Uneinigkeit.

Anstatt seine eigene Karriere als Anwalt und Diener des Systems zu verfolgen, setzte er seine Kenntnis dieses Systems ein, um die Rechte seines Volkes zu verteidigen. Er legte alle Selbstsucht beiseite und strebte nach Gerechtigkeit für alle. Nur eine Woche nach dem Zwischenfall im Zug in Maritzburg rief er zu einer Versammlung für Inder in Südafrika auf, um gegen Diskriminierung aufgrund der Hautfarbe oder der Volkszugehörigkeit zu Felde zu ziehen. Seine erste öffentliche Rede bei dieser Versammlung war der Anfang weitreichender Bemühungen, die folgen sollten. Tausende schlossen sich seiner Sache an und lernten, wie Gandhi friedlich für Bürgerrechte zu kämpfen. Er war entschlossen, auf dem Feld von Gesetz und Vernunft zu kämpfen, und weigerte sich einfach, diskriminierenden Gesetzen Folge zu leisten, bekannte sich bei Vorwürfen zivilen Ungehorsams stets schuldig. Folglich verbrachte er viel Zeit im Gefängnis, sowohl in Südafrika wie auch später in Indien. Die Ungerechtigkeit seiner Inhaftierung machte das

System nur lächerlich und vermehrte Gandhis Einfluß. 1932 fastete er in einem indischen Gefängnis, um die Regierung zum Handeln gegen die unfaire Behandlung der Unberührbaren zu drängen, und innerhalb einer Woche ging die Regierung auf seine Forderungen ein.

Gandhis wirksamstes Instrument im Kampf gegen Unterdrückung war, daß er das Verhalten der Staaten einer gerechten Bewertung unterzog, um deutlich zu machen, daß das System und die, die es aufgebaut hatten – insbesondere die Engländer – an den universalen Prinzipien der Gerechtigkeit gemessen werden sollten, die sie selbst angeblich vertraten. Bevor Gandhi jedoch andere beurteilte, beurteilte er sich selbst. Ehe er sich herausnahm, andere zu einer Änderung ihres Lebens zu drängen, änderte er sein eigenes.

Gandhis Bescheidenheit und sein unermüdlicher Einsatz brachten ihm die Liebe und Achtung einer ganzen Nation ein, und mit seiner Taktik erntete er als brillanter soziologischer Stratege Respekt auf der ganzen Welt. Seine Errungenschaften gründeten vor allem auf seiner Rolle als Bewertender.

Die Rolle des Bewertenden

Bewertung ist ein Akt strategischer Bescheidenheit. Sie erfordert sowohl Kompetenz als auch das Wissen, daß eine Verbesserung erreicht werden kann und sollte. Sehr erfolgreiche Führungsarbeiter betrachten wie Gandhi die Evaluation als positiven Akt, als eine Gelegenheit, Möglichkeiten zu finden, wie das Potential aller besser genutzt werden kann. Gandhi war ein kompetenter Führer, der sicher war, daß es nur dann zu einer Verbesserung käme, wenn er demütig die Verantwortung dafür übernähme, daß sie auch geschehe. Ein bedeutendes Ergebnis unserer Untersuchung zur Führung ist, daß erfolgreiche Führungspersönlichkeiten ihre Bemühungen um Bewertung herum aufbauen und ihre Strategien aufgrund umsichtiger fortlaufender Auswertung entwickeln. Die folgenden Beiträge zeigen, daß Erfolgsstrategien auf der Bewertung aufbauen.

- Ein Verkaufsleiter einer Computerfirma: „Für mich war Bewertung immer ein echtes Problem. Wissen Sie: ‚Richte nicht, sonst wirst du gerichtet.‘ Ich fand es arrogant, andere zu beurteilen. Dann erkannte ich, daß nicht sie bewertet werden sollten, sondern der Dienst am Kunden. Wenn ich jemanden beurteile, dann nicht ihn als Person, sondern als Instrument für den Dienst an etwas, das uns beiden übergeordnet ist. Ich bewerte ihn nicht für mich, sondern für den Kunden, der unser beider Gehalt zahlt.“
- Die Leiterin eines Pflegeteams: „Ich kann mich nicht noch zusätzlich zu den Patienten um meine Krankenschwestern kümmern. Nur sie selbst können ihre Leistungen verbessern. Meine Aufgabe ist es, sicherzustellen, daß sie das verstehen und die Verantwortung dafür mittragen.“
- Ein leitender Angestellter eines Fortune-100-Unternehmens: „Jeder kann sich weiterentwickeln, wenn man ihm die richtige Information gibt. Meine Aufgabe ist es, dafür zu sorgen, daß mein Team erkennt, was funktioniert und was nicht und aus welchem Grund.“

Diese Äußerungen bestätigen die fünf Prinzipien effektiver Bewertung:

Das erste Prinzip ist der *Zweck:* Für wen wird evaluiert? In einer demokratischen und kapitalistischen Kultur hat der Kunde das letzte Wort, ob ein Produkt oder eine Dienstleistung nachgefragt wird oder ob ein Politiker wieder an seinen Schreibtisch zurückkehren darf. Also ist es nur vernünftig, eine Bewertung im Hinblick auf den Kunden durchzuführen.

Das zweite Prinzip ist *Verantwortung:* Wer trägt die Verantwortung? Jeder Beschäftigte ist für sein eigenes Verhalten verantwortlich, denn nur er kann sein persönliches Verhalten verbessern.

Das führt uns zum dritten Prinzip: *Beteiligung.* Wer sollte von der Bewertung betroffen sein? Jeder Mitarbeiter. Personen, die vom Evaluationsprozeß ausgeschlossen sind, werden sich niemals für Verbesserungen verantwortlich fühlen, die sich aus der Bewertung ergeben.

Das vierte Prinzip ist *Anleitung*: Wer kanalisiert wichtige Strategien? Führungsarbeiter übernehmen die Verantwortung, andere anzuleiten und zu lehren, einzelnen die Erfordernisse für bessere Leistung näherzubringen. Verantwortung hängt ebenso stark vom Verständnis ab wie von der Beteiligung.

Das fünfte Prinzip ist die *Dienstleistung:* Wem dient der Führungsarbeiter? Dem Kunden und denen, die dem Kunden dienen. Der effektiv Bewertende verteilt Lob und Anerkennung für hervorragende Leistung und berät diejenigen, die schlechte Leistungen erbringen. Solche Beratung sollte zum Ziel haben, die Dienstleistung zu verbessern. Ist es jedoch nicht möglich, höhere Leistungen zu erzielen, kann am Ende dem einzelnen die Verantwortung entzogen werden.

Der Bewertungsprozeß bewegt sich nach außen, vom einzelnen zum Team, zum Unternehmen und im Falle von Gandhi und anderen Staatsmännern bis zum Staat und der Weltgemeinschaft. Eine Evaluation um ihrer selbst willen ist nie angebracht. Alle Bewertungen müssen in einzelne Schritte zur Verbesserung umgewandelt werden. Genau diese Einsicht erklärt viele Probleme, die Unternehmen, Behörden und Staaten mit ihren Bewertungen haben. Wenn eine Beurteilung nicht zu höheren Leistungsstandards führt, hat sie versagt. Nur allzuoft werden von höchster Position in der Bürokratie das System, die Politik oder die Abläufe für schlechte Leistungen verantwortlich gemacht, während sie ihr Augenmerk eigentlich auf die Menschen richten sollten. Menschen, und nicht Systeme oder Abläufe, handeln.

Menschen, und nicht Systeme, sind verantwortlich für die Ergebnisse. Unsere Untersuchung hat erbracht, daß die besten Führungskräfte sich nicht hinter dem Unternehmen verstecken, sondern auf sorgfältiger Bewertung ihres eigenen Verhaltens und des jedes einzelnen bestehen, mit dem sie interagieren. Diese eindeutige Überzeugung vom Wert der persönlichen Verantwortlichkeit steht in starkem Kontrast zu den gesichtslosen, bürokratischen Auswertungspraktiken, die in so vielen Einrichtungen der Wirtschaft, bei Wohltätigkeitsorganisationen und in Behörden das Vertrauen der Öffentlichkeit untergraben.

Menschen mit hohem FührungsIQ schätzen das Potential einzelner zur Verbesserung, zum Wachstum und zur Anpassung optimistisch ein. Für sie ist die Evaluation ein Mittel zum Zweck. Durchschnittliche Führungskräfte dagegen sehen in der Beurteilung eine Art bürokratische

Die Rolle des Bewertenden

Ziel: Verbesserung der Einzelleistung

Methode: Stellen Sie den Leistungsstand fest, und entwickeln Sie mit Hilfe von Leistungsbeurteilungen Strategien zur Verbesserung

- ➤ Konzentrieren Sie die Bewertung auf den Kunden
- ➤ Betonen Sie die persönliche Verantwortung
- ➤ Beteiligen Sie alle Beschäftigten an ihrer eigenen Beurteilung
- ➤ Stellen Sie einen Zusammenhang zu Instrument Nr. 1 her: den Grundprinzipien effektiver Bewertung
- ➤ Halten Sie ein Vorbereitungstreffen ab, ehe Sie die Bewertung durchführen
- ➤ Entwerfen Sie Strategien zur Verbesserung mit Instrument Nr. 2: dem Arbeitsblatt zur Leistungsbeurteilung
- ➤ Führen Sie den Ablauf mit dem Bewertungsskript
- ➤ Entwickeln Sie einen konkreten Zeitplan für die Bewertung
- ➤ Gehen Sie für Mitarbeiter, Gruppen, Kunden und das Unternehmen als Ganzes nach dem gleichen Procedere vor
- ➤ Schaffen Sie einen Anziehungspunkt für Positives, indem Sie Leistung feststellen und anerkennen, die dem Auftrag des Unternehmens dient

Hausaufgabe voller Verantwortlichkeitsfallen, in denen sich Unachtsame verfangen können.

Unser Vergleich von Bewertungen, die Führungsarbeiter durchgeführt haben, mit denen durchschnittlicher Führungskräfte ergab deutliche Unterschiede. Am meisten fällt auf, daß durchschnittliche Führungskräfte hervorragende Leistungen nicht anerkennen und dazu neigen, alle Mitarbeiter in ein enges Bewertungsnetz zu zwängen. Dieses Vorgehen ist ein Anzeichen für mangelnde Bereitschaft, hervorragende Leistung zu unterstützen. Bei durchschnittlichen Führungskräften sind auch Fluktuation und Fehlzeiten dreimal höher als bei Führungsarbeitern. Und diese Fluktuation ist besonders hoch unter Angestellten, die hervorragende Leistungen erbringen, wie sich aus Abschlußgesprächen ergeben hat.

Die erfolgreichsten Führungskräfte dagegen schaffen einen starken Magneten, der Leistungsträger anzieht und andere zu besserer Leistung anspornt. Sie bedienen sich zweier Instrumente bei ihren Evaluationen: Der *Grundprinzipien für effektive Bewertung* und des *Arbeitsblatts zur Leistungsbeurteilung*. Diese Instrumente setzen sie auf allen Unternehmensebenen ein, ausgehend vom einzelnen zur Gruppe und zum Unternehmen als Ganzes. Ehe wir diese Instrumente weiter erforschen, betrachten Sie bitte die nebenstehende Übersicht zur Rolle des Bewertenden.

➤ Instrument Nr. 1: Die Grundprinzipien effektiver Bewertung

Als erstes sollten Sie einen Kontext für die Bewertung schaffen, indem Sie ihren Zweck festlegen: Was werden wir auswerten, und warum sollten wir das tun? Alicia Harris, eine der Geschäftsführerinnen einer Gruppe zur Entwicklung innovativer Unternehmensevaluation in einer schnell wachsenden Firma für Umweltdienste, erklärt, warum so vieles davon abhängt, daß der Zweck klar definiert ist: „In diesem Unternehmen weiß von der Sekretärin bis zum Mitglied der Geschäftsleitung jeder, daß unsere Tätigkeit – der Umgang mit gefährlichen Abfallstoffen – das Leben vieler Menschen gefährden kann. *Deshalb* ist Evaluation so wichtig. Sie bringt uns wieder auf den Zweck, warum wir im Geschäft sind, und darauf, was für unseren Erfolg wichtig ist. Alle Betroffenen, von der Führung bis zu den Anteilseignern, Angestellten und – besonders – den Kunden, haben sich an der Bestimmung unseres Unternehmenszwecks beteiligt und dabei vier Leistungskategorien auf-

Die Grundprinzipien effektiver Bewertung

1. Definieren Sie den Zweck, das *Was* und *Warum* der Bewertung
   - ➤ Warum: um dem Kunden zu dienen
   - ➤ Was: um auf vier Gebieten hervorragende Leistungen zu erbringen
     - Dienst am Kunden
     - Dienstleistung für das Team
     - Organisation
     - Fachwissen
2. Erhöhen Sie die Verantwortlichkeit für hervorragende Leistung
   - ➤ Als einzelne
   - ➤ Als Gruppe
   - ➤ Als Unternehmen
3. Beteiligen Sie jeden einzelnen Beschäftigten
4. Führen Sie und klären Sie auf, um Potentiale zu entwickeln
5. Dienen Sie denen, die dienen, durch positive Bestätigung

gestellt. Dazu gehören Evaluation des persönlichen Dienstes am Kunden und am Team, Organisation und Sachkompetenz. Die Erörterungen, bei denen sich diese vier Kategorien und die Prinzipien für den Ablauf ergaben, waren so informativ, daß wir die Erörterung des Evaluationsprozesses in die Vorbereitung für die Einzelevaluationen aufnahmen." Diese vier Leistungskategorien wurden auch von 97 Prozent unserer Führungsarbeiter als die wichtigsten Kategorien benannt, wenn sie auch manchmal unterschiedlich bezeichnet wurden. Daher diskutierten wir diese zentralen Leistungskategorien und kombinierten sie mit den fünf Prinzipien zur Bewertung und entwickelten so Instrument Nr. 1 für effektive Bewertung. Mit der Verallgemeinerung von Alicias Herangehensweise schufen wir ein Instrument zur Weiterbildung, das jeder Führungsarbeiter anwenden kann. Eine effektive Evaluation sieht die Beteiligung aller Gruppen in diesen entscheidenden Gebieten vor (siehe Übersicht S. 134).

Um nachzuvollziehen, wie eine nach solchen Prinzipien ausgerichtete Leistungsbeurteilung aussieht, stellen Sie sich vor: Valerie Johnson, Laborleiterin bei Envirolabs, spricht mit Al Bronkowski, einem Mitarbeiter ihrer Abteilung, über die Leistungsbeurteilung. Die Erörterung ist die Vorbereitung zu einer Besprechung über Bewertung, die in einigen Tagen im größeren Rahmen stattfinden wird. Da Valerie Al ganz in den Prozeß einbinden möchte, wendet Valerie die fünf Grundprinzipien an, um Al auf eine positive Erfahrung einzustimmen.

➤ Ein Skript, um eine Einzelperson in die Bewertung einzubinden

Val hat sich für ein zwangloses und zur Kooperation einladendes Treffen mit Al entschieden. Sie kommt hinter ihrem Schreibtisch hervor und setzt sich neben Al an einen Arbeitstisch, damit sie ihm mitteilen kann, was er sich überlegen soll. Sie spricht entspannt, in höflichem, leisem Ton.

Val: Al, ich danke Ihnen, daß Sie es einrichten konnten, mit mir hier über die Beurteilung zu sprechen. Wie ich schon bei unserer Personalversammlung sagte, werden wir alle im Unternehmen einmal jährlich daran teilnehmen – manchmal auch öfter. Zuerst erörtern wir, was wir auswerten und warum. Danach sprechen wir über das Vorgehen bei der Auswertung selbst, okay? Haben Sie Fragen? *(Val wendet sofort Prinzip Nr. 1. an: Bestimme den Zweck, der den Rahmen für das Treffen darstellt, und minimiere so die Besorgnis, die jede Evaluation auslösen kann.)*

Al: Nur eine. Machen wir die Bewertung jetzt gleich?

Val: Nein. Wir führen sie in etwa einer Woche durch, nachdem wir genau entschieden haben, was wir auswerten und warum. *(Sie bestätigt das Bedürfnis zu erfahren, was geschehen wird und warum.)*

Al: Okay. Was wollen wir bewerten? *(Al reagiert skeptisch.)*

Val: Den Dienst am Kunden und das speziell dafür notwendige Verhalten. In Absprache mit Kunden, Angestellten und der Geschäftsleitung will die Firma bei der Beurteilung verschiedene Kategorien der Leistung untersuchen. Die sind: erstens der Dienst am Kunden durch den einzelnen, zweitens der Dienst an den übrigen Mitgliedern des Teams, drittens die Organisation in bezug auf Dienstbereitschaft und effizienten Einsatz von Personal und Ressourcen und zuletzt die Sachkompetenz in besonderen Arbeitsbereichen. *(Val definiert den Unternehmenszweck in konkreten Verhaltensbegriffen, mit denen ein abstraktes Sinnkonzept praktisch umgesetzt wird und für die jeder Beschäftigte die Verantwortung trägt. Somit ist Prinzip Nr. 2 angewandt: Erhöhe die Verantwortlichkeit.)*

Al: Heißt Bewertung nicht eigentlich nur, daß man sehen will, ob einer die Spielregeln kennt? *(Al scheint etwas feindselig und sarkastisch.)*

Val: Gute Frage. Schauen wir uns einmal eine andere Umgebung an als unsere, sagen wir, ein Krankenhaus. Möchten Sie sich in die Hände eines brillanten Arztes begeben, der nicht erscheint? Oder einer Schwester, die sagt, Sie sollten die Zähne zusammenbeißen, wenn Sie um Schmerzmittel bitten? Oder eines Labormitarbeiters, der es versäumt, Ihrem Arzt die Ergebnisse Ihres Bluttests mitzuteilen? *(Val bestärkt die Notwendigkeit einer Evaluation – warum – und lenkt dann Als leichte Feindseligkeit in eine positivere Richtung, indem sie ihm eine Frage stellt, die seine Verantwortung und die Notwendigkeit, sich persönlich zu beteiligen, bestärkt – Prinzip Nr. 3. Sie formt so die negative Energie seiner feindseligen Antwort in eine positive Kraft um, die Al das Prinzip Nr. 4 näherbringen soll, welche Bedeutung die Bewertung für uns haben kann.)*

Al: Ich verstehe, was Sie mit dem Krankenhaus meinen, aber ich glaube nicht, daß ich von meinem Hocker in diesem Labor aus jemanden umbringen könnte. *(Al versucht, die*

Verbindung zu unterbrechen und Verantwortung von sich zu weisen.)

Val: Ich weiß, was Sie meinen, aber vielleicht unterschätzen Sie Ihre Bedeutung für das Team und für unsere Kunden. Al, verlassen sich nicht andere auf die Exaktheit Ihrer Ergebnisse? *(Val benutzt eine verbindende Phrase, um eine Verbindung zu Al aufrechtzuerhalten. Sie fährt fort mit einem Kompliment, das auch seine Verantwortung bestätigt, und verstärkt diese dann weiter mit der Aufforderung, seine persönliche Verantwortlichkeit zu beschreiben und zu erkennen, daß diese einen Dienst am Kunden und am Team darstellt.)*

Al: Sicher, aber es geht nicht um Leben oder Tod. *(Eine intensivere und direktere Bemühung, die Verbindung zu unterbrechen.)*

Val: Könnten die Ergebnisse Ihrer Tests nicht eine Bedrohung für die Gesundheit der Bevölkerung ergeben? Wenn Sie diese Tests nicht sauber durchführen, könnten dann nicht unsere Kunden unser Unternehmen vor Gericht bringen, weil wir unsere Aufgabe nicht erfüllt haben? Wenn die Ergebnisse falsch wären oder zu spät kämen, wären unsere Mitarbeiter nicht in großen Schwierigkeiten, wenn sie Gutachten schreiben sollten? Wie lautet Ihre Antwort auf diese Fragen, Al? *(Val begegnet dieser Herausforderung nun direkt. Sie stellt eine Verbindung her, die auf Höflichkeit und Verständnis basiert, und kann sich nun ganz dafür einsetzen, Al zu voller Beteiligung zu bewegen. In ihren Fragen geht es nun darum, auf welche Weise Als Arbeitsleistung und Fachkompetenz den Einsatz von Personalzeit und Ressourcen beeinflussen.)*

Al: Sicher, all diese schlimmen Dinge *können* passieren. Okay, ich habe verstanden. Wir sind durch die Verantwortung für die Leistung alle miteinander verbunden, ob wir wollen oder nicht.

Val: Genau, Al. Sie sind wichtig, weil das, was Sie tun, tatsächliche Auswirkungen auf das Leben anderer haben kann. Deshalb möchte ich Sie bitten, dieses Arbeitsblatt zur Leistungsbeurteilung mitzunehmen. Ich möchte, daß Sie es sorgfältig durchlesen und versuchen, Ihre eigene Leistung zu bewerten. Wenn Sie irgendwelche Fragen zu den einzelnen Punkten haben, kommen Sie zu mir oder bringen Sie sie zu unserem Treffen nächste Woche mit. Ich werde dasselbe Arbeitsblatt über Ihre Leistung ausfüllen, und wir werden die Ergebnisse vergleichen, okay?

Al: Okay. Ich werde wahrscheinlich schon vorher vorbeikommen und fragen.

Val: Wunderbar. Ich stehe zur Verfügung, wann immer Sie mich brauchen. Ich freue mich auf das Treffen mit Ihnen nächste Woche. (*Val beendet das Gespräch mit positiver Verstärkung – Prinzip Nr. 5 – von Als Verantwortung – Prinzip Nr. 2 – für eine Beteiligung – Prinzip Nr. 3 – an der Erfüllung des Unternehmenszwecks – Prinzip Nr. 1. Während des ganzen Gesprächs wandelt sie ausweichendes und feindseliges Verhalten in positive Energie zu Wachstum und Entwicklung um, indem sie anleitet und aufklärt – Prinzip Nr. 4 –, was sie auch in ihrem weiterführenden Einsatz beibehält: „Ich stehe zur Verfügung, wann immer Sie mich brauchen.“)*

➤ Instrument Nr. 2: Das Arbeitsblatt zur Leistungsbeurteilung

Das Gespräch über die Grundprinzipien effektiver Bewertung ist die Vorbereitung für die Befragung zur Leistungsbeurteilung. Während des Gesprächs dient das Arbeitsblatt zur Leistungsbeurteilung als Leitfaden für die Bewertung. In der folgenden Übersicht ist in Kurzform alles enthalten, was wir über Führungsarbeiter in der Rolle als Evaluator erfahren haben. Sie halten sich in ihren Beurteilungsgesprächen meistens eng an das Arbeitsblatt.

Arbeitsblatt zur Leistungsbeurteilung

Hinweise: Geben Sie an, in welchem Ausmaß der Mitarbeiter die folgenden Fähigkeiten an den Tag legt.	**Beurteilung 1 = niedrig, 10 = hoch**		
	Mitarbeiter	**Führungsarbeiter**	**Endergebnis**
I. Persönliche Fähigkeiten beim Dienst am Kunden			
• Verantwortlichkeit – Dienstleistungsmoral: läßt sich durch persönliche oder organisatorische Fragen nicht an der Erfüllung der Kundenbedürfnisse hindern	☐	☐	☐
• Pünktlichkeit: prompt, schnell	☐	☐	☐
• Einfühlungsvermögen: zeigt Entgegenkommen und Verständnis	☐	☐	☐
• Genauigkeit: identifiziert Bedürfnisse ganz klar	☐	☐	☐
• Koordination – bringt Leistungen in der richtigen Abfolge	☐	☐	☐
• Gründlichkeit – erfüllt alle Kundenbedürfnisse	☐	☐	☐
Durchschnittliche Punktezahl:	☐	☐	☐
II. Fähigkeiten im Team			
• Achtung und Höflichkeit (Kontakt)	☐	☐	☐
• Bewußtsein für die Bedürfnisse anderer (Bewußtheit)	☐	☐	☐
• Bereitschaft zur Mitarbeit (Beteiligung)	☐	☐	☐
• Verständnis für die Bedürfnisse anderer (Mitgefühl)	☐	☐	☐
• Bereitschaft, Informationen weiterzugeben (Empowerment)	☐	☐	☐
• Beharrlichkeit bei der Erfüllung der Aufgaben (Commitment)	☐	☐	☐
Durchschnittliche Punktezahl:	☐	☐	☐
III. Organisatorische Fähigkeiten			
• Ist pünktlich anwesend	☐	☐	☐
• Setzt finanzielle und materielle Ressourcen effizient ein	☐	☐	☐
Durchschnittliche Punktezahl:	☐	☐	☐
IV. Sachkenntnisse			
Bereich Nr. 1: ____________	☐	☐	☐
Bereich Nr. 2: ____________	☐	☐	☐
Bereich Nr. 3: ____________	☐	☐	☐
Bereich Nr. 4: ____________	☐	☐	☐
Bereich Nr. 5: ____________	☐	☐	☐
Durchschnittliche Punktezahl:	☐	☐	☐
(Zählen Sie die Punktezahlen jedes Abschnitts zusammen und dividieren Sie durch 4) ***Gesamtpunktezahl:***	☐	☐	☐

V. Anmerkungen

VI. Vertrag zur Verbesserung

VII. Unterschrift ____________ ____________

Beachten Sie, daß das Arbeitsblatt zur Leistungsbeurteilung alle vier entscheidenden Leistungskategorien enthält, die wir als Zweck definiert haben: Dienst am Kunden, Dienst an den Teammitgliedern, Einsatz menschlicher und materieller Ressourcen und Sachkompetenz im jeweiligen Arbeitsbereich. Diese vier Kategorien hatten in den Augen unserer Führungsarbeiter universelle Bedeutung für die Evaluation. Nun wollen wir uns den Ablauf anhand von Jim Jochums Treffen mit Joanne Bailey verdeutlichen, die zum Hauspersonal in einem Fünf-Sterne-Ferienhotel gehört.

➤ Ein Skript zur Durchführung einer Leistungsbeurteilung

In der Woche vor dem Beurteilungsgespräch ging Jim mit Joanne die verschiedenen Schritte des Arbeitsblatts zur Leistungsbeurteilung durch und teilte ihr mit, daß er selbst auch eines ausfüllen würde. Joanne, deren Leistungen gesunken waren, kam eine Woche später zu einem Gespräch in Jims Büro. Beim folgenden Austausch saßen sie nebeneinander an einem kleinen Arbeitstisch.

Jim: Vielen Dank, Joanne, daß Sie bei Ihrem vollen Terminkalender noch Zeit für ein Treffen mit mir gefunden haben. Ich freue mich über die Gelegenheit, die Sache gemeinsam mit Ihnen durchzusprechen. Ich weiß, es ist sehr schwierig, mitten im Alltag über Arbeitsleistung nachzudenken. Hatten Sie Probleme beim Ausfüllen des Arbeitsblatts? *(Jim stellt durch Höflichkeit und durch Mitgefühl für Joannes Arbeitssituation eine Brücke zur Kommunikation her. Dabei schlägt er einen verantwortungsvollen Ton an und lenkt beider Aufmerksamkeit auf die Aufgabe, die vor ihnen liegt. Freundlich, aber bestimmt, bindet er sie in die Bewertung ein, indem er auf das Arbeitsblatt hinweist.)*

Joanne: Ich war mir nicht bei allen Fragen sicher, aber ich habe es versucht.

Jim: Gut. Wir werden bei der Durchsicht auf die schwierigen Bereiche zu sprechen kommen. Schauen wir uns zu Beginn das Arbeitsblatt zusammen an. Wir werden jeden Abschnitt durchgehen und die Gebiete untersuchen, wo wir zur gleichen Einschätzung gekommen sind, dann gehen wir zu den anderen über. Okay? *(Jim bietet positive Bestätigung im ersten Durchgang, indem er zuerst die Gebiete mit übereinstimmenden Beurteilungen angeht. Das verstärkt auch im Falle niedriger Bewertung Joannes Bereitschaft, für ihre Arbeit Verantwortung zu übernehmen.)*

Joanne: Danke. Mit diesen Punkten umzugehen fällt mir viel leichter.

Jim: Ich weiß, für beide ist es einfacher. Interessanterweise haben wir alle Stärken und Schwächen, aber unsere wichtigste Stärke ist die Bereitschaft zum Versuch, es besser zu machen, was Sie bereits gezeigt haben. *(Eine einfache Antwort dient Jim als Möglichkeit, anzuleiten und zu lehren und so ihre Verbindung zu bestärken und zu bestätigen.)* Nun wollen wir mal sehen. Wenn wir unsere Bewertungen auf einem Arbeitsblatt zusammenführen, dann können wir anfangen. *(Mit einer einfachen Büroarbeit lenkt Jim Joannes Aufmerksamkeit auf das Arbeitsblatt und bindet es in die Diskussion ein. Das reduziert die Anspannung und Nervosität. Jim zeigt direkt auf das Papier, während er fortfährt, und stellt durch Blickkontakt persönliche Verbindung zu Joanne her. Zusammen notieren sie die Werte, und es ergibt sich ein Muster von Übereinstimmungen und unterschiedlichen Bewertungen, von Stärken und Schwächen.)* Joanne, besprechen wir doch einmal einige Punkte, und beginnen wir mit den Übereinstimmungen. Ich stimme Ihnen zum Beispiel zu, daß Sie hervorragend auf Kunden eingehen. Erzählen Sie mir bitte, wie Sie das machen? *(Jim wählt bewußt gut bewertete Punkte zu Anfang, um mit positiver Verstärkung zu führen. Er bleibt nicht bei einer Leistungskategorie, sondern springt zwischen ihnen, um Joanne zur Selbstprüfung anzuregen.)* Wenn wir diese Punktzahlen anschauen, sieht es doch aus, als seien wir in vielen Bereichen ähnlicher Meinung, wie zum Beispiel, daß Ihre Pünktlichkeit, Genauigkeit und Ausführung etwas zu wünschen übrig lassen. Können wir über jedes kurz sprechen? Wie sieht es mit der Pünktlichkeit aus?

Joanne: Nun, ich kann kaum eine Arbeit beenden, weil ich dauernd zu etwas anderem gerufen werde.

Jim: Ich wußte nicht, daß das ein Problem ist. Erzählen Sie bitte mehr darüber. *(Wenn möglich, fragt Jim zuerst Joanne nach ihrer Meinung. Oft erfährt er so von einem Problem, das ihm noch nicht bekannt war. Als Joanne geendet hat, bittet Jim sie, auf einen anderen Punkt einzugehen.)* Und was ist mit der Genauigkeit, Joanne?

Joanne: Nun, manchmal bin ich einfach nicht sorgfältig genug.

Jim: Da gebe ich Ihnen recht. Mir ist aufgefallen, daß Sie nicht immer auf jedes I-Tüpfelchen achten. Was können Sie dagegen unternehmen? *(Jim setzt weiter auf positive Verstärkung und ermutigt Joanne, die Verantwortung für eine Verbesserung zu übernehmen.)*

Gehen wir nun zu einem heikleren Thema über, wo wir offensichtlich unterschiedlicher Ansicht sind. Ich habe zum Beispiel bei der Koordination eine bessere Leistung notiert als Sie. Ich habe hier in letzter Zeit eine bedeutende Verbesserung festgestellt. Gleichzeitig glaube ich aber, daß die Gründlichkeit gelitten hat. Vielleicht verlassen Sie sich zu sehr auf andere? Was meinen Sie? *(Jim geht zu einem schwierigeren Gebiet über und kombiniert das mit einer positiven Einschätzung zu Anfang. Er bietet eine Erklärungsmöglichkeit. So hat Joanne Gelegenheit, über die Dinge nachzudenken, ohne Jim persönlich herauszufordern. Jim fährt fort mit der Durchsicht der Punkte und bewegt sich von Gebieten der Übereinstimmung zu den Abweichungen, von den Stärken zu den Schwächen. Er schließt die Sitzung mit einem Vergleich der Gesamtpunktezahl.)* Insgesamt sieht es aus, als seien wir ähnlicher Ansicht, und wir haben einige Gebiete gefunden, die der

Arbeitsblatt zur Leistungsbeurteilung für Joanne und Jim

Hinweise: Geben Sie an, in welchem Ausmaß der Mitarbeiter die folgenden Fähigkeiten an den Tag legt.

	Beurteilung 1 = niedrig, 10 = hoch		
	Joanne	**Jim**	**Endergebnis**
I. Persönliche Fähigkeiten beim Dienst am Kunden			
• Verantwortlichkeit – Dienstleistungsmoral: läßt sich durch persönliche oder organisatorische Fragen nicht an der Erfüllung der Kundenbedürfnisse hindern	8	6	
• Pünktlichkeit: prompt, schnell	5	5	
• Einfühlungsvermögen: zeigt Entgegenkommen und Verständnis	8	8	
• Genauigkeit: identifiziert Bedürfnisse ganz klar	6	6	
• Koordination – bringt Leistungen in der richtigen Abfolge	4	7	
• Gründlichkeit – erfüllt alle Kundenbedürfnisse	9	6	
Durchschnittliche Punktezahl:	7	6	
II. Fähigkeiten im Team			
• Achtung und Höflichkeit (Kontakt)	6	8	
• Bewußtsein für die Bedürfnisse anderer (Bewußtheit)	7	7	
• Bereitschaft zur Mitarbeit (Beteiligung)	8	8	
• Verständnis für die Bedürfnisse anderer (Mitgefühl)	8	7	
• Bereitschaft, Informationen weiterzugeben (Empowerment)	8	5	
• Beharrlichkeit bei der Erfüllung der Aufgaben (Commitment)	5	5	
Durchschnittliche Punktezahl:	7	7	
III. Organisatorische Fähigkeiten			
• Ist pünktlich anwesend	6	7	
• Setzt finanzielle und materielle Ressourcen effizient ein	6	6	
Durchschnittliche Punktezahl:	6	6,5	
IV. Sachkenntnisse			
Bereich Nr. 1: Kenntnisse im Umweltbereich	7	8	
Bereich Nr. 2: Arbeitsplanung	7	8	
Bereich Nr. 3: Kenntnisse im Sicherheitsbereich	7	8	
Bereich Nr. 4:			
Bereich Nr. 5:			
Durchschnittliche Punktezahl:	7	8	
(Zählen Sie die Punktezahlen jedes Abschnitts zusammen und dividieren Sie durch 4) ***Gesamtpunktezahl:***	7	7	

V. Anmerkungen

VI. Vertrag zur Verbesserung

VII. Unterschrift ________________ ________________

Verbesserung bedürfen. Manche betreffen uns alle als Team. Zum Beispiel bin ich froh über die Information wegen der Pünktlichkeit. Andere, wie die Genauigkeit und Gründlichkeit, liegen in Ihren Händen. Würden Sie dem zustimmen?

Joanne: Nun, ja. Ich gebe zu, daß ich daran noch arbeiten muß.

Jim: Ich schlage vor, wir überschlafen das noch einmal, und dann bringen wir die Beurteilung in einem kurzen Treffen morgen zu Ende. Ich werde meine endgültigen Bewertungen mitbringen, aber ich kann schon sagen, daß sie nicht sehr von den jetzigen abweichen. Ich werde meine Bewertung der Pünktlichkeit ändern, aber bei den anderen bleibe ich im großen und ganzen. Scheint Ihnen das vernünftig? *(Jim könnte entweder gleich zu einem Ende kommen oder Joanne und sich selbst etwas Zeit lassen, nochmal über die Dinge nachzudenken. Je kontroverser die Diskussion oder je nachdenklicher der Mitarbeiter, desto sinnvoller ist letztere Herangehensweise. Er bittet Joanne, seine Beobachtung anzuerkennen, auch wenn sie nicht seiner Meinung ist, und erreicht dann, daß sie sich zu einem abschließenden Gespräch verpflichtet.)*

Joanne: Ja, das ist vernünftig.

Jim: Gut. Bitte überlegen Sie auch, ob Sie dem Arbeitsblatt noch etwas hinzufügen möchten und welche Verbesserungsvorschläge Sie haben – vielleicht einige Veränderungen bei der Genauigkeit und Gründlichkeit. Ich schlage, vor, wir konzentrieren uns darauf, diese Bereiche zu stärken, und ich betrachte das als einen Vertrag zur persönlichen Leistungsverbesserung.

Mit dem Arbeitsblatt zur Leistungsbeurteilung als Handlungsinstrument konnte Jim eine positive und konstruktive Verbindung zu Joanne aufrechterhalten, auch bei den sehr ernsten Problemen mit ihren Leistungen.

Eleanor Lamberth, eine bekannte Anwältin für Arbeitsrecht und eine unserer herausragenden Führungskräfte, beurteilt die Möglichkeiten, mit einem solchen Bewertungsformular eine produktive Arbeitsumgebung zu schaffen und zu erhalten: „Besonders durch ungenaue Beurteilung entstehen viele überflüssige Arbeitsstreitigkeiten. Wenn eine Führungskraft viel schreiben muß, anstatt sich mit einem logischen und sorgfältig ausgearbeiteten Formular zu befassen, das mit der Hauptaufgabe des Unternehmens eng verbunden ist, deutet das darauf hin, daß es im Unternehmen kaum Überlegungen oder Vorbereitung zur Leistungsbeurteilung gibt und daß man allgemein wenig Erfahrung damit hat. Das hat Widersprüchlichkeiten zur Folge, und am Ende wird die Führungskraft selbst beurteilt, nachdem sie einen Keil von Ärger und Schuldzuweisungen zwischen die Mitarbeiter auf allen Ebenen geschoben hat."

Das Arbeitsblatt zur Leistungsbeurteilung bietet nicht nur ein konkretes Formular zur Aufzeichnung von Beobachtungen, sondern es unterstützt auch das Vorgehen nach einem sorgfältig ausgearbeiteten Skript, wie es Jim sehr geschickt zum Einsatz gebracht hat. Er führte das Gespräch durch drei logisch aufeinanderfolgende Phasen:

- *Phase I: Zusammenführen der Arbeitsblätter.* Zu Beginn trug Jim die Bewertungen auf einem Arbeitsblatt zusammen. Manche Führungsarbeiter nutzen diese Taktik für ein gemeinsames Aufwärmen, das die richtige Atmosphäre zur praktischen Problemlösung schafft, und sie schlagen dazu von Beginn an den richtigen objektiven Ton an. Auch wird dadurch nonverbal die Aufmerksamkeit auf das Arbeitsblatt selbst gelenkt, die rationalen und professionellen Aufgaben der Beurteilung werden anstelle des subjektiven und emotional aufgeladenen Themas Autorität in den Vordergrund gerückt. Es entsteht ein Klima, in dem Erwachsene mit Erwachsenen sprechen (Wir müssen mal reden) anstatt Eltern/Kind (Ich spreche/du hörst zu).
- *Phase II: Vergleichen Sie die Arbeitsblätter und diskutieren Sie.* Jim konzentrierte sich zu Beginn des Bewertungsvergleichs auf die Bereiche, wo es Übereinstimmungen gab. Dann ging er weiter zu den

Gebieten, wo die Bewertungen abwichen, dabei zuerst zu denen, wo sich Joanne selbst unterschätzt hatte. Schließlich kam er zu den Punkten ohne Übereinstimmung, wo er den Eindruck hatte, Joanne sei sich ihrer Versäumnisse nicht bewußt. Bei den meisten Gesprächen, besonders bei Leistungsbeurteilungen, gehen Führungsarbeiter vom positiven zum negativen Ende des Spektrums.

– *Phase III: Untermauern Sie die Ergebnisse.* Jim ging die Bewertungen noch einmal durch, um die Ergebnisse der Diskussion zu bestätigen. Machen Sie bei den wichtigsten Punkten halt, um Hilfe anzubieten oder die Position Ihres Mitarbeiters zu klären. Führungsarbeiter unterstreichen dabei durch bestimmte Vorgehensweisen die Bedeutung der Evaluation. Sie beziehen sich immer wieder auf das Arbeitsblatt, um der Zusammenkunft einen professionellen Ton zu verleihen und die Absicht zu betonen. Stößt das Gespräch auf neuralgische Punkte, kann das Instrument helfen, die Emotionen zu neutralisieren. Wenn man Fragen stellt, kann der Lernprozeß gesteuert und ein persönliches Verantwortungsgefühl geweckt werden.

➤ Die Bewertung als positive Verstärkung – Larrys Geschichte

Kaum eine Aufgabe ist schwieriger für Führungskräfte in Unternehmen als die, unter den einzelnen Interessengruppen ein gemeinsames Sinngefühl zu stiften. Wichtig ist hier, daß eine Reihe von Grundregeln entwickelt wird, nach denen jeder leben kann. Larry Anderson ist eine unserer hervorragenden Führungskräfte und Mitglied der Geschäftsleitung bei Excel Services, einer im ganzen Land agierenden Personalvermittlungs- und Zeitarbeitsfirma. Er hat die Aufgabe meisterlich gelöst.

„Das schlimmste", sagt Larry, „ist Heuchelei – man erklärt sich mit bestimmten Standards einverstanden und handelt dann nach eigenem Gutdünken. Wir haben gelernt, daß man immer für dasselbe eintreten muß, ganz gleich, welchen Kunden man bedient, vor welcher Aufgabe man steht oder wie viele Menschen daran beteiligt sind. Es spielt keine

Rolle, ob es sich um eine Person, eine kleine Gruppe oder mehrere tausend Angestellte im ganzen Unternehmen handelt. Das, wofür man eintritt, und der Maßstab, den man anlegt, müssen immer gleich sein."

Larry ist ein klassischer Unternehmer: Er wuchs in einer kleinen Stadt im Mittleren Westen auf, arbeitete nach dem College einige Jahre im Bankgewerbe und hörte dort erstmals von Personalvermittlungsfirmen. Bei Familienmitgliedern und Freunden, einschließlich seinem früheren Englischlehrer und Pfadfinderführer an der High School, lieh er sich 100 000 Dollar zusammen und gründete seine eigene Vermittlungsfirma. Er versprach seinen Investoren, im Schweiße seines Angesichts zu arbeiten und ihnen innerhalb von fünf Jahren 100 Prozent Rendite auszuzahlen. In sieben Jahren ist die Rendite auf 400 Prozent gestiegen, und sie steigt noch immer. Im Gegensatz zu vielen Personalvermittlungsfirmen, die sich als sehr kurzlebig erwiesen haben, hat er unvergleichliche Durchsetzungskraft und Integrität an den Tag gelegt, was schließlich zu erstaunlichen 80 Prozent Kundenbindung führte.

Excel bedient über 400 unterschiedliche Unternehmen, die buchstäblich alles machen, von Wirtschaftsunternehmen bis hin zum Gesundheitswesen und Verwaltungsaufgaben. Um seine und die Bedürfnisse seiner Kunden zu erfüllen, führt Larry Leistungsbeurteilungen nach einem sehr sorgfältig ausgearbeiteten Plan durch, der auch die fünf Grundprinzipien und das Arbeitsblatt zur Leistungsbeurteilung enthält. Er wendet sein System sowohl bei der Bewertung von Einzelpersonen wie auch von Gruppen und Unternehmen an, die er bedient. Seine Herangehensweise hilft ihm und seinem Team, ihre Effektivität systematisch zu erfassen und verschafft jedem den notwendigen objektiven Input für Kurskorrekturen, ehe die Probleme übermächtig werden.

Excel führt bei neuem Personal in den ersten sechs Wochen wöchentlich Gespräche zur Leistungsbeurteilung durch, in den folgenden sechs Wochen je nach Bedarf und danach alle 90 Tage. „Es ist von entscheidender Bedeutung, von Anfang an in einer Beziehung eine positive, offene Haltung gegenüber Leistungsbeurteilungen aufzubauen. Die Neuen müssen wissen, daß wir nach dem Gesetz der ständigen Verbesserung leben, und der einzige Weg, sich zu verbessern, ist durch die Bewertung."

Larry wendet für neue und altbewährte Angestellte in seinen kurzen vierteljährlichen Überprüfungen und der ausführlichen Beurteilung nach einem Jahr das gleiche Skript an. „Wir stellen bemerkenswerte Verbesserungen fest, seitdem wir unsere Mitarbeiter periodisch befragen und beurteilen, was in ihrem Leben geschieht. Wir haben uns von einem eher passiven, Laisser-faire-Führungsstil hin zu einer Strategie mit starker Beteiligung und hoher Befähigung gewandt. Im Ergebnis sind wir alle sowohl anspruchsvoller als auch toleranter geworden. Denn wir verstehen nun besser, was wichtig ist, und verwenden weniger Zeit darauf, uns über Unwichtiges aufzuregen."

Im folgenden Ausschnitt aus einem Beurteilungsgespräch mit Larrys oberstem Führungsteam vergleichen alle ihren Eindruck von der Effektivität der Unternehmensführung mit den Einschätzungen der Kunden und Angestellten zur Gesamtleistung des Unternehmens.

Larry: Wie Sie wissen, liegen uns nun Beurteilungen von Kunden und Angestellten vor. Wir haben beide Gruppen gebeten, die Gesamteffektivität unseres Unternehmens so zu beurteilen, wie wir Leistungen einzelner bewerten. Da wir die gesamte treuhänderische Verantwortung für das Wohlergehen sowohl unserer Kunden als auch unserer Angestellten haben *(er bestärkt den Unternehmenszweck)* dachte ich, es wäre interessant, wenn wir unsere Bewertung mit der Beurteilung derjenigen Leute vergleichen, denen wir dienen *(bestärkt Verantwortung und Beteiligung).* Folgen wir demselben Ablauf, wie wir es mit unseren Kollegen tun. Wo gibt es Übereinstimmungen und Abweichungen, Stärken und Schwächen? Ann, gehen Sie doch mit uns das Arbeitsblatt durch. *(Larrys Arbeitsblatt für das Unternehmen enthält Spalten für die Ansichten von Kunden und Mitarbeitern wie auch für die Einschätzungen seines Führungsteams. Er führt das Team durch positive Verstärkung und Beteiligung.)*

Ann: Nun, Larry, als erstes fällt mir auf, daß unsere eigenen Bewertungen und die unserer Kunden bei Einzel-, Gruppen-

und Organisationsleistungen generell ähnlich sind, auch wenn wir uns ein *bißchen* besser eingeschätzt haben als sie.

Joe: Das ist mir auch aufgefallen, Larry. Ebenso gibt es Diskrepanzen zu den Bewertungen, die unsere Mitarbeiter erstellt haben, darüber mache ich mir wirklich Sorgen.

Larry: Ich verstehe, was Sie meinen, Joe, aber bleiben wir bei der Tagesordnung. Wo sehen wir also positive Übereinstimmungen? *(Larry bestätigt die teilweise mangelnde Übereinstimmung, bringt Joe aber wieder zurück zum Thema und hält sich damit an das Protokoll, das zuerst positive Verstärkung vorsieht.)*

Beth: Nun, ich sehe eine wichtige, und das ist der Informationsfluß. Kunden, Mitarbeiter und Führung scheinen sich alle einig, daß große Offenheit herrscht. Das ist sehr ermutigend und liegt zwei Punkte höher als vor einem Jahr.

Joe: Ja, das ist wichtig, aber anscheinend hat das die Bewertung der Mitarbeiter nicht sehr in die Höhe getrieben.

Ann: Nun, Joe, konzentrieren wir uns zuerst auf das Positive und bestätigen wir unsere Stärken. Betrachten Sie es einmal aus der Perspektive unserer Kunden. Ich glaube, eine Acht für den Informationsfluß spricht doch für eine Steigerung in allen Bereichen in nächster Zukunft.

Larry: Danke, daß Sie mich daran erinnern, Ann – das ist echte positive Verstärkung. Aber machen Sie sich keine Sorgen, Joe, wir werden keinen wichtigen Punkt unter den Teppich kehren. *(Larry bestärkt das gesamte Team, indem er sowohl Ann wie auch Joe bestätigt, damit sich keine Spaltung entwickelt. Er hält die Gruppe darauf konzentriert, sich die Bereiche anzuschauen, wo die Ansichten von Kunden, Führung und Angestellten übereinstimmen, und weist auf die allgemeine Übereinstimmung hin, daß die Koordination spürbarer Verbesserung bedürfe. Dazu macht Beth einen Vorschlag.)*

Beth: Seht mal, ich glaube es ist ganz offensichtlich, daß der Punkt Koordination Aufmerksamkeit verdient. Ich würde empfehlen, wir bilden ein Team von Mitarbeitern verschiedener Bereiche, um die Schwachpunkte im System festzumachen und Empfehlungen auszusprechen. Ich melde mich freiwillig, wenn niemand sonst das tun möchte.

Ann: Ich finde auch, daß hier wirklich Bedarf besteht. Aber können wir eine endgültige Entscheidung darüber zurückstellen, bis wir zur Diskrepanz zwischen unserer Einschätzung und der unseren Angestellten kommen?

Joe: Ja, der Meinung bin ich auch. Kann ich jetzt sprechen?

Larry: Sicher, Joe. Vorher möchte ich aber darauf hinweisen, daß wir einige sehr positive, wenn auch noch schwache Zeichen der Hoffnung gefunden haben, und daß Beth uns eine gute Empfehlung gegeben hat, auf die wir zurückkommen werden. Also schießen Sie los, Joe! Wo haben Sie Bereiche mit Diskrepanzen gefunden? *(Larry bestätigt die Verbindung zum Team und die Tagesordnung für die Evaluation. Dann fordert er Joe auf, zum nächsten Schritt überzugehen.)*

Larry hat mit Hilfe des Bewertungsprotokolls eine Erörterung von Problemen und Möglichkeiten angeregt und so den Grundstein für eine Vereinbarung zur Leistungsverbesserung mit seinem Führungsteam vorbereitet. Während der gesamten Sitzung bestärkte er die fünf Prinzipien der Evaluation, indem er den Zweck, die Verantwortung und die Beteiligung betonte sowie Unterweisung und Anleitung als Strategie wählte. So stimmte er das Team weiterhin positiv auf die Evaluation ein, um sie als Möglichkeit des Wachstums anzusehen anstatt als Liste von Verfehlungen. Außer der Koordination fand das Team noch weitere Bereiche, in denen eine Verbesserung notwendig war, darunter die Höflichkeit und das Teambewußtsein sowie der Einsatz von Finanzmitteln. Mit dieser Information und mit ihrem Engagement füreinander starteten sie ein Problemlösungsprogramm, organisierten Gruppen dafür und trafen spezielle Verabredungen.

Arbeitsblatt zur Leistungsbeurteilung
Zusammenfassung der Punktezahlen für Kunden, Mitarbeiter und Führung

Hinweise: Geben Sie an, in welchem Ausmaß der Mitarbeiter die folgenden Fähigkeiten an den Tag legt.	**Beurteilung 1 = niedrig, 10 = hoch**		
	Kunden	**Mitarbeiter**	**Team**
I. Persönliche Fähigkeiten beim Dienst am Kunden			
• Verantwortlichkeit – Dienstleistungsmoral: läßt sich durch persönliche oder organisatorische Fragen nicht an der Erfüllung der Kundenbedürfnisse hindern	8	6	8
• Pünktlichkeit: prompt, schnell	6	6	7
• Einfühlungsvermögen: zeigt Entgegenkommen und Verständnis	7	4	8
• Genauigkeit: identifiziert Bedürfnisse ganz klar	8	7	8
• Koordination – bringt Leistungen in der richtigen Abfolge	5	5	5
• Gründlichkeit – erfüllt alle Kundenbedürfnisse	7	4	9
Durchschnittliche Punktezahl:	7	5	7,5
II. Fähigkeiten im Team			
• Achtung und Höflichkeit (Kontakt)	8	7	8
• Bewußtsein für die Bedürfnisse anderer (Bewußtheit)	7	5	7
• Bereitschaft zur Mitarbeit (Beteiligung)	6	5	9
• Verständnis für die Bedürfnisse anderer (Mitgefühl)	7	6	7
• Bereitschaft, Informationen weiterzugeben (Empowerment)	8	8	8
• Beharrlichkeit bei der Erfüllung der Aufgaben (Commitment)	7	6	8
Durchschnittliche Punktezahl:	7	6	7,5
III. Organisatorische Fähigkeiten			
• Ist pünktlich anwesend	8	7	8
• Setzt finanzielle und materielle Ressourcen effizient ein	6	5	7
Durchschnittliche Punktezahl:	7	6	7,5
IV. Sachkenntnisse *Durchschnittliche Punktezahl:*	7	8	9
(Zählen Sie die Punktezahlen jedes Abschnitts zusammen und dividieren Sie durch 4) *Gesamtpunktezahl:*	7	6	8

V. Anmerkungen

VI. Vertrag zur Verbesserung

VII. Unterschrift ____________________ ____________________

Larry ist wie die anderen Führungsarbeiter inzwischen ein Virtuose in der stimmigen Anwendung der verschiedenen Rollen und Skripts: „Ich sehe die Rollen des Führungsarbeiters als Legosteine, mit denen man allerlei kundenorientierte Brücken zum Erfolg bauen kann.“

Wie Sie die Rolle des Bewertenden ausfüllen

Gandhi, Alicia, Jim, Val und Larry zeigen, welche Macht die positive Bewertung haben kann, sie stärkt das Unternehmen von Grund auf. Unsere Untersuchung hat ergeben, daß eine effektive Evaluation als Akt strategischer Bescheidenheit beginnt und daß starke und kompetente Personen ständig nach Verbesserung streben.

Dieser Einsatz hat seinen Ursprung in einem zentralen Engagement für den Kunden, dessen Bedürfnisse die Leistungskriterien für einzelne, Gruppen und Unternehmen bestimmen. Mit den beiden Instrumenten, den Grundprinzipien effektiver Bewertung und dem Arbeitsblatt zur Leistungsbeurteilung, werden diese Kriterien auf alle beteiligten Gruppen angewandt und bringen so einen kooperativen Gesprächsverlauf in fünf Phasen in Gang, an dessen Ende dann ein Entwurf für weitergehende Verbesserung steht.

Am wichtigsten ist, daß die Führungsarbeiter in ihrer Rolle des Bewertenden positive Verstärkung schaffen, den Glauben, daß Menschen und Unternehmen perfektionierbar sind. Diese positive Einstellung ist eine wichtige Kraft für den Erfolg. Sie zieht die Einsatzbereitschaft derer an, die bereit sind, in ihrem Beruf etwas zu erreichen und bestärkt sie in ihrer Entschlußkraft, die das System vorantreibt und neue Beziehungen vermittelt, wie wir im nächsten Kapitel sehen werden.

Kapitel 6

Der Vermittelnde

Am frühen Nachmittag des 25. Juni 1876 führte Lieutenant Colonel George Armstrong Custer vier Kompanien des Siebten U.S. Kavallerieregiments in eine Mission, die beispielhaft für die verheerenden Auswirkungen von Stolz und Arroganz werden sollte: Custers letzte Aktion. Der Sieg der Sioux am Little Big Horn hat ein Volk vor der sofortigen Auslöschung durch die Hand der U.S. Kavallerie und des Indianerbeauftragten bewahrt. Der Triumph jenes Tages war das Ergebnis eines vollendeten Vermittlungsakts – keine Kapitulationsverhandlung, sondern eine Verhandlung, die die spirituellen und physischen Ressourcen eines Volkes mobilisierte.

Im Winter 1876 sahen die 16000 Mitglieder der Grand Teton Sioux, darunter auch die Stämme der Hungkpapa, Minneconjou, Oglala, Sans Arc, Brule und Blackfeet sowie ihre engen Verbündeten, die Cheyenne, endlich ein, daß sie sich zusammenschließen oder sterben mußten. Über 20 Jahre lang hatte Sitting Bull, Oberhaupt und geistiger Führer der Hungkpapa, auf engeren Zusammenschluß der Stämme gedrängt, damit man den „Blauröcken" der Kavallerie, den Goldgräbern und den Siedlern entgegentreten könne, die von den Großen Weißen Vätern in den Osten gesandt worden waren, um das Land zu stehlen und Ta Tanka, den Büffel, zu töten. Zwar hatten die Stämme 1862 einen größeren Sieg am Bismarck Trail davongetragen, doch hatten sie ihren Sieg nicht gefestigt und hatten sich auch nicht zur Verstärkung zusammengeschlossen. Statt dessen waren sie auf ihre alten Pfade zurückgekehrt: Als unabhängige Nomadengruppen suchten sie den großen Grassee für ihre Büffel.

Sitting Bull wußte, daß die Blauröcke wiederkommen würden und mit ihnen Legionen ihres Volkes. Er drängte die Splittergruppen der Grand Teton Sioux, sich zu vereinigen, und bemühte sich, starke Bündnisse auszuhandeln. Immer wieder wurde er schroff abgewiesen, bis 1874 Goldgräber unter dem Schutz von Custers Siebtem Kavallerieregiment in den heiligen Black Hills in Dakota Gold fanden. Zu der Zeit waren Übergriffe, Erniedrigungen und Völkermord schon so offensichtlich geworden, daß sie nicht mehr geleugnet werden konnten.

Als 1875 Bundesbeamte zu Sitting Bull kamen, um über einen Kauf der Black Hills zu verhandeln, zählte Sitting Bull eine Liste von Verbrechen und Vertragsbrüchen auf, die sein Volk bereits hatte hinnehmen müssen. Er nahm etwas Erde zwischen die Finger und erklärte, „nicht einmal so viel" von den Black Hills würde er solchen mörderischen Menschen geben. Da Sitting Bull wußte, daß sein Standpunkt eine massive militärische Reaktion zur Folge haben würde, erneuerte er seine Bemühungen, die Sioux-Stämme zu vereinen. Paradoxerweise kam Opposition wieder von den einst so stolzen Stammesführern der 1860er. Damals hatten sie ein Bündnis als unnötig abgetan. Nun, im Jahre 1875, hielten sie ein Bündnis für zwecklos. Red Cloud, der Oberhäuptling während des Feldzugs am Bismarck Trail, war verzweifelt, da in seinem Oglala-Stamm die Blattern wüteten und Hungersnot herrschte. Er lehnte einen vereinten Widerstand als aussichtslos ab und drängte andere, zu kapitulieren oder zu sterben. Sitting Bull erkannte, daß ein Überleben nur mit genau gegenläufiger Strategie möglich war. Er sagte sich, wenn du mit einem Raubtier verhandelst, kannst du ihm nicht deine Kinder zum Abendessen anbieten.

Sitting Bull wußte, daß er sich über die etablierte Ordnung der ältesten Häuptlinge hinwegsetzen mußte, und nahm Kontakt mit einer neu entstehenden Generation von Führern auf. Er stellte sich auf ihre persönlichen Bedürfnisse ein und formulierte die Aufgabe so, daß sie sie verstehen und ihr zustimmen konnten. Er ging auf Four Horns von den Brule zu und appellierte an seinen weitbekannten Sinn für soziale Gerechtigkeit: „Was sind das für Menschen, die menschliches Leben so mutwillig und unehrenhaft vernichten? Solchen Leuten muß auf jeden Fall eine Lektion erteilt werden."

Seinen adoptierten Cousin Gall, der wegen seiner Geschicklichkeit im Kampf Mann gegen Mann einer der gefürchtetsten Krieger im Nahkampf war, packte Sitting Bull an seiner persönlichen Ehre: „Wie kannst du es zulassen, daß andere über dein Schicksal bestimmen, willst du dich denen ergeben, die deine Frauen und Kinder vernichten?" Sitting Bull wußte nicht – Ironie des Schicksals –, wie prophetisch seine Fragen waren. Gall sollte seine Frau und zwei seiner Kinder am Little Big Horn verlieren.

Sitting Bull fragte Crazy Horse, den größten Kavallerie-Strategen jener Tage: „Willst du zusehen, wie die Visionen deiner Väter und ihrer Vorväter zerstört werden?" Und er fragte alle Sioux: „Werden wir das Erbe unserer Väter aufgeben und wie ängstliche Tiere sterben, ohne Ehre und Heimat?"

Sitting Bulls Genialität bestand in seiner Fähigkeit, unter den historisch höchst unabhängigen und unverbundenen Völkern in Nordamerika einen Konsens zu stiften. Er suchte keinen Kompromiß unter den Stämmen, denn dieser wäre wegen kleinlicher „Wie du mir so ich dir"-Händeln wieder zerbrochen. Statt dessen suchte er den Konsens für eine Lösung, die keiner von ihnen hätte allein erreichen können. Jahrelang hatte Sitting Bull sein Volk erzogen, ihm geschmeichelt, es befragt und auf die Probe gestellt, bis es in einem Stadium der Bereitschaft und der Bewußtheit war. Schließlich, bei einem Fest in den Black Hills im Februar 1876, hatte er Erfolg. Dort vollendete er seine Verhandlungen mit Four Horns, Gall, Crazy Horse und anderen, indem er einen Aufruf an alle Sioux ergehen ließ, sich im heiligen Land des fetten Grases – am Little Big Horn – zu treffen, um das Erbe ihrer Vorfahren zu ehren. Es war eine Einladung, der alle durch die Ehre verpflichtet waren, Folge zu leisten – und eine Drohung, die die Blauröcke nicht ignorieren konnten.

Durch unablässige Verhandlungen hatte Sitting Bull eine Lösung für das Problem der nicht existenten Verbindung unter den Stämmen gefunden. Am Little Big Horn erlitt das amerikanische Militär seine eindeutigste Niederlage in der Geschichte durch die Hand der größten, jemals bekannt gewordenen Ansammlung amerikanischer eingeborener Krieger. Dies brachte die amerikanische Regierung zur Besinnung und gab den eingeborenen amerikanischen Völkern Gelegenheit, einem Angriff des Bundes zuvorzukommen. Zwar lagen noch viele Verhandlungen vor ihnen, doch hatte Sitting Bull eine Zukunft für sein Volk ausgehandelt – nicht, indem er sich seinen Gegnern verkaufte, sondern durch den Einsatz der Ressourcen seines Volkes für eine vereinte Willenskundgebung. Heute spricht sein Volk von ihm immer noch in der Gegenwartsform: als Menschen mit einem großen Herzen, der ihrem Leben durch seinen Einsatz wieder Hoffnung verliehen hat.

Die Rolle des Vermittelnden

Die Rolle des Vermittelnden beinhaltet, einen Konsens darüber zu erreichen, was getan werden muß, um dem Kunden zu dienen. Große Verhandlungsführer schaffen Lösungen, die mächtiger und effektiver sind als alles, was die verhandelnden Parteien einzeln hätten erreichen können. Sie erzielen Resultate, indem sie zwei wesentliche Prinzipien beachten. Erstens verhandeln sie für den Kunden, nicht für sich selbst. Das ist kein naiver Altruismus, sondern basiert auf der Erkenntnis, daß die größere persönliche Leistung – im Falle von Führungspersönlichkeiten wie Sitting Bull sogar das Leben – darin liegt, eine kollektive Vision zu entwickeln.

Diese Priorität des Kunden ist ein Schlag ins Gesicht für die verbreitete Ansicht, die wichtigste Strategie sei das Verhandeln, um zu gewinnen. Die Führungsarbeiter unserer Studie haben zu diesem Thema besonders viel zu sagen. Andrew Spellman, ein Selfmade-Millionär, Verkaufsvertreter für Computersysteme, erklärt: „Das ganze Konzept von Gewinnen durch Verhandeln ist verfehlt. Wenn ich gewinne, wenn du gewinnst oder auch wenn wir beide gewinnen, liegt die Betonung immer noch auf ich und du und nicht darauf, was am besten für die Menschen ist, denen wir beide dienen. Verhandeln im Zusammenhang mit Gewinnen ist immer egozentrisch. Wenn man verhandelt, um einen Weg zu besserer Leistung zu finden, dann verhandelt man, um etwas aufzubauen, das größer ist als das, was man hätte erreichen können, wenn man nur gewinnen wollte.“ Richard Muscatello, ein mit allen Wassern gewaschener Verhandlungspartner bei Tarifverhandlungen, fügt hinzu: „Manchmal muß ich sogar den Parteien, mit denen ich verhandle, klarmachen, daß das, was sie wollen, nicht im Interesse der Menschen ist, die sie vertreten, und nicht im Interesse der Kunden, auf die wir alle angewiesen sind. Wenn wir eine Vereinbarung aushandeln, die nur unseren Interessen dient und nicht denen der Kunden, werden wir alle unsere Arbeit verlieren."

Sitting Bull wäre es niemals gelungen, die Sioux zu mobilisieren, wenn er nur einen Gewinn für sich selbst oder auch für ein Kollektiv von Häuptlingen hätte erreichen wollen. Es gelang ihm schließlich, zu Crazy Horse durchzudringen, als er ihn aufforderte, seine Motive zu untersuchen. Um den Tod seiner Frau und seiner Kinder zu rächen, suchte Crazy Horse persönliche Erlösung in der Schlacht. Sitting Bull stellte seine Motive in Frage und forderte ihn auf, für mehr als das Eigeninteresse zu kämpfen: „Du entehrst ihr Andenken, wenn du für deinen eigenen Ruhm kämpfst und nicht für dein Volk."

Um dem Kunden zu dienen, versuchen auch Führungsarbeiter, einen Konsens zu erzielen. Das ist das zweite wesentliche Prinzip der Vermittlung. Konsens ist etwas ganz anderes als ein Kompromiß. Der Kompromiß ist ein Aushandeln mit möglichst geringen Verlusten. Wenn ich ein Zugeständnis mache, muß der andere das gleiche tun. Die Verhandlungen zwischen der Vereinigten Automobilarbeitergewerkschaft UAW und den drei großen Automobilherstellern Mitte der 70er Jahre bieten ein gutes Beispiel für einen Kompromiß. Angesichts der wachsenden Bedrohung durch die japanische Konkurrenz schlossen sie alle Kompromisse, die ihre vitalen Interessen untergruben und sie schwächten, verbitterten und unwillig machte, gegenseitig ineinander zu investieren. Ihr Kompromiß verzögerte eine rechtzeitige effektive amerikanische Antwort auf den globalen Wettbewerb um fast zehn Jahre.

Beim Konsens dagegen werden Synergien geschaffen, indem die Stärken und Visionen aller Parteien auf neue Art zusammengefügt werden und etwas erreichen, was keine Partei allein hätte erreichen können. Wie Sitting Bull zeigen Führungsarbeiter die Fähigkeit, Verhandlungen in gemeinsame Forschungsbemühungen umzuwandeln, bei denen neue und überzeugendere Formeln für den Erfolg gefunden werden. Microsoft hat beispielsweise sein Wachstum zum Branchenführer durch Konsensverhandlungen mit seinen Kunden angetrieben. Nachdem Microsoft erkannt hatte, daß Software im Frühstadium viel zu wünschen übrigläßt, hat die Firma ein landesweites Netzwerk von Kundenteststationen eingerichtet. Käufer erhielten gratis Upgrades, die sie dann kritisch untersuchen und auf Fehler hinweisen konnten. Beide Seiten investierten ineinander und schufen einen der schnellsten Forschungs- und Entwicklungsprozesse in der Geschichte.

Mit der Kombination von Kundenpriorität und konsensbildender Methode lassen sich dramatische Erfolge erzielen, wie zwei unserer gesonderten Studien ergaben. Die erste war ein direkter Vergleich von 147 Führungsarbeitern in Business-to-Business-Verkäufen mit 342 durchschnittlichen Führungskräften in derselben Position. Im Vergleich zu durchschnittlichen Führungskräften brachten Führungsarbeiter ein 27 Prozent höheres Verkaufsvolumen ein, 35 Prozent höhere Umsatzrendite, 71 Prozent höhere Kundenzufriedenheit und 53 Prozent höhere Kundenbindung. Eine zweite Studie mit 43 Führungsarbeitern und 65 durchschnittlichen Führungskräften bei Tarifverhandlungen ergab, daß Führungsarbeiter für ihre Verhandlungen 25 Prozent weniger Zeit brauchten und 5 Prozent niedrigere Lohnerhöhungen aushandelten. Das Wichtigste ist dabei, daß das Vertrauen und die Zufriedenheit der Arbeitnehmervertreter bei Verhandlungen mit Führungsarbeitern um 40 Prozent höher waren als bei den Gesprächen mit durchschnittlichen Führungskräften.

Diese Ergebnisse und die Erfolge von Sitting Bull und Microsoft zeigen, welche Macht in der Rolle des Vermittelnden steckt, wenn man die Prinzipien Dienst am Kunden und Konsensbildung in den Vordergrund rückt: Der Vermittelnde dient dem Kunden, indem er einen Konsens darüber erzielt, was getan werden muß. In dieser Rolle übernehmen Führungsarbeiter zwei spezielle Aufgaben: Zuerst stellen sie die Bedürfnisse der Kunden fest, um zu verstehen, welche Punkte angesprochen werden müssen, wenn ein Konsens gefunden werden soll. Zweitens können sie damit und mit einer sorgfältig ausgearbeiteten Kommunikationsstrategie die Verhandlungen auf den Weg zum Konsens bringen.

Wir haben die Vorgehensweise von Führungsarbeitern bei diesen Aufgaben in zwei Instrumenten zusammengefaßt: die *Analyse der Kundenbedürfnisse* und den *Leitfaden zur Konsensverhandlung*. Ehe Sie die Instrumente anwenden, betrachten Sie bitte die folgende Übersicht der Rolle des Vermittelnden.

Die Rolle des Vermittelnden

Ziel: Dem Kunden dienen, indem ein Konsens darüber erzielt wird, was getan werden muß

Methode: Konsensverhandlungen

- ➤ Verfolgen Sie eine Verhandlungsstrategie, bei der *der Kunde im Vordergrund* steht
- ➤ Definieren Sie die Aufgabe dem Kunden gegenüber
- ➤ Identifizieren Sie die Bedürfnisse des Kunden mit Instrument Nr. 1: Analyse der Kundenbedürfnisse
  - Sachliche Anforderungen
  - Anwenderbedürfnisse
  - Strategische Anforderungen
  - Soziale Anforderungen
- ➤ Schaffen Sie eine synergetische Lösung – suchen Sie einen Konsens, keinen Kompromiß
- ➤ Verwenden Sie zur Konsensfindung das auf Fragen basierende Skript von Instrument Nr. 2: dem Leitfaden zur Konsensverhandlung

➤ Instrument Nr. 1: Die Analyse der Kundenbedürfnisse

Führungsarbeiter analysieren die Kundenbedürfnisse und beschreiten gleichzeitig den Weg zum Konsens. In unseren Workshops hat es sich jedoch als sinnvoll erwiesen, jede Aufgabe für sich zu untersuchen, ehe man sie in einer umfassenden Fallstudie zusammenbringt. Aus der

Analyse von Kundenbedürfnissen, die in Verhandlungen von Führungsarbeitern angesprochen wurden, ergaben sich vier Kernkategorien. Das Interessante daran ist, daß diese Bedürfnisse unabhängig vom Verhandlungsgegenstand im Grunde immer dieselben sind, seien es Verkäufe, Lohnverhandlungen oder die Einstellung einer Einzelperson. Es geht um sachliche, Anwender-, strategische und soziale Anforderungen, die alle im Gitternetz zur Analyse der Kundenbedürfnisse dargestellt sind. Diese Analyse hilft Führungsarbeitern, Kommunikationsstrategien zur Aufklärung, Problemlösung und Lösungsfindung bei Vermittlungsaufgaben zu entwickeln. Wenn die Kundenbedürfnisse identifiziert sind, können Führungsarbeiter optimale Methoden zur Konsensfindung für Verhandlungslösungen entwickeln. Definieren wir einmal jedes Kundenbedürfnis und wie es durch gezielte Bedürfnisanalyseskripts ermittelt werden kann.

Die Analyse der Kundenbedürfnisse

Sachliche Anforderungen Zu verhandeln: *Entspricht die Lösung den Anforderungen an Leistung und Kosten?*	Strategische Anforderungen Zu verhandeln: *Wie gelangen wir mit der Lösung dorthin, wo wir hin müssen?*
Anwenderbedürfnisse Zu verhandeln: *Wie funktioniert die Lösung für mich?*	Soziale Anforderungen Zu verhandeln: *Wie wird die Lösung die Unternehmenskultur unterstützen?*

Sachliche Anforderungen

Bei *sachlichen Anforderungen* geht es um die Erfüllung meßbarer Leistungen und Kosten. Facheinkäufer oder Unterhändler sind die Torhüter bei Verhandlungen: Ihre Aufgabe ist, vorgeschlagene Lösungen anhand technischer Einzelheiten zu untersuchen. Ihr Beitrag geht von einer Vielzahl sachlicher Details aus, die technischer Art sein können oder auch nicht, jedenfalls aber meßbar sind. In Verkaufsverhandlungen können zum Beispiel Einkäufer und die Finanzabteilung als Torhüter fungieren und potentielle Lieferanten näher untersuchen, indem sie etwa Preis, Logistik, Referenzen und Pflichtenhefte ansprechen. Sie können die Verhandlungen stoppen, auch wenn sonst zwischen einem Produkt, einer Dienstleistung und den Bedürfnissen eines Unternehmens anscheinend alles perfekt zusammenpaßt. Bei gemeinsamen Lohnverhandlungen könnte zum Beispiel ein Bevollmächtigter der Gewerkschaft als Facheinkäufer agieren, indem er Punkte anspricht, die Verträge und finanzielle Aspekte betreffen.

Die Kenntnis sachlicher Anforderungen des Kunden ist wesentlich für die Entwicklung einer Verhandlungssituation. Führungsarbeiter versuchen, sie frühzeitig im Verhandlungsverlauf herauszufinden. Je eher sie die sachlichen Anforderungen eines Kunden kennen, desto mehr Zeit haben sie, zu diskutieren und Wege zu finden, auch vernünftig auf Bedürfnisse einzugehen, die unvernünftig scheinen. Im Skript zur Feststellung von sachlichen Anforderungen wird deren Bedeutung grundsätzlich anerkannt und es wird von der Bereitschaft des Vermittelnden ausgegangen, auf sie einzugehen.

➤ Ein Skript zur Feststellung von sachlichen Anforderungen

Betty Smith, Immobilienmaklerin, handelt mit Tim Carland, der sein Haus verkaufen will, einen Preis aus.

Betty: Herr Carland, ich muß wirklich sicher sein, daß ich Ihre Bedürfnisse und Anforderungen hinsichtlich des Preises kenne. Darf ich fragen, wo Ihre unterste Grenze liegt?

	Was müssen Sie bekommen? *(Betty teilt ihre Offenheit und ihre Bereitschaft mit, die wichtigen Fragen anzusprechen. Sie macht auch ihre Verantwortung und die ihres Gesprächspartners klar, indem sie die Frage stellt.)*
Tim:	Soviel wie möglich. Was kann man Ihrer Meinung nach auf dem Markt dafür bekommen? *(Fachvermittler brauchen Zahlenmaterial – quantifizierbare Information – für ihre Entscheidungen.)*
Betty:	Hier ist eine Markteinschätzung, die wir zusammengestellt haben. Darin ist auch der Verkauf eines Hauses weiter oben in der Straße berücksichtigt. Wir glauben, Ihr Haus müßte wegen seiner Größe und des guten Zustands 10 000 Dollar mehr einbringen. *(Sie liefert greifbare Daten und begründet sie, so daß er ihre Einschätzung in seinem Fall nachvollziehen kann.)*
Tim:	Ah ja. Ja, das war das Haus von den Goodsons. Das scheint mir sinnvoll. Kann ich eine Kopie von den Zahlen haben?
Betty:	Natürlich, das hier ist für Sie.

Facheinkäufer brauchen das Gefühl, daß sie die Situation beherrschen, und sie brauchen meßbare Resultate, um ihre Position vertreten zu können.

Anwenderbedürfnisse

Anwenderbedürfnisse haben mit der Verwendung des Produkts selbst oder mit der Dienstleistung zu tun. Kunden mit Anwenderbedürfnissen haben direkte betriebliche und Produktionsaufgaben und müssen wissen: „Wird das für mich funktionieren? Wird es mir helfen, meine persönlichen Ziele zu erreichen?“ Beschäftigte im direkten Kundenkontakt und Leiter der Geschäftsbereiche haben oft sehr spezifische, konkrete Anforderungen an ein Produkt oder eine Dienstleistung, die ihnen bei der Erfüllung ihrer augenblicklichen Aufgaben helfen sollen. Ihre Bedürfnisse sind meist sehr komplex und haben sowohl mit so subjektiven, persönlichen Aspekten wie Arbeitsplatzsicherheit als auch mit objektiven Tatsachen wie dem alltäglichen Leistungsdruck bei der Arbeit zu tun. Um den Anwenderbedürfnissen nachzukommen, muß ein Verhandlungsführer möglichst eine direkte Verbindung zwischen dem persönlichen Erfolg eines Verbrauchers und einer spezifischen Lösung herstellen.

➤ Ein Skript zur Feststellung von Anwenderbedürfnissen

Betty hat potentielle Kunden für Tim Carlands Haus gefunden. Sie spricht mit Jean DiCenzo, einer möglichen Käuferin, über ihre Anforderungen.

Betty: Jean, ich möchte Ihre täglichen Bedürfnisse genau verstehen, damit ich weiß, welche Häuser für Sie in Frage kommen. Welches sind Ihre wichtigsten Überlegungen? *(Betty teilt wieder ihre Offenheit mit und klärt ihre Aufgabe. Sie zeigt auch ihre Bereitschaft, die Verhandlung nach Jeans Bedingungen anzugehen.)*

Jean: Sicherheit und Komfort. Es muß sicher sein, weil die Kinder von der Schule nach Hause kommen, ehe wir von der Arbeit zurück sind. Und es muß komfortabel sein: Es muß eine große Küche mit einem Eßbereich haben, damit die Zubereitung und das Servieren des Abendessens nicht so umständlich werden.

Betty: Noch etwas?

Jean: Badezimmer! Es muß mindestens *zwei* im Obergeschoß haben – eines für die Kinder und eines für Mark und mich. Die Hektik am Morgen kann einen verrückt machen, wenn man nicht ins Badezimmer kommt.

Anwenderbedürfnisse sind meist einerseits sehr praktisch, doch andererseits können sie auch emotional begründet sein, weil sich der Verbraucher schon in die Gegebenheiten der betreffenden Lösung vertieft hat. Die Kunden müssen das Gefühl haben, daß der Vermittelnde etwas vorschlägt, das sie bei der alltäglichen Arbeit unterstützen wird.

Strategische Anforderungen

Bei den *strategischen Anforderungen* geht es um die Vorteile, die eine spezielle Lösung für die Gesamtmission und das Wohlergehen des Unternehmens bietet. Solche Anforderungen stellen oft ranghöhere Mitglieder von Unternehmen. Menschen mit strategischen Anforderungen haben meist auch direkten Einfluß auf ökonomische Entscheidungen im Zusammenhang mit den Verhandlungen und können unterschiedliche Standpunkte auswählen. Wenn zum Beispiel ein Leiter der Finanzabteilung sagt, daß ein spezielles Angebot zu teuer scheint, ein Leiter eines Geschäftsbereichs aber sagt, es könne die Kundenzufriedenheit und Umsatzrendite erhöhen, dann wird ein Stratege, etwa ein Unternehmensleiter, die entscheidende Stimme abgeben und den Vorschlag annehmen, wenn er der strategischen Vision des Unternehmens dienlich ist. Der strategische Verhandlungsführer denkt an die mögliche Rentabilität gemessen am Potential, das das Angebot zur Erfüllung strategischer Ziele, wie Stärke des Gesamtunternehmens, Marktanteile und Gewinn, verspricht.

➤ Ein Skript zur Feststellung strategischer Anforderungen

Betty muß beim Verkauf eines Hauses an Jean und ihren Mann Mark strategische Überlegungen berücksichtigen.

Betty: Was wollen Sie letztlich von diesem Haus – welches sind Ihre Hoffnungen und Erwartungen? *(Um das Thema in Hinsicht auf strategische Überlegungen zu erörtern, formuliert Betty ihre Frage strategisch. Sie legt die Last, die Prioritäten zu bestimmen, auf Jean und Mark.)*

Mark: Es muß auf lange Sicht eine gute Investition sein. Wir müssen sicher sein können, daß es gute Chancen für eine Wertsteigerung bietet und daß der Preis, den wir zahlen, unter dem zukünftigen Verkaufspreis des Hauses liegt.

Jean: Es muß in einer Gegend liegen, in der der Wert erhalten und noch gesteigert wird.

Mark: Ja, und es muß eine gute Gegend sein, progressiv und tonangebend.

Strategische Anforderungen bestimmen die langfristigen Perspektiven eines Käufers oder Verhandelnden. Mit ihrer Hilfe kann man erklären, wie eine spezielle Lösung in einen umfassenderen Lebensplan entweder für Einzelpersonen oder für Unternehmen paßt.

Soziale Anforderungen

Soziale Anforderungen haben mit kulturellen Wertvorstellungen und zwischenmenschlichen Beziehungen zu tun. Für einen Vermittler, der mit sozialen Anforderungen zu tun hat, lautet die Frage: „Wie wird diese Lösung die Lebensqualität unserer Kunden und derer, die ihnen dienen, beeinflussen, und was bedeutet diese Lösung in bezug auf unsere Einsatzbereitschaft für die Menschen und in bezug auf unsere Mission in der Zukunft?" Ein Beispiel für einen Vermittler für soziale Bedürfnisse wäre ein Leiter in einem konfessionell gebundenen Krankenhaus, der wissen möchte, wie eine Lösung dem Krankenhaus die Möglichkeit erhalten kann, für die Armen zu sorgen. Ein weiteres Beispiel wäre der Vorsitzende einer örtlichen Gewerkschaft, der wissen möchte, wie eine Lösung die Arbeitsplätze der Menschen erhalten kann, mit denen er Seite an Seite gearbeitet hat. Ein Beispiel wäre auch der Gründer eines Unternehmens, der angesichts eines Unternehmenszusammenschlusses wissen möchte, wie beim Aufkauf der Ruf des Unternehmens geschützt wird.

➤ Ein Skript zur Feststellung sozialer Anforderungen

Betty fragt Jean und Mark nach ihren sozialen Anforderungen im Zusammenhang mit dem Hauskauf, besonders was ihre Kinder anbelangt.

Betty: Gibt es spezielle soziale Anforderungen, die ich berücksichtigen soll? Jean, Sie haben die Kinder erwähnt – was ist mit ihnen? *(Wieder läßt Betty die Frage offen enden,* *um sicherzustellen, daß die Antwort von Jean und Mark auch wirklich ihre Ansicht wiedergibt und daß die Verantwortung für die Antwort bei ihnen liegt.)*

Jean: Alison steht ein Jahr vor ihrem Abschluß an der High School, und Tad ist in der siebten Klasse. Für mich ist wichtig, daß die Schulen ihnen gute Möglichkeiten für Aktivitäten außerhalb des Stundenplans bieten. Alison wird immer etwas finden, aber Tad braucht besondere Möglichkeiten wie Schwimmen und Musizieren in einer Gruppe.

Mark: Und es ist wichtig, daß es ein aktives Gemeinde- und Kirchenleben gibt. Wir müssen wissen, wo wir hingehören. Wenn ich auch nicht viel Zeit habe, möchte ich doch bei einem der Hilfsdienste mitwirken.

Ein Verständnis für soziale Bedürfnisse ist wesentlich für die Gesamtbewertung der Eignung einer vorgeschlagenen Lösung. Soziale Anforderungen sind schwerer zu definieren als sachliche, strategische und Anwenderbedürfnisse, weil sie individueller sind und deshalb von den Verhandlungspartnern stärker zurückgehalten werden. Meist tauchen sie in einer Bedarfsanalyse ganz zum Schluß auf.

➤ Instrument Nr. 2: Der Leitfaden zur Konsensverhandlung

Führungsarbeiter zeigen in ihren Verhandlungen eine außerordentliche Fähigkeit, mit den Verhandlungspartnern eine gemeinsame Verantwortung für die Aufgaben aufzubauen. Solche Verantwortung ist von wesentlicher Bedeutung, um das volle Potential anderer zu erschließen, das wiederum wichtig für die Entwicklung und Umsetzung neuer und kreativer Entscheidungen ist. Der Ablauf, mit dem Führungsarbeiter zur gemeinsamen Verantwortung gelangen, ist die *Konsensverhandlung,* und die treibende Strategie dahinter ist eine genaue Liste konsensbildender Fragen. Diese Fragen sind so angelegt, daß in jedem Stadium der Verhandlung ein Konsens über spezielle Ziele erzielt wird. Wie in Schleusenkammern in einem Kanal wird mit jedem erreichten Ziel eine höhere Ebene von Konsens erreicht. Wenn die Parteien vor dem siebten und letzten Ziel stehen, trennt sie nur noch eine kleine Distanz vom höheren Wasserpegel. Führungsarbeiter haben die Fähigkeit entwickelt, mit einer Reihe ganz spezieller Fragen auf eine Vereinbarung einzustimmen, sie neu zu formulieren, neu auszurichten und festzumachen. Wie bei der Analyse der Kundenbedürfnisse sind diese Fragen im wesentlichen universell, ganz gleich um welche Art von Verhandlungen es sich handelt, von Verkaufs- und Tarifverhandlungen bis hin zu Übernahmeverhandlungen. Die Vermittlung ist eine universelle Aufgabe, der in fast jedem Lebensbereich eines Führungsarbeiters eine Schlüsselstellung zukommt.

Der Leitfaden zur Konsensverhandlung faßt dieses Konzept zusammen. Die Fragetypen darin sind so angelegt, daß über sieben spezielle Ziele ein Konsens erzielt wird. Für einen vollen Konsens muß eine Übereinstimmung über alle sieben erreicht werden. Soll eine Verhandlung erfolgreich sein, muß es zuerst einen Konsens über ihren Zweck geben. Die Verständigung über den Zweck einer Verhandlung liefert den Ausgangspunkt, von dem eine Vielzahl von Modulationen gefunden werden kann. Das ist wie die Jazz-Variationen einer Melodie. Sobald wir die Melodie im Kopf haben, ist uns die kreative Erforschung all ihrer Möglichkeiten sehr willkommen. Führungsarbeiter bestehen auf einer klaren Festlegung des Verhandlungszwecks mit Fragen wie: „Ist das wirklich die Aufgabe?" Dann formulieren sie die Aufgabe noch einmal mit den Worten des Verhandlungspartners: „Ich verstehe: Sie haben gesagt, Ihr wichtigstes Ziel ist, X zu erreichen, stimmt das?" Solches Sondieren und Paraphrasieren dauert so lange an, bis die Antwort *Ja* lautet.

Dieses einfache *Ja* bildet den positiven Rahmen für die Erörterung und ermöglicht es, das zweite Ziel anzugehen: Stellen Sie spezielle Kundenbedürfnisse fest. Wie bereits erörtert, sind dies sachliche, anwenderbezogene, strategische und soziale Bedürfnisse. Sie werden sehr direkt und unkompliziert festgestellt, indem die Gründe für die Nachfrage des Verhandlungspartners dargelegt werden: „Im Kontext unserer Aufgabe wäre es sehr hilfreich, zu erfahren, welche Anforderungen wir Ihrer Meinung nach unbedingt berücksichtigen müssen.

Brauchen wir Zahlen, Informationen, wie etwas funktioniert, eine Langzeitprognose einer möglichen Lösung oder eine Vorstellung, wie andere darauf reagieren werden?“

Solche Fragen sollen Wahlmöglichkeiten bieten. Unser Führungsarbeiter versteht intuitiv, was Psychologen festgestellt haben: Es ist einfacher, eine Antwort zu geben, wenn man etwas auswählen oder auf etwas reagieren kann. Ein Vermittler wird auch eher eine brauchbare Antwort bekommen und ein Gespräch leiten können, wenn er eine Frage stellt, die Wahlmöglichkeiten bietet. Führungsarbeiter zeigen sowohl Höflichkeit als auch Cleverness, wenn sie Fragen so stellen, daß sie damit ihre Gesprächpartner in die gewünschte Richtung führen können.

Ein Konsens über die Anforderungen ist die Voraussetzung für einen Konsens über die Notwendigkeit, zusammenzuarbeiten. In diesem Stadium reift die Verhandlung von einer vagen Übereinkunft zur Zusammenarbeit zu einer expliziten Verpflichtung. Führungsarbeiter können die Verhandlungen sehr effektiv in dieses Stadium bringen, indem sie um die Erlaubnis bitten, nach einer gemeinsamen Lösung zu suchen: „Nun haben wir schon eine der schwierigsten Aufgaben gelöst. Wir haben die Gesamtaufgabe und die speziell zu berücksichtigenden Anforderungen festgelegt und können nun wirklich Fortschritte erzielen. Mit Ihrer Erlaubnis möchte ich einige Lösungsvorschläge entwickeln, die Sie überlegen und kommentieren können. Einverstanden?“

Wenn Sie Lösungen entwickeln, testen Sie sie, indem sie unterschiedliche Wege zur Umsetzung durchspielen. „Wie wäre es, wenn wir dies versuchten: ...“ ist eine Standardfrage, die die Möglichkeit einer gemeinsamen Problemlösung bietet. Dieses Vorgehen hat den besonderen Vorteil, daß durch gemeinsame Entscheidung eine gemeinsame Verantwortung für eine Lösung entsteht. Ohne eine endgültige Verpflichtung eingehen zu müssen, beschäftigen sich beide Parteien mit dem Kern der Verhandlung, indem sie die Substanz einer Übereinkunft erarbeiten. In diesem Stadium wird die eigentliche Übereinkunft getroffen, und der Weg für eine ernsthafte Erörterung der Durchführung ist bereitet, ebenso zur Feststellung von Einwänden und Hindernissen, die dem im Wege stehen könnten.

Instrument Nr. 2: Der Leitfaden zur Konsensverhandlung

Stadium I:	Bestimmen Sie den Zweck
Ziel 1:	• Bilden Sie einen Konsens über den Zweck der Verhandlungen
Strategie 1:	• Stellen Sie Fragen zur Klärung der Aufgabe. Stellen Sie paraphrasierende Folgefragen, um einen Konsens über das Ziel zu finden
Stadium II:	Ermitteln Sie die Bedürfnisse des Kunden
Ziel 2:	• Bilden Sie einen Konsens über spezielle Kundenbedürfnisse
Strategie 2:	• Stellen Sie Fragen zur Klärung sachlicher, anwenderbezogener, strategischer und sozialer Bedürfnisse
Stadium III:	Entwickeln Sie eine Lösung
Ziel 3:	• Bilden Sie einen Konsens über die Notwendigkeit, eine Lösung zu finden
Strategie 3:	• Bitten Sie um Erlaubnis zur gemeinsamen Problemlösung
Stadium IV:	Testen Sie die Lösung
Ziel 4:	• Bilden Sie einen Konsens darüber, wie die Lösung nach außen vertreten werden soll
Strategie 4:	• Testen Sie die Lösung mit Hilfe von „Was wäre, wenn“-Fragen
Stadium V:	Ermitteln Sie Hindernisse
Ziel 5:	• Bilden Sie einen Konsens über mögliche Hindernisse für den Konsens
Strategie 5:	• Stellen Sie „Was schlagen Sie vor“-Fragen, um Angst, Geringschätzung oder Überheblichkeit zu vermeiden

Stadium VI:	Überwinden Sie die Hindernisse	
Ziel 6:	•	Bilden Sie einen Konsens darüber, wie Hindernisse und Einwände überwunden werden sollen
Strategie 6:	•	Stellen Sie Fragen mit Neuformulierungen, die positive Erwartungen wecken
Stadium VII:	Handeln Sie gemeinsam	
Ziel 7:	•	Erzielen Sie einen Konsens, was getan werden soll
Strategie 7:	•	Stellen Sie Festlegungsfragen

„Welche Befürchtungen und Empfindungen könnten dieser Lösung im Wege stehen?" ist die Frage im nächsten Stadium. Die Angst, abgelehnt zu werden, dumm dazustehen oder Macht zu verlieren, sind in jeder Verhandlung mögliche Hindernisse. Forschen Sie nach solchen Befürchtungen, indem Sie Fragen stellen, die die Gefühle und Bedürfnisse derer klären, die von der vorgeschlagenen Lösung betroffen sein werden. Diese Fragen untersuchen, wie zutreffend und vollständig die vorangegangenen Analysen sind, und liefern Angaben für die Feinabstimmung der Lösung und für die Festlegung einer Übereinkunft zum Handeln: „Da wir nun die Dinge so umgestaltet haben, daß Harveys Befürchtungen überwunden sind, *finden Sie nicht, wir sollten* dies unterzeichnen und anfangen, damit wir unseren Terminplan einhalten können?" *Finden Sie nicht, sollten wir nicht, können wir nicht, haben Sie nicht, ist es nicht* – so beginnen die Festlegungsfragen, die eine Verhandlung in das Stadium von Konsens und Umsetzung bringen.

Analysieren wir eine Lohnverhandlung zwischen einem Führungsarbeiter und einem Gewerkschaftsvertreter, und sehen wir uns an, wie dieses Konzept für Verhandlungen funktioniert.

➤ Ein Skript für Konsensverhandlungen bei Lohnverhandlungen

Dana ist eine kampferprobte Führungsarbeiterin mit dem Auftrag, einige Fragen zu lösen, die einer Tarifvereinbarung noch im Wege stehen. Sie trifft sich mit Mike, dem örtlichen Gewerkschaftsvorsitzenden, um einen Konsens zu erzielen.

Dana: Mike, ich danke Ihnen für die Gelegenheit, daß wir uns hier treffen und unsere noch anstehenden Aufgaben erledigen können. Darf ich nach Ihrer Analyse fragen, wo wir stehen und was hier und heute unser Ziel sein soll? *(Dana stellt durch Höflichkeit einen Kontakt her, formuliert das Verhandlungsthema und stellt dann Mike eine Frage zur Klärung.)*

Mike: Nun, Dana, die Aufgabe besteht schlichtweg darin, meinen Leuten zu erklären, warum sie einer Sache zustimmen sollen, wenn sie nicht wissen, welche Pläne die Geschäftsleitung für die Zukunft hat. Wenn wir ein Abkommen über drei Jahre unterzeichnen, und das Unternehmen wird verkauft, wo stehen wir dann?

Dana: Oh, ich verstehe. Sie meinen, Ihre Leute verstehen nicht, warum sie einem Plan zustimmen sollten, wenn sie einen wesentlichen Teil des Plans nicht kennen – nämlich die Zukunft des Unternehmens als Ganzes. Ist das richtig? *(Dana paraphrasiert und bittet um Bestätigung.)*

Mike: Ja, mehr oder weniger.

Dana: Dann ist unser Ziel oder unsere Aufgabe hier und heute, zu überlegen, wie man ihnen die nötigen Informationen verschaffen kann, damit sie eine Entscheidung treffen können. Richtig? *(Dana sucht weiter Klärung und führt Mike auf den Weg zum Konsens, indem sie ihm immer spezifischere Möglichkeiten zur Zustimmung bietet.)*

Mike: Ja, aber ich glaube, sie wollen mehr als einen Plan – sie wollen ein Versprechen, ein Versprechen, daß ihre Arbeitsplätze sicher sind.

Dana: Mike, ich verstehe, sie *wollen* sichere Arbeitsplätze – das will ich auch –, aber *brauchen* sie eine Garantie für sichere Arbeitsplätze, oder brauchen sie verläßlichere Informationen darüber, was mit diesem Unternehmen und mit uns allen in der Zukunft geschehen wird? *(Dana akzeptiert Mikes* Ja *zur Aufgabe, geht direkt zu Stadium II über und sondiert spezielle Kundenbedürfnisse.)*

Mike: Sie brauchen sicher verläßliche Informationen. Sie wissen, daß niemandem mehr etwas versprochen wird, aber das ist schwer zu akzeptieren.

Dana: Das ist besonders schwierig für unsere Kunden. Deshalb haben wir uns so bemüht, gute Beziehungen zu Ihnen und Ihren Leuten aufzubauen. Unsere Kunden brauchen und verdienen unsere volle Aufmerksamkeit, nicht unsere Sorge. Mal sehen, ob ich das richtig verstehe. Ihre Leute brauchen verläßliche Informationen darüber, wohin die Reise geht, soweit wir das heute sehen können. Sie brauchen greifbare Beweise, warum sie die Vereinbarung annehmen sollten. Sie wollen sehen, daß für unsere Zukunft vorgesorgt, geplant und Einsatz geleistet wurde. Sie wollen einen Beweis für unsere Aufrichtigkeit, nicht unsere frommen Wünsche. Richtig? *(Dana nutzt die Gelegenheit, die Verhandlungen in den größeren Kontext einzubinden, in dem sie alle Verantwortung tragen, und sie koppelt die Bedürfnisse der Gewerkschaftsmitglieder an die der Kunden. Dann konzentriert sie sich darauf, eine Klärung und einen Konsens über den Bedarf an Sachinformationen zu erzielen, den Mike zu erfüllen hat.)*

Mike: Richtig.

Dana: Und das sollen Sie aus den Verhandlungen mitbringen. Sonst werden sie fragen, was bei diesen Erörterungen eigentlich geschieht. Richtig? *(Dana sondiert weiter, um Mikes persönliche Bedürfnisse zu klären. Sie erkennt, daß das Informationsbedürfnis der Gewerkschaftsmitglieder kundenbezogene und soziale Bedürfnisse bei Mike schafft.*

Er muß seine Kompetenz und seinen Einsatz demonstrieren, indem er Ergebnisse vorweisen kann.)

Mike: Um ehrlich zu sein, ja. Wie Sie muß auch ich meinen Kunden – meinen Mitgliedern – meinen Wert beweisen.

Dana: Das Anliegen verstehe ich sehr gut. Mike, mir scheint, wir müssen das zusammen durchdenken: Ich glaube, ich habe eine Lösung, aber ich möchte fragen, ob es in Ordnung ist, wenn wir sie zusammen entwickeln. *(Dana geht zum Stadium III, der Konsensfindung für eine gemeinsame Problemlösung, über.)*

Mike: Nun, das kommt natürlich darauf an, ob es dem Interesse meiner Leute dient.

Dana: Sie dient unser aller Interessen und, was noch wichtiger ist, auch dem Interesse der Kunden. Unser Führungsteam und die Geschäftsleitung haben einen strategischen Plan zur Ausweitung dieses Unternehmens entwickelt, und wenn Sie einverstanden sind, werde ich die Erlaubnis einholen, Ihnen das meiste davon mitzuteilen. Damit können wir die Informationen zusammenstellen, die Sie mitbringen sollen. Werden Sie mit mir zusammenarbeiten, wenn ich die Erlaubnis bekomme? *(Dana wittert eine Gelegenheit, die Dinge voranzutreiben, und sie unterbreitet ihm einen Vorschlag, damit Mike entscheiden kann, ob er zur Zusammenarbeit bereit ist.)*

Mike: Ja. Das ist es, was sie brauchen – und was ich brauche. Wir können nicht länger warten.

Dana: Natürlich nicht. Ich bin sogar sicher, daß ich die Erlaubnis bekommen werde, den größten Teil des Plans mitzuteilen. Wir haben bereits besprochen, daß wir Betriebsversammlungen mit den Angestellten abhalten wollen. Wir sollten uns morgen treffen und uns an die Arbeit machen, und Sie berichten Ihren Leuten, daß wir dabei sind, ihnen das zu bringen, was sie brauchen. Sollten wir uns nicht vornehmen, daß Sie innerhalb von zwei Wochen die Informationen haben und bis dahin auch reagiert haben?

Mike: Das klingt ganz gut. *(Dana geht zum Stadium IV über, und prüft durch Fragen mit* „Sollten wir nicht…“.)

Dana: Wenn wir also die Informationen liefern würden und die Versammlungen über unsere Zukunft abgehalten würden, gäbe es dann irgendeinen Grund, warum dieses Abkommen nicht innerhalb von sechs Wochen abgewickelt werden könnte, wie es vereinbart war? Was könnte uns Ihrer Meinung nach daran hindern? *(Dana drängt zum Übergang ins Stadium V, Feststellung von Hindernissen, um in Bewegung zu bleiben und um mögliche Einwände und Widerstand zu sondieren.)*

Mike: Nun, vielleicht das Schicksal und wenn man in Ungewißheit gehalten wird.

Dana: Mike, ich verstehe Ihre Unsicherheit, aber Sie und ich sind nun so weit gekommen, weil wir eine offene und vertrauensvolle Beziehung entwickelt haben. Können wir nicht auch in diesem Falle dabei bleiben? Können wir mit unseren gemeinsamen Sitzungen nicht irgendwie ein Abkommen vorbereiten? Vielleicht könnten Sie einige Ihrer Leute zu unseren Zusammenkünften mitbringen, sobald wir angefangen haben? *(Dana geht ins Stadium VI über und tritt Hindernissen entgegen, indem sie die Lösung genauer abstimmt und andere zu den Treffen hinzuzieht. Sie gibt dem Gespräch einen anderen Rahmen, nachdem Mike ihr eine leichte Abfuhr erteilt hatte, als es darum ging, ihre Verpflichtung zu bestätigen.)*

Mike: Dana, das ist vielleicht die Lösung. So kommen keine Fragen auf, was erörtert und welche Informationen ausgetauscht wurden. Das dient Ihrem und meinem Schutz.

Dana: Der Meinung bin ich auch, Mike. Besiegeln wir das mit einem Handschlag, und vereinbaren wir ein Treffen morgen zur gleichen Zeit an diesem Ort. *(Dana geht direkt zur Festlegung in Stadium VII über.)*

Mike: Einverstanden.

In dieser Situation mit gereizter Stimmung, die während einer Lohnverhandlung entstanden war, folgte Dana dem siebenstufigen Protokoll zur Konsensverhandlung. Führungsarbeiter setzen diesen Ablauf ein, um eine umfassende Strategie zu entwickeln oder um mit einzelnen Interaktionen umzugehen. In der nächsten Fallstudie sehen wir, wie Walt Diesing die Konsensverhandlung zum Abschluß von Verkaufsverhandlungen einsetzt.

➤ Wie man zum Konsens findet – Walts Geschichte

Walt Diesing hat wie Sitting Bull, Dana und unsere anderen Führungsarbeiter eine bemerkenswerte Erfolgsgeschichte vorzuweisen. Er gründete seine eigene Computer-Beratungsfirma, nachdem er zwölf Jahre lang als Chefprogrammierer, dann als Bereichsleiter für Informationsdienste einer großen Kaufhauskette gearbeitet hatte. Er beschloß zu kündigen, nachdem die Nachfrage nach den Beratungen, die er nebenberuflich durchführte, fast ebensoviel Zeit erforderte wie seine Vollzeitstelle. Er handelte gerne Lösungen für besondere Probleme aus, und sein Ruf als aufrichtiger und gewissenhafter Systemdesigner erregte Aufmerksamkeit bei Mitarbeitern von Holiday Pools.

Walt Diesing arbeitet daran, ein umfassendes Computersystem für die Kundenverwaltung bei Holiday Pools zu verkaufen, dazu eine neue Anwendersoftware für Textverarbeitung, Tabellenkalkulation, Grafik und Netzwerkverwaltung sowie Hardware für ein PC-Netzwerk mit 20 Arbeitsplätzen. Walt hat hart gearbeitet, um diesem schnell wachsenden Geschäft, das expandieren will, ein kosteneffizientes System auf dem neuesten Stand der Technik zu verschaffen, das mit der Ausbreitung des Unternehmens im ganzen Land kopiert werden kann. Er hat den Eindruck, er ist mit allen wichtigen Partnern sehr nahe am Konsens, aber einige Hürden sind noch zu überwinden. Walt hat mit Hilfe der Analyse der Kundenbedürfnisse ein Profil der Einzelpersonen erstellt, mit denen er zusammentreffen wird, und bewegt sich mit dem Leitfaden zur Konsensverhandlung durch verschiedene Stadien des Gesprächs zum Konsens.

Walt beginnt mit der, wie er hofft, letzten Runde seiner Verhandlungen mit der Führung von Holiday Pools. Er hat Tamarra, Geschäftsführerin und Mitglied der Unternehmensleitung, zunächst um ein kurzes Gespräch mit ihr allein gebeten, ehe der Rest der Gruppe zu ihnen stößt. Tamarra war schon immer eine bemerkenswerte Visionärin. Walt nimmt das Gespräch dort wieder auf, wo sie vor einer Woche aufgehört hatten. Es ging um den Test von Lösungen, die er für bestimmte Anforderungen entwickelt hatte.

Walt: Danke, daß Sie sich einige Minuten Zeit für mich genommen haben, ehe wir uns im Team treffen.

Tamarra: Es ist immer ein Vergnügen, Sie zu sehen, Walt. Was gibt es?

Walt: Ich wollte abklären, wie wichtig es für Sie ist, daß das System erweitert werden kann. Was ist, wenn Sie im nächsten Jahr einige Geschäfte eröffnen? *(Walt nimmt den Kontakt im Stadium IV wieder auf, um den Konsens zu bestärken, den er und Tamarra bereits erlangt hatten.)*

Tamarra: Nun, wie wir besprochen haben, werden wir genau das tun. Und es ist von ganz entscheidender Bedeutung, daß dieses System mitwachsen kann und sich den Anforderungen anpaßt. Das war von Anfang an eine strategische Voraussetzung. Wir haben genügend Kapital für das Wachstum, und wir werden expandieren.

Walt: Ich habe verstanden. Ich habe das System so angelegt, daß es erweitert werden kann. Ich möchte nur wissen, ob dem weiteren Ausbau irgend etwas im Wege stehen könnte. *(Walt bestätigt ihren Konsens und geht von dieser Basis zum Stadium V über, wo mögliche Einwände gefunden werden sollen. Er will sichergehen, daß im anschließenden Treffen mit dem Team keine unliebsamen Überraschungen zu erwarten sind.)*

Tamarra: Meredith macht sich, wie üblich, berechtigte Sorgen um die Kosten, und Ethel befürchtet, daß es nicht funktioniert, während Abe einfach Zweifel hat. Es ist eine große Ver-

Walts Analyse der Kundenbedürfnisse

Facheinkäuferin: Meredith *Erfüllt es die Erwartungen? Wie hoch sind die Kosten?*	Strategische Einkäuferin: Tamarra *Wie hilft uns das, dorthin zu gelangen, wo wir hin müssen?*
Anwenderin: Ethel *Wie funktioniert das für mich?*	Soziales Anliegen des Käufers: Abe *Wie wird das unsere Leute unterstützen?*

änderung im Vergleich zur Tante-Emma-Laden-Kultur, die wir bisher gepflegt haben.

Walt: Ihre Bedenken sind nur zu verständlich, und ich wollte nur wissen: Wenn wir Ihre Bedenken ausräumen könnten, würden Sie sofort handeln wollen oder wollten Sie noch zwei bis drei Wochen warten? *(Walt nimmt die Verhandlungen neu auf, um positive Erwartungen für ein Weiterschreiten zum Stadium VI aufzubauen, indem er verschiedene Möglichkeiten bietet, damit es einfacher wird, eine Antwort zu geben.)*

Tamarra: Walt, das muß sofort geschehen, wenn möglich. Aber wir wollen sehen, wie das Team dazu steht. Hier kommt es. *(Als das Team eintrifft, begrüßt Walt jeden einzeln und wartet, bis Tamarra die Diskussion eröffnet. Walt hat seinen Konsens mit Tamarra noch einmal bestätigt. Er weiß, daß jedes Teammitglied neue Bedenken hat, die bei der nochmaligen Besprechung seines Vorschlags, den er vor zwei Wochen zur Diskussion gestellt hat, angesprochen werden müssen.)* Guten Tag, alle zusammen. Wir sind hier, um unsere Besprechung mit Walt weiterzuführen. Walt, darf ich Sie bitten, unsere Diskussion zu leiten?

Walt: Vielen Dank. Nun, wir sind in unserer Erörterung schon sehr weit gekommen. Wir haben uns eine bedeutende Aufgabe gestellt: die Verwaltung von Informationen, die Verbesserung der Serviceleistung, das Unternehmen für Wachstum und Expansion auszurüsten, und all dies kosteneffektiv und mit einem Entgegenkommen für die Menschen zu tun, für die wir da sind. Und wir haben zusammen einen Vorschlag erarbeitet, wie diese Aufgaben gelöst werden können. Heute müssen wir jedoch den nächsten Schritt in unseren Gesprächen tun und die verbleibenden Einwände und Hindernisse feststellen, ehe wir weitergehen. Ich möchte jeden von Ihnen fragen, auf welche Bedenken oder Hindernisse wir noch eingehen müssen. *(Walt beginnt mit einer Rückschau auf den stufenweise erreichten Konsens, den sie zusammen gefunden haben. Dies bestätigt, was bisher in die Lösung investiert wurde, und macht deutlich, daß nur noch eine relativ kleine Distanz bis zum vollen Konsens zurückgelegt werden muß. Er stellt eine Frage aus Stadium V, um die Einwände auszuräumen, und er hat bereits Antworten vorbereitet.)*

Meredith: Walt, ich finde, das ist ein ganz großartiger Vorschlag, wenn wir uns den leisten können. Ich möchte sichergehen, daß der Preis der bestmögliche ist.

Walt: Das ist auch mein Anliegen, Meredith. Ich möchte sichergehen, daß diese Lösung Ihr Wachstum mitmacht. Ich verstehe Sie so, daß Sie absolut sicher sein müssen, daß Sie den bestmöglichen Preis für die Software und die Hardware bekommen, vorausgesetzt, es gibt auch guten und verläßlichen Service dazu. Ist das richtig?

Meredith: Ja, genau.

Walt: Weil das Unternehmen den bestmöglichen Preis braucht, habe ich für jeden Teil von Software und Hardware eine Liste mehrerer Anbieter aufgestellt, auf der Preise für Einzelteile und für ganze Systeme aufgeführt sind. Da dieser Punkt sehr wichtig ist, möchte ich vorschlagen, daß jemand von Ihren Angestellten mir hilft, diese Zahlen zu prüfen, nur um sicher zu sein, daß wir unser Bestes geben. Meinen Sie, das genügt zum Thema Kosten? *(Walt nimmt die Frage neu auf, um sein Anliegen zu unterbreiten und den bereits erreichten Konsens zu stärken.)*

Meredith: Nun, eigentlich ist das genau richtig.

Walt: Und es macht Sie auch kundig über die Preise für die weitere Ausstattung, wenn das System wächst. Damit sind Sie weniger abhängig von Außenstehenden wie mir. Finden Sie nicht auch? Keine Sorge, das verletzt mich nicht. *(Walt setzt Fragen zur Festlegung ein – Stadium V –, um Meredith zum Konsens über ein Handeln zu führen, indem er ihr Wahlmöglichkeiten bietet, die den sachlichen Anforderungen zur Überprüfung gerecht werden. Die Frage ist auch an Ethel gerichtet. Kollektives Problemlösen – Stadium VI – wird den Konsens, den sie bereits erreicht haben, wiederaufnehmen.)*

Meredith: Walt, ehrlich gesagt, Sie können Gedanken lesen. Sie wissen, ich muß das Eigenkapital schützen, und diese Informationen und Überprüfungsmöglichkeiten helfen mir dabei. Ja, ich bin einverstanden.

Ethel: Nun, ja, das ist sicherlich hilfreich. Könnten einige von meinen Leuten hier mitmachen, weil es deren Arbeitsalltag ja am meisten betrifft?

Walt: Natürlich. Und ich habe noch ein Geschenk vorbereitet. Sollten wir zur Anregung unserer Kreativität nicht eine Bibliothek aller möglichen Systemvarianten besorgen, die andere entwickelt haben?

Ethel: Walt, lassen Sie die Witze. Reichen Sie es mal rüber. Sie wissen, daß wir das brauchen.

Walt: Extra für Sie, Ethel. Sagen Sie dem Team, daß ich wegen Ihnen eine Woche lang Tag und Nacht daran gearbeitet habe, das zusammenzustellen. Das wird sie bekehren, glauben Sie nicht? *(Walt bietet die Lösungen in zwei Schritten an, um maximalen Einfluß auszuüben und die Festlegung einzuleiten, Stadium VII.)*

Ethel: Sie haben es fast geschafft, Walt. Aber wir wollen es nicht zu einfach machen.

Abe: Keine Sorge, Ethel, das wird es nicht. Walt, meine Sorge sind die Menschen. Sie sind bereits etwas erschrocken über das Wachstum und fragen sich, ob sie dabei auf der Strecke bleiben.

Walt: Das ist auch ein ganz entscheidender Punkt, aber für den gibt es eine besonders positive Lösung. Wir können jedem eine persönliche Einführung in das System bieten, einschließlich einer Einübung in jede Phase des Serviceablaufs. Sie können geschult werden, in buchstäblich jeder Rolle zu arbeiten, vom Auftragseingang zum Versand bis zur Lösung von Problemen für den Kunden. Glauben Sie, das beruhigt die Befürchtungen für die Zukunft? *(Walt bestätigt die Bedeutung der Aufgabe, stimmt Abe zu und geht dann angesichts der bereits erreichten Übereinstimmung mit Tamarra, Meredith und Ethel von der Klärung der Aufgabe zur Festlegung, Stadium VII, über, indem er eine überzeugende Lösung vorschlägt.)*

Abe: Ganz bestimmt. Ich wußte nicht, daß eine solche Unterstützung möglich ist.

Walt: Nun, es ist auch noch mehr möglich, wenn wir vorankommen. Wenn es nicht zu vermessen ist, darf ich Ihnen allen eine Frage stellen? Wenn diese Lösungen einer Überprüfung standhalten, sollten wir zur Umsetzung übergehen?

Tamarra: Die Frage ist nur gerecht und verdient eine faire Antwort. Wenn sie bestehen – und das werden sie, wie wir alle wissen –, dann spreche ich wohl für uns alle, wenn ich sage, wir sind einverstanden, den nächsten Schritt zu tun.

Walt hat mit Hilfe des Leitfadens zur Konsensverhandlung ein Konsensgebäude errichtet, in dem alle an der Entscheidung Beteiligten einen Beitrag zur Lösung leisten konnten, die keiner von ihnen allein hätte finden können. Walt hat wie unsere anderen Führungsarbeiter die Fähigkeit gezeigt, sich auf die Bedürfnisse anderer einzustellen und Wege zu effektiverem Service aufgezeigt. Im Verlauf hat er die Ressourcen von Holiday Pools dazu eingesetzt, eine Synergie der Einsicht zu schaffen, die ihnen allen zum Durchbruch auf die nächste Stufe des Erfolgs verhalf.

Wie Sie die Rolle des Vermittelnden ausfüllen

Die Rolle des Vermittelnden ist von zentraler Bedeutung für die Effektivität jedes Führungsarbeiters. Ob eine Führungskraft in der Produktion, im direkten Kundenkontakt, in der Arbeitsorganisation, in der strategischen Planung oder im Verkauf arbeitet, die Fähigkeit, zu einem Konsens für den Kunden zu gelangen, ist der Schlüssel zum Erfolg. Unsere Untersuchung hat ergeben, daß die Vermittlung in ihrer außerordentlichen Vielseitigkeit auch ein wichtiges Instrument für die Erfüllung anderer alltäglicher Rollen ist.

Die Vermittlung erweitert die Wahlmöglichkeiten bei der Problemlösung, stellt die Schlußphase einer Auswahl dar, erweitert das Repertoire des Verbindenden, verstärkt die Effektivität der Aufklärung durch den Bewertenden und bildet eine positive Ergänzung bei der Aufgabe des Ausgleichenden, dem Gegenstand unseres nächsten Kapitels.

Kapitel 7

Der Ausgleichende

An einem kalten Novembertag im Jahre 1863 machte Präsident Abraham Lincoln eine traurige Reise nach Gettysburg in Pennsylvania. Er saß allein in einem Privatwaggon, dachte über das Schicksal einer Nation nach, die durch den Civil War zerrissen war, und wog die Worte ab, mit denen er den Nationalfriedhof auf dem Cemetary Hill einweihen würde, die kahle letzte Ruhestätte 3 629 gefallener Soldaten, 1 630 davon unbekannt. Als am 3. Juli die Nachricht von der Schlacht bei Gettysburg Washington erreicht hatte, wußte Präsident Lincoln, daß der Umschwung im Krieg gekommen war. Die Niederlage der Konföderierten schien nun unvermeidlich. Lincoln war weit davon entfernt, sich über den Sieg der Union zu freuen, statt dessen dachte er über die Notwendigkeit nach, seinen Schwerpunkt von der Kriegführung zur Heilung der Wunden einer erschütterten Nation zu verlegen und wieder ein stabiles Gleichgewicht herzustellen.

Wie sollte aus der Zerstörung, Erniedrigung und Tragödie des menschlichen Leids, die seine Nation erlitten hatte, Erneuerung und Hoffnung erstehen? Zwar hatte Lincoln den Krieg rückhaltlos und unnachgiebig betrieben, doch hatte er das hauptsächlich in der Hoffnung getan, er könne das Leben der Nation erneuern und, wie er in seiner jährlichen Ansprache vor dem Kongreß am 1. Dezember 1862 gesagt hatte, „die letzte, beste Hoffnung auf Erden" bewahren.

Vom Beginn seiner Führungslaufbahn an sprach Lincoln zu „den besseren Engeln unserer Natur". Sogar mitten in einem fürchterlich zerstörerischen Krieg, der über eine Million Opfer forderte und Unzählige mittellos und obdachlos machte, hatte Lincoln sich seinen Glauben an die Menschen und ihre Empfänglichkeit für die Ideale der Demokratie und der Brüderlichkeit erhalten, eine Mission, zu der er sich in seiner zweiten Amtsantrittsrede am 4. März 1865 bekannte: „Mit Groll gegen niemanden und mit Nächstenliebe für alle, fest im Recht stehend … laßt uns weiter danach streben, die Wunden der Nation zu verbinden."

Kein amerikanischer Präsident hatte jemals ein so schwieriges Gewirr von Themen auf moralisch überzeugende Weise zu lösen wie Lincoln. Die Industrielle Revolution hatte es möglich gemacht, daß Soldaten ihre Mitbürger mit bisher ungekannter Effektivität töteten, was durch die Opfer von Gettysburg bestätigt wird. In einer dreitägigen Schlacht, die am 2. Juli begann, trafen 101 100 Soldaten der Union unter General Meade auf 70 000 Soldaten der Konföderierten unter dem Kommando von General Lee. Als General Lee in der Nacht des 4. Juli im Schutze der Dunkelheit den Rückzug anordnete, war der Tribut überraschend hoch: 28 000 Opfer unter den Soldaten der Union und 23 000 unter den Konföderierten.

Als Lincoln seine Gedenkansprache vorbereitete, stand er sogar im Norden vor einer geteilten Wählerschaft, die noch keinen Konsens über die Verfassungsmäßigkeit der Sezession, die Moralfrage bei der Abschaffung der Sklaverei oder über die Grenzen des Kompromisses erreicht hatte. Lincoln wußte, daß er in solchen Fragen keine Einmütigkeit voraussetzen oder behaupten konnte, wenn er seine Nation wieder heilen wollte, sondern er mußte grundlegende Punkte der Übereinstimmung finden, die die Unterschiede transzendierten und die Menschen wieder zusammenbrachten. Also entschied er sich, die Universalität des Leidens zu betonen, die sich in Gettysburg so schmerzhaft in das Bewußtsein seiner Nation eingeprägt hatte. Die Teilnehmer der Zeremonie erwarteten eine lange Rede, besonders nachdem sie zwei Stunden lang der programmatischen Rede von Edward Everett zugehört hatten. Die Kürze von Lincolns Anmerkungen überraschte alle, doch ging die dreiminütige Rede als eine der wirkungsvollsten, die je gehalten wurde, in die Geschichte ein:

Aber in einem tieferen Sinne können wir diesen Boden gar nicht weihen, können wir ihn nicht segnen und nicht heiligen. Die tapferen Männer, ob lebend oder tot, die hier gekämpft haben, haben ihn schon auf eine Weise geweiht, der wir auch nicht annähernd in der Lage sind, etwas hinzuzufügen oder wegzunehmen. Die Welt wird kaum zur Kenntnis nehmen noch sich lange daran erinnern, was wir hier sagen, aber sie kann niemals ver-

> *gessen, was jene hier taten. Es ist vielmehr an uns, den Lebenden, daß wir hier dem unvollendeten Werk geweiht werden, dem jene, die hier kämpften, sich so opferbereit gestellt haben. ... daß wir die Toten ehren durch noch mehr Hingabe an die Sache, für die sie das höchste Maß an Hingabe aufbrachten, daß wir hier feierlich erklären, diese Toten sollen nicht umsonst gestorben sein, daß die Nation mit Gottes Beistand eine Neugeburt der Freiheit erlebe und daß das Regieren des Volkes durch das Volk und für das Volk von dieser Erde nicht wieder gehen soll.*
>
> Gettysburg Address
> 19. November 1863

Diese Worte markierten ebenso wie die entzweiende Schlacht den Wendepunkt des Krieges: von einem Konflikt, in dem Bruder gegen Bruder antrat, zu einem Konsens, daß auch angesichts von Tod und Niederlage der menschliche Geist erblühen muß.

Die Rolle des Ausgleichenden

Wie Lincoln übernehmen außerordentliche Führungskräfte heute die Verantwortung, an „die besseren Engel der menschlichen Natur" zu appellieren. Wenn sie es auch mit weniger schwerwiegenden Umständen zu tun haben als Lincoln in Gettysburg, so haben doch die Kosten unternehmerischer Umstrukturierungen und ökonomischer Kämpfe am heutigen Arbeitsplatz soviel Mißtrauen und Leid verursacht, daß die Zahl der „Getöteten und Verwundeten" weiterhin steigt.

Die Führungsarbeiter in unserer Studie zeigen alle ein geschärftes Bewußtsein für die Kosten menschlichen Leidens und eine Fähigkeit, diese Kosten zu reduzieren, indem sie die Energien wieder auf den Heilungsprozeß konzentrieren. Die Statistiken zeigen unter dem Einfluß von Führungsarbeitern wesentlich höhere Werte, was Anwesenheit, Wohlbefinden und Produktivität der Mitarbeiter betrifft, als bei normalen Führungskräften. Unter durchschnittlichen Führungskräften gibt es doppelt so hohe Fehlzeiten und eine 53 Prozent höhere Rate schwerer Erkrankungen der Mitarbeiter, darunter auch Herzerkrankungen, Krebs und Streßsymptome. Wie wir in den Kapiteln zur Problemlösung und

Vermittlung berichteten (Kapitel 4 und 6) verzeichnen durchschnittliche Führungskräfte eine entscheidend niedrigere Produktivität und Kundenzufriedenheit.

Lincoln verstand, daß eine geteilte Nation eine kranke Nation ist. Ebenso verstehen heutige Führungsarbeiter, daß eine geteilte und bedrückte Belegschaft eine kranke Belegschaft ist.

Führungsarbeiter weisen eine ungewöhnlich hohe Kompetenz in Fertigkeiten auf, die normalerweise mit Gesundheitsberufen in Verbindung gebracht werden, doch sie kennen auch ihre Grenzen genau. Sie können die Symptome von Erkrankungen des Unternehmens im Frühstadium erkennen, und sie schreiten früh ein, um zu helfen und/oder die nötigen Heilmittel zu verschaffen.

Gleichzeitig zeigen sie strategisches Verständnis für die Grenzen ihrer Rolle, wie Rosemary Stafford, eine Pflegedienstleiterin in der Psychiatrie, anmerkt: „Es ist von entscheidender Bedeutung, zu erkennen, wann man sein Personal nicht mehr führt, sondern *umsorgt.* In unserem Beruf ist das Risiko sehr groß, daß wir uns mit Depressionen, Ängsten oder Abhängigkeiten unserer Mitarbeiter ‚anstecken'. Ich kenne die Anzeichen und versuche, frühzeitig einzuschreiten, um das zu verhindern. Wenn das Problem schon weiter fortgeschritten ist, muß ich jedoch die betreffende Mitarbeiterin oder den Mitarbeiter sofort an Hilfe von außen verweisen. Ich muß mich an meine Grenzen erinnern und ich weiß: Wenn ich zu sehr in die Rolle der Therapeutin schlüpfe, untergrabe ich meine Fähigkeit, die Leistungsfähigkeit aller zu erhalten."

Führungsarbeiter sind sich ihrer Verantwortung für die Balance aller Mitarbeiter deutlich bewußt, und sie können Probleme einordnen in solche, die im Rahmen ihrer täglichen Arbeit gemanagt werden können, und in solche, die andere Hilfestellungen erfordern. Um die Rolle des Ausgleichenden auszufüllen, stellen sie die Anzeichen von Leiden fest. Dazu haben wir Instrument Nr. 1: die *Analyse der Heilungsbedürfnisse* entwickelt. Dann handeln Sie mit Hilfe von Instrument Nr. 2, dem *Leitfaden zur Heilung.* Ehe wir jedes Instrument näher erläutern, betrachten Sie die Zusammenfassung zur Rolle des Ausgleichenden.

Die Rolle des Ausgleichenden

Ziel: Die Struktur des Unternehmenslebens in Ordnung bringen

Methode: Der Heilungsprozeß

- ➤ Erkennen Sie die Notwendigkeit zur Heilung mit Instrument Nr. 1: der Analyse der Heilungsbedürfnisse
- ➤ Erklären Sie dem Mitarbeiter die Diagnose
- ➤ Umreißen Sie die Heilungsaufgabe für den Mitarbeiter
  - Fragen Sie: Wo liegt die Ursache des Problems?
  - Fragen Sie: Wie beeinflußt das Problem die Fähigkeit des Mitarbeiters, dem Kunden zu dienen und denen zu dienen, die dem Kunden dienen?
- ➤ Suchen Sie eine wirkungsvolle Lösung mit Instrument Nr. 2: dem Heilungsleitfaden
- ➤ Handeln Sie schnell und entschlossen

Ausgleichende folgen der Grundregel medizinischer Intervention: Schaden Sie niemandem. Vermeiden Sie, imaginäre Leiden zu behandeln, und verschreiben Sie nie Lösungen, die nicht den speziellen Erfordernissen entsprechen. Um ein wirkliches Leiden genau zu bestimmen, legt der Ausgleichende eine Diagnose vor, wie es auch ein Arzt tun würde.

➤ Instrument Nr. 1: Analyse der Heilungsbedürfnisse

Die Analyse der Heilungsbedürfnisse liefert eine diagnostische Orientierung für Veränderungen im Verhalten, in der Einstellung und für physische Veränderungen bei der Leistung, die die Notwendigkeit einer ausgleichenden Intervention signalisieren können. Wie andere Instrumente in diesem Buch kommt dieses zusammen mit einem zweiten, dem Leitfaden zu Heilung, zum Einsatz. Zuerst werden wir jedoch die diagnostische Phase des Ausgleichsprozesses untersuchen.

Als Ausgleichender kann man sich bei der Untersuchung von Problemen an eine Faustregel halten: Wenn Sie drei bis fünf Auffälligkeiten im Verhalten, in der Einstellung oder physische Probleme feststellen, schreiten Sie ein und versuchen Sie herauszufinden, was los ist.

Das folgende Schaubild, das bei den einzelnen Führungsarbeitern unterschiedlich ausfallen kann, stellt drei Grundtypen von Symptomen dar, die Probleme von einzelnen, Gruppen und Unternehmen anzeigen können. Führungsarbeiter prüfen Hinweise im Verhalten, in der Einstellung und in der körperlichen Erscheinung, um Probleme im Ansatz zu entdecken, und kommen dann schnell zu einer vorläufigen Diagnose. Sie schreiten in Problemsituationen bemerkenswert schnell ein, was ihre ständige Handlungsbereitschaft beweist.

Michael Weintraub von der Geschäftsleitung bei MedStat, einer Firma, die die Gesundheitsrisiken für Wirtschaft und Industrie beurteilt, verriet uns, warum er so schnell handelt, wenn er eine Schwierigkeit entdeckt: „Je früher eingeschritten wird, desto geringer ist das Risiko für den Mitarbeiter und das Team. Führungskräfte warten oft zu lange aus Angst, jemandem persönlich zu nahe zu treten. In dem Augenblick jedoch, wo ein Problem im Verhalten oder eine negative Einstellung bei der Arbeit auftritt, ist es ein Thema am Arbeitsplatz, das erörtert werden muß. Die Kosten, die dadurch verursacht werden, daß die Führung nicht rechtzeitig einschreitet, belaufen sich in den Vereinigten Staaten und in Kanada auf Milliarden von Dollar pro Jahr."

Um rechtzeitig handeln zu können, muß man wissen, wonach man suchen muß. Führungsarbeiter verfügen über beeindruckende Kenntnisse über die verschiedenen Arten von Verhaltensweisen, Haltungen und körperlichen Veränderungen, die in der Analyse der Heilungsbedürfnisse aufgelistet sind, und sie wissen zwischen einer leichten, zeitlich begrenzten Schwierigkeit und einer größeren, lebensbedrohlichen zu unterscheiden. Erstaunlicherweise tendieren vorbildliche Führungsarbeiter dazu, sogar noch schneller zu reagieren als Kliniker im Gesundheitswesen, von denen wir eigentlich erwartet hatten, daß sie am schnellsten mit Problemen zurechtkommen. John Wolfe, eine bekannte

Instrument Nr. 1: Die Analyse der Heilungsbedürfnisse

I. Indikatoren im Verhalten

- Keine Zusammenarbeit
- Hektisches Auftreten
- Schlechte Organisation
- Schlechtes Zeitmanagement
- Aggressives Verhalten
- Schlechte Konzentration
- Vergeßlichkeit
- Langsame Reaktion
- Verwirrtes Denken
- Meinungsverschiedenheiten und Streitigkeiten
- Schwierigkeiten bei der Durchführung von Arbeiten
- Nachlässigkeit
- Fehlzeiten und Zuspätkommen
- Geheimnistuerei
- Lügen
- Unentschlossenheit
- Verschleppen von Aufträgen
- Selbstvorwürfe/-beschuldigungen
- Untätigkeit
- Schuldzuweisung an andere

II. Indikatoren in der Einstellung

- Unzufriedenheit
- Frustration
- Gereiztheit und Unruhe
- Feindseligkeit
- Hoffnungslosigkeit
- Verzweiflung
- Pessimismus
- Beschäftigtsein mit Problemen
- Gefühl der Überforderung
- Hilflosigkeit
- Schuldgefühle
- Lethargie
- Apathie
- Kummer
- Starres, unflexibles Verhalten
- Verweigerung

III. Physische Anzeichen

- Kopfschmerzen
- Übelkeit
- Schwerfälligkeit
- Schwindel
- Müdigkeit

IV. Mögliche Diagnosen

- Ängste
- Depressionen
- Abhängigkeit oder Sucht
- Weiteres:
  - Ernste physische Erkrankung
  - Ernste psychische Erkrankung
  - Größere Veränderungen in den Lebensumständen

Führungspersönlichkeit im Gesundheitswesen, erklärt, warum: „Kliniker haben normalerweise mit Problemen zu tun, die sehr ernst geworden sind. Sie fühlen sich bei der Behandlung von Krankheiten mehr in ihrem Element, als wenn es um Vorsorge geht. Deshalb tendieren sie dazu, kleine, aber deutliche Veränderungen als unbedeutend einzustufen. Außerordentliche Führungskräfte dagegen denken und handeln tatkräftig. Sie scheinen intuitiv zu wissen, wann eine Veränderung, wie klein sie auch sein mag, von Bedeutung ist."

Johns Beobachtung wird auch durch die alarmierenden Statistiken in den USA und in Kanada bestätigt, die zeigen, daß Angestellte im Gesundheitssektor, etwa Krankenschwestern, überdurchschnittlich häufig von streßbedingten Störungen wie Depressionen und Medikamentenabhängigkeit oder -mißbrauch betroffen sind. Unsere Untersuchung hat auch ergeben, daß Führungsarbeiter im Gesundheitswesen relativ niedrige Ausfallzeiten und weniger Gesundheitsprobleme zu verzeichnen haben im Vergleich zu Führungskräften aus anderen Sektoren – eine bemerkenswerte Leistung angesichts der Zahlen im Gesundheitswesen. Durchschnittliche Führungskräfte in der Krankenpflege und anderen klinischen Bereichen haben jedoch höhere Ausfallzeiten, mehr Streß und Abhängigkeitsprobleme bei ihren Teammitgliedern zu verzeichnen als Führungskräfte in anderen Bereichen. Angesichts der Kosten, die in diesem Zusammenhang sowohl für Einzelpersonen wie auch für Unternehmen entstehen, ist hier entschlossenes Handeln der Führungskräfte erforderlich.

➤ Ein Skript zur Diagnose – Marys Geschichte

Mary ist Bereichsleiterin in einer Buchhaltungsfirma und hat in letzter Zeit auffällige Veränderungen im Verhalten von einem Teammitglied, Thelma, beobachtet. Thelma ist eine gute Buchhalterin und schien immer mit Leichtigkeit einen Ausgleich zwischen ihrem Berufs- und Privatleben zu schaffen. In letzter Zeit hatte Mary den Eindruck gewonnen, daß etwas in Thelmas Leben aus dem Lot geraten war. Einige Tage lang hatte sie in detaillierten Berichten wichtige Punkte vergessen oder sie nachlässig geschrieben. Eines Tages erschien sie ganz verwirrt bei der Arbeit und konnte ihre Unruhe nicht länger verbergen. Als ihr Zimmerkollege sie in der folgenden Woche an eine spezielle Außenprüfung außerhalb der Stadt erinnerte, geriet sie in Wut und beschuldigte ihn, er hielte Dinge geheim und sei nicht in der Lage, die Arbeit richtig zu planen.

Mary hatte diesen Ausbruch beobachtet. Sie ließ eine Stunde verstreichen, bis Thelma sich wieder beruhigt hatte, und lud sie dann auf eine Tasse Kaffee in ihr Büro ein. Dort saßen sie nebeneinander an ihrem Schreibtisch, und Mary begann mit einer Analyse der Schwierigkeiten und Heilungsbedürfnisse.

Mary: Vielen Dank für Ihr Kommen, Thelma. Ich möchte auf dem laufenden bleiben und wollte fragen, wie Ihre Arbeit vorankommt. *(Mary bietet Thelma die Gelegenheit, die Initiative zu ergreifen. Mary weiß, daß letztlich Thelma selbst ein mögliches Problem erkennen muß.)*

Thelma: Es läuft gut, nehme ich an.

Mary: Möchten Sie das noch weiter ausführen?

Thelma: Nun, da gibt es wirklich nicht viel zu sagen. Ich schufte so vor mich hin wie alle anderen. *(Thelmas Apathie und Unzufriedenheit bieten den Ansatzpunkt für eine gezielte Bemerkung und eine Frage.)*

Mary: Thelma, ich halte Sie nicht für jemanden, der vor sich hin arbeitet. Geht es Ihnen gut?

Thelma: Um die Wahrheit zu sagen, ich bin in letzter Zeit extrem abgespannt.

Der erste Schritt für ein heilendes Eingreifen ist, daß Anzeichen für Schwierigkeiten erkannt werden. Durch sorgfältige Beobachtung und eine Gesprächseröffnung, die Mitgefühl signalisiert, erlangt Mary schnell ausreichend viele Informationen, die die Notwendigkeit für ein heilendes Eingreifen bestätigen. Thelma zeigt Vergeßlichkeit und Nachlässigkeit sowie Schwierigkeiten, ihre Arbeit gut und rechtzeitig zu erledigen, und gibt anderen die Schuld – ihrem Zimmerkollegen Jim. Im Gespräch wirkt sie ungewöhnlich apathisch und unglücklich.

Es wird noch weiterer Untersuchungen bedürfen, um die speziellen Gründe für ihre Schwierigkeiten herauszufinden und eine vollständige Diagnose zu stellen, doch Mary hat auf jeden Fall entschieden, daß ein Eingreifen zur Heilung angebracht ist.

Durch Beobachten von Veränderungen im Verhalten, in der Einstellung und in der körperlichen Befindlichkeit kann ein Führungsarbeiter beurteilen, wann ein Mitarbeiter Hilfe braucht, auch wenn der Mitarbeiter diese Notwendigkeit nicht immer erkennt. In unserer Studie waren Führungsarbeiter bestrebt, die Ursachen von Streß und persönlichen Problemen herauszufinden, sie wußten, daß eine proaktive Beurteilung und schnelles Handeln viel zur Vorbeugung einer ernsten Krise beitragen und Leiden vermindern können.

➤ Instrument Nr. 2: Der Leitfaden zur Heilung

Durch die Analyse der Heilungsbedürfnisse hat Mary hinreichend viele Veränderungen festgestellt, die eine Fortsetzung der Gespräche mit Thelma rechtfertigen. Dafür kann sie Instrument Nr. 2 einsetzen: Der Leitfaden zur Heilung bietet eine Struktur zur Feststellung sowohl von Problemen als auch von möglichen Lösungen in einem Heilungsprozeß, der dem Mitarbeiter in Not wieder auf die Beine helfen soll.

Viele Führungsarbeiter legen im Laufe des Gesprächs den Leitfaden zur Heilung vor. Da sich manche Menschen durch den seelischen Schmerz nicht klar auf ihre Probleme konzentrieren können, liefert der Heilungsleitfaden eine praktische Richtlinie, um das Gespräch möglichst objektiv zu halten. Er hilft auch den Führungskräften, ihrer Rolle als Ausgleichende gerecht zu werden. Die rechtlichen und moralischen Gegebenheiten der heutigen Arbeitswelt erfordern, daß Führungskräfte sich mit größter Sorgfalt um Probleme der Mitarbeiter kümmern, und der Heilungsleitfaden hilft, die entsprechenden Parameter für die Erörterung zu setzen und festzustellen, wann ein Problem Hilfe von außen erfordert.

Der Leitfaden zur Heilung führt durch eine Abfolge von Aktivitäten, die beiden Parteien helfen, ein Problem in machbaren Schritten zu behandeln. In Schritt 1 geht es um das Erkennen der Anzeichen für ein Leiden. Ein Gespräch über diese Anzeichen ist ein Akt der Beteiligung, der ausweichendes und störendes Verhalten vermeiden hilft. Bauen Sie eine Brücke, indem Sie dem Mitarbeiter helfen, ein Problem zu erkennen und einzugestehen, daß es seine Leistung beeinträchtigt.

Dies führt direkt zu Schritt 2, einem Gespräch über Streß bei der Arbeit und im Privatleben, und zu Schritt 3, einer Analyse von Veränderungen der Lebenssituation, sowohl im Berufsleben als auch in Beziehungen und Plänen im Privatleben. Von hier aus wird es einfach, zu Schritt 4 überzugehen und zu versuchen, das Problem zu benennen. Hier paßt die 80/20-Regel sehr gut: Versuchen Sie, 20 Prozent des Problems zu finden, das 80 Prozent der Schwierigkeiten verursacht. Schritt 5 führt zur entscheidenden Frage, wie dringlich und bedeutend das Problem ist. Nach den ersten fünf Schritten können Sie die *10-Jahre-Regel* anwenden: Fragen Sie den Mitarbeiter, ob das Problem in 10 Jahren noch von Bedeutung sein wird. Diese Frage hilft, die Dringlichkeit und Wichtigkeit der Situation zu bestimmen, und führt zu Schritt 6, dem Brainstorming für die Suche nach Lösungen.

Mit Brainstorming sucht man Ideen, ohne sie im voraus zu bewerten. Damit sieht man ein Problem ohne vorgefaßte Meinung an und bemüht sich, eine breite Palette möglicher Lösungen zu finden. In Schritt 7 hilft der Führungsarbeiter dem Mitarbeiter bei der Auswahl von Lösungen, die innerhalb seiner persönlichen Möglichkeiten liegen und die darauf abzielen, seine eigene Leistung zu verbessern. Das Ziel ist pragmatisch: Konzentriere dich auf das Positive, und verbessere dein Selbstvertrauen und die Selbstbeherrschung, indem du tust, was getan werden kann.

Sobald man sich für eine Lösung entschieden hat, sollten Sie handeln und dann das Ergebnis mit den Schritten 8 und 9 auswerten. Führungsarbeiter glauben, daß die beste Heilung aus dem Erfolg kommt, und sie folgen der alten Ermahnung: Wenn man vom Pferd fällt, sollte man am besten gleich wieder aufsteigen und es noch einmal versuchen. Mit dem Heilungsprozeß helfen Sie den Menschen wieder in den Sattel, damit sie so schnell wie möglich wieder auf den Weg zum Erfolg kommen.

Instrument Nr. 2: Der Leitfaden zur Heilung

1. Erkennen Sie die Anzeichen
   - ➤ Suchen Sie nach Verhaltensmustern, die die Leistung untergraben
   - ➤ Gehen Sie die Probleme in einem frühen Stadium an
   - ➤ Nehmen Sie eine Haltung des Mitgefühls und der Beteiligung an
2. Stellen Sie die Streßfaktoren fest
   - ➤ Stellen Sie die Streßfaktoren im Beruf fest
   - ➤ Stellen Sie die Streßfaktoren im Privatleben fest
3. Stellen Sie Veränderungen in der Lebenssituation fest
   - ➤ Stellen Sie Veränderungen der Rolle im Berufsleben und im Privatleben fest
   - ➤ Stellen Sie Veränderungen in den Beziehungen fest
   - ➤ Stellen Sie Veränderungen in der persönlichen Planung fest
4. Bestimmen Sie das Problem
   - ➤ Wenden Sie die 80/20-Regel an
5. Bewerten Sie die Dringlichkeit und Bedeutung
   - ➤ Werten Sie nach vier Kategorien aus
     - Das Problem ist dringlich und wichtig
     - Das Problem ist dringlich und nicht wichtig
     - Das Problem ist nicht dringlich, aber wichtig
     - Das Problem ist nicht dringlich und nicht wichtig
   - ➤ Wenden Sie die 10-Jahre-Regel an
6. Suchen Sie im Brainstorming nach Lösungen
   - ➤ Beginnen Sie mit einer bestimmten Zielvorgabe
   - ➤ Formulieren Sie die Lösung positiv
   - ➤ Fragen Sie, wie der Einfluß von außen reduziert werden kann
   - ➤ Fragen Sie, wie der Einfluß von innen reduziert werden kann

7. Wählen Sie eine Lösung aus
   - ➤ Tun Sie, was getan werden kann
   - ➤ Klären Sie, welche Rolle Sie dabei übernehmen
   - ➤ Akzeptieren Sie mögliche Veränderungen
   - ➤ Beurteilen Sie Ihren möglichen Beitrag zur Lösung des Problems
   - ➤ Wählen Sie Lösungen, die im Bereich Ihrer Möglichkeiten liegen
8. Handeln Sie
9. Werten Sie die Ergebnisse aus

➤ Ein Skript für den Leitfaden zur Heilung

Nun wollen wir sehen, wie dieses Skript funktioniert, indem wir Marys Gespräch mit Thelma wiederaufnehmen.

Mary: Thelma, nach dem, was ich beobachtet habe und was Sie gesagt haben, möchte ich genauer auf Ihre Lage eingehen und dabei einen Heilungsleitfaden anwenden. Ich denke, das wird uns helfen, die Dinge zu klären. Wollen wir damit beginnen, daß wir einige Anzeichen von Schwierigkeiten besprechen, oder sollen wir gleich einen Schritt weiter gehen und nach den Streßfaktoren suchen? *(Mary übernimmt die Führung, hilft aber Thelma, Verantwortung zu übernehmen, indem sie sie entscheiden läßt, wo sie beginnen möchte. Beachten Sie, daß Mary keine Ja/Nein-Frage stellt, sondern eine, die eine Auswahl verlangt. Diese Taktik fördert Verantwortung und Beteiligung.)*

Thelma: Ich weiß nicht. Was meinen Sie mit den Anzeichen?

Mary: Mir sind in den vergangenen Wochen kleine, aber signifikante Veränderungen in Ihrem Verhalten aufgefallen, die darauf hindeuten, daß Sie eine schwierige Phase durchmachen. Wie Sie sich erinnern werden, haben Sie erwähnt,

Sie arbeiteten so vor sich hin und fühlten sich abgespannt, nicht wahr? *(Thelma hat sich offensichtlich für Schritt 1 entschieden und muß die Realitäten ihrer eigenen Situation eingestehen. Mary hilft ihr dabei, indem sie die Analyse der Heilungsbedürfnisse noch einmal durchgeht.)*

Thelma: Ja, aber jeder fühlt sich mal ein bißchen „daneben".

Mary: Da haben Sie recht. Aber darf ich Sie fragen, ob Ihnen schon aufgefallen ist, daß Ihre Konzentration nachgelassen hat und daß Sie ungewöhnlich vergeßlich und reizbar geworden sind? Zum Beispiel Jim gegenüber. Dies sind kleine, aber deutliche Veränderungen, das ist nicht die Thelma, die ich kenne. Finden Sie nicht auch? *(Mary hilft Thelma, sich auf das Problem zu konzentrieren mit Fragen, die zur Beteiligung auffordern sollen, anstatt nur Feststellungen zu liefern, die als Vorwürfe aufgefaßt werden könnten.)*

Thelma: Ich wußte nicht, daß das so offensichtlich war.

Mary: Insgesamt deutet dies auf Probleme hin, die wir untersuchen sollten, ehe es schlimmer wird. Wissen Sie, was ich meine? *(Als Mary ihre Beobachtungen zur Untersuchung offenlegt, muß Thelma darauf reagieren und so den Heilungsprozeß in Gang setzen. Mit ihrer Frage „Wissen Sie, was ich meine" ermutigt Mary sie, die Verbindung wiederherzustellen und Verantwortung für ihr Handeln zu übernehmen.)*

Thelma: Mary, ich hatte keine Ahnung, daß meine Probleme sich auf meine Arbeit auswirken. Ich war immer sehr bemüht, Privatleben und Beruf zu trennen.

Mary: Thelma, jeder von uns kann einmal eine harte Zeit durchmachen. In dem Fall werden unsere persönlichen Probleme zu Problemen für alle in unserer Umgebung, weil sie unsere Fähigkeit zur Dienstleistung untereinander und für den Kunden beeinträchtigen. Ich bin hier, um Menschen in schwierigen Situationen zu helfen. Sind Sie bereit, den nächsten Schritt zu tun und über die Streßfaktoren zu sprechen, die Ihr Unbehagen verursachen? *(Als Thelma beginnt, der Realität ins Auge zu blicken, führt Mary sie weiter, indem sie den Kontext ihrer Unterhaltung erklärt und ihre eigene Rolle und Verantwortung beim Umgang mit der Situation klarstellt.)*

Thelma: Ja.

Mary: Gut. Kommen wir zu den Streßfaktoren, unserem nächsten Schritt. *(Mary erkennt jeden Fortschritt formell an, um Vertrauen aufzubauen und um jeden Schritt weg von Vermeidung und Schmerz hin zu Beteiligung und Handeln festzuhalten.)* Wenn es Ihnen recht ist, sprechen wir ganz sachlich darüber. Gibt es Veränderungen in Ihrem Leben, die Ihre Arbeit beeinflussen könnten? *(Mary bittet Thelma, jede Veränderung, ob positiv oder negativ, anzugeben, da sie weiß, daß ein kumulativer Einfluß von Veränderungen selbst schon eine Ursache von Streß darstellen kann. Beobachten Sie, wie sie ihre Fragen im Zusammenhang mit der Arbeit formuliert. Obwohl sie sich Sorgen um Thelmas Privatleben macht, achtet sie sorgfältig darauf, nicht direkt das Privatleben anzusprechen.)*

Thelma: Nun, ich wollte niemanden damit belasten, aber mein Mann Ken ist entlassen worden.

Mary: Das tut mir leid. Kam das plötzlich, oder war es vorauszusehen? *(Mary versucht in jedem Stadium, mehr Informationen zu bekommen, und drängt Thelma, nachzudenken und das Thema zu bewältigen.)*

Thelma: Es war genausowenig vorauszusehen wie der Herzinfarkt meiner Mutter. Wenigstens kann Ken jetzt ins Pflegeheim gehen, wenn schon ich keine Zeit habe. Mein Reiseplan läßt mir wenig Möglichkeiten, bei ihr zu sein.

Mary: Das sind alles größere Probleme, Thelma. Wann hat das angefangen? *(Beim weiteren Nachfragen entdeckt Mary, daß Thelma sich zusätzlich zu ihren persönlichen Streßfaktoren noch Sorgen wegen ihrer Reisetätigkeit im Beruf macht.)* Ist das alles nicht eine große Last für Ihre Rolle zu Hause und hier? *(Sobald Thelma einmal ihr Privatleben mit ihrer Arbeit in Verbindung gebracht hat, kann Mary auf der persönlichen Ebene weiterfragen.)*

Thelma: Mary, es steht alles auf dem Kopf. Jetzt bin ich die Hauptverdienerin, und Ken hält die Stellung zu Hause und bei meiner Mutter. Vorher war er immer auf Reisen, und ich war für unsere Kinder der feste Bezugspunkt im Leben. Sie gehen in die siebte und in die vierte Klasse, und ich habe nicht genügend Zeit für sie.

Mary: Ich verstehe. Das habe ich auch schon erlebt. Sollen wir einmal besprechen, auf welche Art diese Veränderungen Ihre Arbeit beeinträchtigen? Können Sie Ihr Verhalten und Ihre Leistungen der letzten Zeit damit in Verbindung bringen? *(Mary hat erreicht, daß Thelma Veränderungen in ihrer Rolle und in ihrer Beziehung einräumt, und drängt sie, den Zusammenhang zwischen diesen Veränderungen und ihrem veränderten Verhalten bei der Arbeit zu verstehen.)*

Thelma: Ja, Mary, ich sehe allmählich, was geschieht.

Mary: Sollen wir uns nun einmal dem Problem direkt zuwenden? Nun, da wir die Veränderungen verstehen, stellen wir uns die wichtigste Frage: Welches ist das Hauptproblem, um das wir uns kümmern müssen? *(Mit dem systematischen Durchgang durch die einzelnen Schritte hilft Mary Thelma, verschiedene Punkte festzustellen, die ihr Leben beeinflussen. Nun kann sie die Hauptaufgabe definieren und kann beginnen, ihr Leben wieder ins Lot zu bringen.)*

Thelma: Nun, ein Problem ist, für Ken wieder eine Stelle zu finden.

Mary: Ist das das Hauptproblem?

Thelma: Nein, dann hätten die Kinder weniger von ihm, auch meine Mutter würde ihn seltener sehen.

Mary: Ist das das Hauptproblem? Was ist das Wichtigste, damit Sie mit den Veränderungen in Ihrem Leben zurechtkommen? *(Mary führt Thelma weiter, indem sie alle Veränderungen aufzählt, bis Thelma ein Ziel wählt.)*

Thelma: Das Wichtigste ist jetzt meine Arbeit – meine Arbeit zu behalten ist wesentlich, um alles andere zusammenzuhalten.

Mary: Dann nehmen wir an, das sei das zentrale Problem. Wie dringlich und wichtig ist es? *(Mary geht wieder weiter, zu Schritt 6, und drängt Thelma, die Bedeutung des Problems zu bewerten und somit die Notwendigkeit, sich darauf zu konzentrieren.)*

Thelma: Mary, das ist sowohl dringlich wie auch wichtig. Oh, Gott, jetzt habe ich mich ans Messer geliefert, nicht wahr?

Mary: Nein, das haben Sie nicht, Thelma. Im Gegenteil, Sie haben die Verantwortung übernommen, sich einer schwierigen Situation zu stellen. Und dafür bewundere ich Sie. Gehen wir weiter, okay? Wie können Sie Ihre Möglichkeiten verbessern, Ihre Arbeit zu tun? Suchen wir im Brainstorming nach Antworten. *(Mary beantwortet Thelmas besorgte Frage direkt und unmißverständlich. Sie gibt ihr so positive Bestätigung für konstruktives Verhalten und drängt direkt zu Schritt 6, wo sie zusammen im Brainstorming nach möglichen Lösungen suchen und einen konkreten Handlungsplan entwerfen.)*

Thelma: Nun, ich muß mit Ken über eine Neuverteilung der Aufgaben verhandeln, aber er ist so gestreßt.

Mary: Bewerten Sie die Sache nicht von vornherein, Thelma, machen Sie einfach weiter. Was können Sie sonst tun? Behalten wir ein Ziel im Auge: Wie können Sie Ihren Job behalten und im Beruf erfolgreich sein? *(Mary leitet Thelma zur kreativen Erkundung von Möglichkeiten ohne Vorurteile an. Zusammen erstellen sie eine Liste, die unter anderem die folgenden Punkte enthält: Wiederherstellung einer Verbindung zu Jim, ihrem Zimmergenossen; mit den Kindern über die veränderten Rollen und Zeitpläne bei der Arbeit und zu Hause sprechen; einen Zeitplan für Besuche bei ihrer Mutter aufstellen.)* Nun haben wir schon eine ziemlich lange Liste möglicher Lösungen und können unter bestimmten Kriterien aussortieren. Schauen wir uns Schritt 7 an. Sehen Sie den ersten Punkt: Tun, was getan werden kann. Gibt es etwas auf der Liste, das nicht getan werden kann? *(Mary wendet jedes Kriterium auf die vorgeschlagenen Lösungen an und stellt fest, daß alle konstruktive Möglichkeiten darstellen: Sie sind machbar, sie verhelfen Thelma zu dem Gefühl, daß sie die Dinge wieder in den Griff bekommt.)* Welche dieser Lösungen ist Ihrer Meinung nach der Schlüssel zur Lösung der Probleme?

Thelma: Vielleicht, die Initiative zu ergreifen, anstatt bei allem, was in letzter Zeit in meinem Leben geschah, immer nur das Opfer zu sein.

Mary: Da kann ich Ihnen nur zustimmen. Und ich versichere Ihnen, daß ich da bin, um Ihnen zu helfen, die Dinge zu regeln. Ich habe noch einen Vorschlag: Nehmen Sie doch vor Ihrer Reise nächste Woche ein oder zwei Tage frei, damit Sie Ihre Pläne umsetzen können. Dann setzen wir uns nach Ihrer Reise zusammen und sehen uns an, wie es funktioniert. *(Mary bringt die Zusammenkunft zu einem Ende, indem sie Unterstützung bietet, die sofortiges Handeln, Auswertung und ein Folgetreffen ermöglicht.)*

Mary greift in diesem Szenario direkt und effektiv ein und folgt dabei einem systematischen Rezept zur Selbstheilung. In der Psychologie heißt das kognitive Therapie, eine Analyse von Interaktionen zwischen Gefühlen und Verhalten. Wenn die Muster von Ursache und Wirkung untersucht werden, kann jeder seinen Weg aus der Krise denken und eine Strategie entwerfen, wie er wieder Herr der Lage werden kann. Mit dem Leitfaden zur Heilung nutzen Führungsarbeiter die klassische Herangehensweise der kognitiven Therapie, vorausgesetzt, sie bleiben innerhalb der Parameter der Arbeitswelt.

Während des gesamten Ablaufs behalten die Führungsarbeiter immer ihre erste Pflicht im Auge: dem Kunden zu dienen. In diesem Zusammenhang werden sie aktiv, wenn sie Veränderungen im Verhalten von Personen, Gruppen oder im gesamten Unternehmen feststellen, die die Dienstleistung negativ beeinflussen können. Dies steht im Kontrast zur formelleren Rolle des Therapeuten, der sich so lange zurückhält, bis der Patient um Unterstützung bittet.

Führungsarbeiter wissen, daß sie keine Therapeuten sind, und sollten auch nicht deren Funktion übernehmen. Ihre Interaktionen müssen sich innerhalb der Grenzen der Arbeitsbeziehung halten. Mary hat Thelma geholfen, sich darauf zu konzentrieren, wie sie zusammenarbeiten können, um Thelmas gute Erfolgsbilanz zu erhalten und somit auch die Stelle, die für die Sicherheit von Thelmas Familie so wichtig war. Damit zeigte Mary nicht nur Mitgefühl, sondern auch uneingeschränkten Einsatz für den Kunden.

Wie alle Führungsarbeiter ist auch Mary beim Schwerpunkt ihrer Rolle geblieben und hat so Thelma geholfen, ihre eigene Rolle wieder zu festigen. Hätte sich Mary aus ihrer Rolle als Führungsarbeiterin zu der einer Freundin oder Therapeutin bewegt, hätte sie den ohnehin wackeligen Grund gefährdet, auf dem sich Thelma bewegte. Schließlich hat Mary mit dem Leitfaden zur Heilung in neun Schritten den Gesprächsverlauf geleitet und die Bedeutung von Thelmas Problem bestimmt. Hätte Thelma sich nicht effektiv durch die einzelnen Stationen bewegen können, hätte Mary gewußt, daß sie Hilfe von außen braucht. Wenn in zwei beratenden Sitzungen kein bedeutender Fortschritt erzielt werden kann, wird Hilfe von außen notwendig.

➤ Die Heilung eines ganzen Unternehmens – Chucks Geschichte

Charles Thomas hat eine erfolgreiche Laufbahn als Sozialarbeiter, Anwalt der Armen und Verwaltungsangestellter bei Staats- und Landesbehörden zu verzeichnen. Während der gesamten 35 Jahre hat er die Rolle des Heilenden und Ausgleichenden gemeistert, kam damit aber an seine Grenzen, als er eine unmögliche Aufgabe übernahm: Ordnung in das Durcheinander der Sozialeinrichtungen in Oslo County zu bringen. Er nahm die Aufgabe an, weil er wußte, daß unter der jahrzehntelangen schlechten Politik und dem mangelnden Engagement nicht nur die Kunden des Systems litten – die bedürftigen, ausgesetzten und mißhandelten Kinder – sondern auch die Dienstleistenden. Der Gouverneur und der Staatssekretär stellten Chuck ein mit dem Auftrag, „alle nötigen Veränderungen vorzunehmen", auch wenn das bedeuten sollte, „alles in die Luft zu jagen".

Chuck wußte jedoch, daß ein hartes Durchgreifen nicht die Lösung war. Sicher, er mußte einige faulige Äpfel wegwerfen, aber im Laufe der Jahre hatte er gelernt, daß wirkliche Heilung sich mit den Wunden der Überlebenden beschäftigen muß. Wie konnte jemand erwarten, daß das Personal der Sozialeinrichtungen Mitgefühl und Disziplin an den Tag legte, wenn der Leiter selbst in dieser Lage diese Verhaltensweisen nicht zeigte?

Nachdem er sich drei Wochen lang mit Abteilungsleitern, Antragstellern, Bürgervertretern und Beamten von Stadt und Landkreis getroffen hatte, geschah etwas, das unerwartet das richtige Rezept für das angeschlagene System offenbarte. Es geschah nach mehreren Tagen langer und ermüdender Zusammenkünfte mit dem Personal, bei denen darüber gesprochen wurde, daß größere Sensibilität für die Bedürfnisse der Klienten notwendig sei.

Gloria Frazier, die Leiterin des Jugendamts, stürzte in Chucks Büro mit der Nachricht, der neue Sicherheitsbedienstete habe eine junge Mutter belästigt, deren prügelnder Ehemann behauptete, sie sei ungeeignet, das Sorgerecht für ihr Kind zu behalten. Als sie zur Anhörung wegen des Sorgerechts ankam, sei sie ganz außer sich gewesen, weil sie von ihrem Sohn getrennt werden sollte und weil sie sich einer Leibesvisitation nach Waffen hatte unterziehen müssen. Dadurch hatte sie ihre Position nicht gut vertreten können, was schließlich dazu führen könnte, daß sie das Sorgerecht für ihren Jungen verlor. Gloria sagte: „Diese verdammten Sicherheitsleute müssen in ihre Schranken gewiesen werden", und Chuck beschloß, das sei seine Aufgabe. „Wir werden eine unmißverständliche Botschaft aussenden", schloß er. Dann rief er den Wachmann Norm Peyton und dessen Vorgesetzten in sein Büro.

Chuck: Norm, ich hörte, Sie hatten heute morgen Dienst, als Frau Holden mit ihrem Sohn zur Anhörung wegen des Sorgerechts kam. Stimmt das?

Norm: Ich weiß nicht. Ich bin neu hier. Da waren so viele Leute. Ich, äh, ich …

Chuck: Nun, ich habe gehört, daß die Mutter sich einer Leibesvisitation unterziehen mußte und sich dadurch belästigt fühlte. Wußten Sie, daß sie auf dem Weg zur einer Anhörung wegen des Sorgerechts war und daß sie dort so aufgeregt ankam, daß sie einen furchtbar schlechten Eindruck bei ihrem Sozialarbeiter machte und daß sie deshalb das Sorgerecht für ihren kleinen Jungen verlieren könnte?

Norm: Nein. Mein Gott. Ich wollte ihr nicht schaden. Wissen Sie, man hat mir gesagt, ich solle die neuen Sicherheitsbestimmungen korrekt anwenden. Es tut mir wirklich leid. Was kann ich tun?

Chuck: Nun, im Augenblick nichts. Wir kümmern uns darum. Jetzt sollen sich die Wogen erstmal glätten, und wir werden morgen darüber sprechen.

Als Chuck jedoch am nächsten Morgen vorbeikam, um mit Norm zu sprechen, war der Wachmann nicht zur Arbeit erschienen. Er kam den ganzen Tag und den nächsten Tag nicht. Chuck erklärt, was geschehen war: „Als Norm nach unserem Treffen wegging, wußte ich, daß ich ihn verletzt hatte. Ich hatte voreilige Schlüsse gezogen und nicht die Bedürfnisse, Streßfaktoren und Veränderungen analysiert – alles Dinge, über die ich mit dem Personal zuvor gesprochen hatte. Ich hoffte, Norm würde am nächsten Tag auftauchen, damit ich die Sache wieder einrenken könnte. Aber er kam nicht.“

Chuck war in einer peinlichen Lage, die auch eine gewisse Ironie enthielt. Er war beauftragt, das Personal zu führen und ausgleichend zu wirken und hatte statt dessen jemanden verletzt. Anstatt die Ruhe wiederherzustellen, war er nun selbst im allgemeinen Chaos gefangen, wie das Personal die Situation beschrieb. Und als einer, der Ordnung und frischen Wind ins Haus bringen sollte, hatte er offensichtlich einen Neuen vor den Kopf gestoßen, der an seinem ersten Tag ahnungslos einen Patzer gemacht hatte.

Chuck stand vor einer außerordentlichen Heilungsaufgabe, aber anders, als er es erwartet hatte. Er hatte nach einem ausschlaggebenden Ereignis gesucht, um den Dingen eine Wende zu geben, hatte aber nicht damit gerechnet, daß es ein Ergebnis seiner eigenen schlechten Leistungen sein würde. Trotzdem handelte er, nachdem es nun einmal geschehen war. Als Norm auch am Morgen des zweiten Tages nicht erschienen war, tat Chuck das, was eine außerordentliche Führungskraft tun sollte: In einem Akt strategischer Bescheidenheit übernahm er die Verantwortung für die Heilung. „Ich hatte Norm unrecht getan, und vor allem hatte ich genau das Verhalten an den Tag gelegt, das ich hatte abschaffen wollen. Mir blieb nichts anderes übrig, als mich dem zu stellen. Also rief ich Norm an und entschuldigte mich. Ich fragte ihn, ob er sich bei einer Tasse Kaffee mit mir zusammensetzen wollte. Ich erinnere mich an das Gespräch, als wäre es gestern gewesen."

Chuck: Norm, vielen Dank für Ihr Kommen. Ich hätte Ihnen keinen Vorwurf machen können, wenn Sie nicht gekommen wären. Aber offensichtlich sind Sie ebenso um das Wohl unserer Klienten besorgt wie ich, und ich respektiere Ihren Einsatz. Ich möchte mich für mein Verhalten entschuldigen und dafür, daß ich es versäumt habe, Sie um Hilfe zu bitten, und statt dessen voreilige Schlüsse gezogen habe. Ich kann nur sagen, daß mein Verhalten den Einfluß der Streßfaktoren zeigt, denen hier alle ausgesetzt sind. Ich hoffe, Sie nehmen meine Entschuldigung an. *(Bei dieser Entschuldigung demonstriert Chuck an sich selbst die Notwendigkeit für eine Analyse und für den Heilungsprozeß. Er reicht Norm die Hand und gibt ihm Einflußmöglichkeiten durch das Angebot, die Entschuldigung anzunehmen. Dies ist ein entscheidender Schritt, um Norm die Selbstachtung und Herrschaft über die Lage wiederzugeben, die er durch den Zwischenfall verloren hatte.)*

Norm: Natürlich nehme ich die Entschuldigung an, Chuck. Ich weiß, daß alle gestreßt und angespannt waren. Da kann man leicht mal ausrasten.

Chuck: Ja, das stimmt. Ich verstehe das jetzt viel besser. Glauben Sie, daß die anderen die Anzeichen von Streß erkennen und wissen, woher die Probleme kommen? *(Chuck führt Norm allmählich auf den Pfad der Heilung und bietet ihm Stufe 1 an: die Anzeichen von Streß erkennen, oder Stufe 2: Bestimmen der Streßfaktoren.)*

Norm: Oh, das weiß ich nicht. Sie sind so reizbar, ich glaube nicht, daß sie die Ursachen ihrer Probleme kennen. Ich bin neu, und mir scheint das offensichtlich.

Chuck: Das ist eine sehr interessante Erkenntnis. Ein Grund, warum ich diese Aufgabe übernommen habe, war, daß ich glaubte, ich könnte die Dinge in einem anderen Licht sehen, aber das habe ich nicht geschafft. Norm, wir versuchen, vielen Menschen zu helfen, die Hilfe brauchen, und wollen obendrein der Öffentlichkeit Ausgaben ersparen. Wir werden eine Reihe von Zusammenkünften mit der Belegschaft organisieren, um Vertrauen wieder aufzubauen und die Klienten wieder in den Mittelpunkt zu rücken. Das bedeutet, daß wir uns sorgfältig durch ein Zehn-Stufen-Programm arbeiten, bei dem jeder die Karten auf den Tisch legt, damit wir die Anzeichen von zerstörerischem Streß erkennen, die Ursachen für den Streß und die Probleme identifizieren – wie meine unpassenden Bemerkungen –, die Probleme und Lösungen benennen und, was am wichtigsten ist, die Lösungen umsetzen können. Wir brauchen Teamleiter, die uns dabei helfen, und ich glaube, Sie sind jemand, der helfen kann. Könnten Sie sich vorstellen, uns beim Ausgleich unserer Schwierigkeiten zu helfen, damit wir wieder nach vorn blicken können?

Norm: Nun, darüber muß ich erst nachdenken, aber mir scheint das wirklich nötig.

Chuck: Ja, das ist es. Das kann ich persönlich bestätigen. Hören Sie zu, lassen Sie mich morgen wissen, wann Sie wieder zur Arbeit kommen wollen. Oder glauben Sie, Sie könnten heute wieder anfangen? Sie sollen wissen, daß ich dem

> Team öffentlich mitgeteilt habe, daß ich mich persönlich bei Ihnen für mein Verhalten entschuldigen werde. Ich brauche Sie, und alle haben mir aufgetragen, Ihnen zu sagen, auch sie wollen, daß Sie wiederkommen. *(Chuck läßt Norm Wahlmöglichkeiten, er braucht nicht mit Nein oder Ja zu antworten. Damit erhöht er die Wahrscheinlichkeit, daß Norm die Verbindung wiederaufnimmt.)*

Norm kam schließlich am Nachmittag wieder und hat in der Folge als Teamleiter dazu beigetragen, daß die Behörde nach der Analyse der Heilungsbedürfnisse den zehnstufigen Heilungsprozeß durchlaufen hat und daß mit dem Leitfaden zur Heilung ein geordneter Erneuerungsprozeß stattgefunden hat.

Wie Sie die Rolle des Ausgleichenden ausfüllen

Chucks Geschichte zeigt eine einfache, aber sehr wirksame Dimension des Heilens: den Mut, eigene menschliche Schwächen einzugestehen und das Potential zu Erneuerung und Heilung in jedem von uns zu erkennen.

Zu Beginn dieses Kapitels haben wir über Lincoln als Ausgleichenden und Heilenden gesprochen. Seine Menschlichkeit und Bescheidenheit beruhten auf seinem visionären Genius und strenger Disziplin. Heilen ist nichts für Furchtsame. Dazu braucht man Entschlossenheit, Hartnäckigkeit und die Fähigkeit, sich trotz schwerer emotionaler oder physischer Verletzungen auf das Wesentliche zu konzentrieren. Mary und Chuck besitzen solche Fähigkeiten und zeigen uns anschaulich, wie der Heilungsprozeß in unserem Berufsalltag stattfinden kann, sei es bei einzelnen oder in Gruppen. Solche Entschlußkraft braucht man auch für die Rolle des Beschützenden, das Thema unseres nächsten Kapitels.

Kapitel 8

Der Beschützende

Während der großen Depression in den 30er Jahren klagte der Innenminister unter Präsident Roosevelt einmal: „Ich wünschte, Frau Roosevelt bliebe bei ihrem Strickstrumpf und hielte sich aus den Angelegenheiten meines Ressorts heraus." Wie viele seiner Zeitgenossen fand er Eleanor Roosevelts Vorgehen zu radikal, als daß es in weiten Teilen der Bevölkerung Zustimmung finden könnte. Aber sie und Präsident Roosevelt wußten, daß radikale Maßnahmen notwendig waren, um das Wohlergehen der Nation zu schützen.

Ehe Roosevelt im Jahre 1933 sein Amt antrat, waren die First Ladies stets sorgfältig von Presse und Öffentlichkeit abgeschirmt worden. Eleanor Roosevelt begann bereits sechs Tage nach der Amtseinführung ihres Mannes, die Position der First Lady zu revolutionieren, indem sie ihre erste Pressekonferenz einberief und ihre Rolle als Botschafterin für ihren Mann erläuterte. Diese Rolle hatte sie bereits zuvor innegehabt. Während sich Roosevelt von einer Polioerkrankung erholte, hatte sich Eleanor selbst in den Wahlkampf eingeschaltet, hatte die Bedürfnisse der Menschen kennengelernt und um Unterstützung für ihren Mann geworben. Gemeinsam bildeten sie das ungewöhnlichste Ehepartner-Team in der Geschichte der amerikanischen Führung. Mit fortschreitender Depression richtete die Nation ihre Gedanken immer mehr auf einen Krieg, und Eleanor widmete immer mehr Zeit ihrem Anliegen, zentrale Persönlichkeitsrechte zu schützen. An den Bruchstellen der amerikanischen Kultur suchte sie nach den Anzeichen von Konflikten, Aufruhr und Leiden. Sie setzte sich unermüdlich dort ein, wo sie als Anwältin, Problemlöserin und Kämpferin gebraucht wurde.

Eleanor sorgte sich um die Folgen der Depression für die Kinder der Nation und unterstützte die Schaffung der National Youth Administration (NYA), für die Roosevelt im Jahre 1935 das entsprechende Gesetz unterzeichnete. Zwar waren viele Amerikaner gegen dieses Gesetz, denn die NYA-Programme standen Schwarzen und Weißen gleichermaßen offen, aber solche Verfechter der entzweienden Rassentrennung bekämpfte Eleanor, denn für eine Gesellschaft, die schon durch die Armut geteilt war, stellten solche Ansichten eine gefährliche Bedrohung dar. Im Jahre 1939 erinnerte sie auf der Southern Conference for Human Welfare in Alabama alle Teilnehmer daran, daß ein zweigeteiltes Haus schließlich einstürzen müsse. Als sie Platz nahm, um den anderen Rednern zuzuhören, mißachtete sie ein Gesetz zur Rassentrennung und setzte sich zu den schwarzen Teilnehmern. Von der Konferenzleitung darauf angesprochen, rückte sie ihren Stuhl in die Mitte des Gangs zwischen den schwarzen und den weißen Zuhörern.

Eleanor wußte, als sich die Vereinigten Staaten kopfüber in den Zweiten Weltkrieg stürzten, daß demokratische Freiheit zur tonangebenden Staatsmoral werden würde. Sie und Roosevelt waren sich einig, daß sie gemeinsam jeglicher Bedrohung dieser zentralen Staatsmoral entgegentreten müßten. Andernfalls drohte der Nation ein Siechtum in moralischer und politischer Unsicherheit. Deshalb schritt Eleanor ein, als die Daughters of the American Revolution (DAR) die berühmte afroamerikanische Altistin Marian Anderson nicht in ihrer Constitution Hall auftreten lassen wollten, der einzigen Halle, die groß genug für diese Veranstaltung war. Die First Lady war immer stolzes Mitglied der DAR gewesen, doch aus Protest trat sie sofort aus. Ihre Aktionen brachten der Sache weltweite Beachtung, und die Menschen im ganzen Land priesen ihren Einsatz für die Prinzipien, für die das Land vor weniger als achtzig Jahren gekämpft hatte. Das Innenministerium der Roosevelt-Regierung sponserte daraufhin ein Gratis-Open-Air-Konzert auf den Stufen des Lincoln Memorial. Über 75 000 Menschen kamen zusammen, um Marian Anderson singen zu hören.

Weil Eleanor Roosevelt sich in einmaliger Weise um den Schutz von Idealen der Zusammengehörigkeit aller Menschen verdient gemacht hatte, ernannte Präsident Truman sie zur Leiterin der amerikanischen Delegation, die an der ersten Versammlung der Vereinten Nationen im Jahre 1948 teilnahm. Sie leitete die Abteilung für Menschenrechte bei den Vereinten Nationen und war eine Vorkämpferin für die Entwicklung der Menschenrechtserklärung. Bei ihrer Verabschiedung erhielt Eleanor Roosevelt standing ovations von der gesamten Versammlung, eine Ehre, die einmalig bleibt in den Annalen der Vereinten Nationen. Eleanor Roosevelts Fähigkeiten als Beschützende überwanden die Grenzen von Staat, Rasse und Religion, um den Bedrohungen des Wohlergehens der Menschen auf der ganzen Welt entgegenzutreten. Sie erkannte die praktische wie auch ideologische Notwendigkeit, angesichts von Widrigkeiten eine entschlossene Haltung zu zeigen und persönliche Verantwortung für den Schutz zu übernehmen.

Die Rolle des Beschützenden

Der Beschützende reagiert auf Krisen, die Menschen und Organisationen zu spalten drohen. Wie Eleanor Roosevelt erwiesen sich die Führungsarbeiter in unserer Studie als Experten im Krisenmanagement. Sie sind der Ansicht, daß zwar jederzeit Schreckliches passieren kann, sie jedoch in der Lage sind, auch die schwierigsten Umstände zu meistern, sogar daraus neue Möglichkeiten zu schöpfen. Als professionelle Optimisten stellen sie sich den Herausforderungen direkt und überwinden sie mit Geduld und Beharrlichkeit. Innere Stärke und Unverwüstlichkeit sind ihr bester Schutz für sie selbst, ihre Kunden und die, die den Kunden dienen. Führungsarbeiter rechnen im Alltag immer mit Schwierigkeiten und sind so darauf *eingestellt,* eine mögliche Krise als eine Chance für ein Wachstum zu betrachten.

Durch ihr Eingestelltsein auf eine Krise haben sie eine Reihe von Fähigkeiten entwickelt, mit denen die Grundbedingung jeder Krise bewältigt werden kann: der Konflikt. Ganz gleich, um welche Art Risiko es sich handelt – ein technisches, wirtschaftliches, soziales, organisatorisches oder naturgegebenes –, die Bedrohung durch den Konflikt geht damit einher. Ein solcher Konflikt kann die Form unproduktiver Gebietsstreitigkeiten annehmen, kann zu Schuldzuweisungen führen oder zu angsterfüllten Rückzügen, die die Energien der Menschen von den substantiellen Fragen, die den Gefahren zugrunde liegen, ablenken.

Führungsarbeiter haben eine konkrete Vorstellung davon, wie persönliche Gesichtspunkte von sachlichen zu trennen sind, und verschaffen sich in einer emotional aufgeheizten Atmosphäre Klarheit über ein Risiko, damit sie erkennen, wie es überwunden werden kann und wie man weiterkommen kann.

So wie Eleanor Roosevelt während der Depression an den Fronten der amerikanischen Gesellschaft nach Bedrohungen suchte, haben auch Führungsarbeiter gelernt, Zeichen drohender Krisen und Konflikte zu erkennen. Wenn diese Anzeichen auftauchen, sind sie bereit und reagieren schnell. Ob sich nun Führungsarbeiter explizit auf eine besondere Gefahr eingestellt haben oder nicht, ihre Vorbereitung liefert ihnen eine Handlungsanweisung für jede Situation. George Armitage, ein General der US Air Force im Ruhestand und leitender Direktor einer internationalen Beratungsfirma für Finanzkrisen, erläutert die Bedeutung einer solchen Vorbereitung: „Der Schlüssel zum Risikomanagement ist die Einsicht in den immer gleichen Vorgang, wie sich ein Risiko zu einer Bedrohung wandelt. Es schlägt immer ein wie eine Bombe, verbreitet Verwirrung und Angst. In ihrem Kern beinhaltet jede Bedrohung jedoch eine simple Realität. Wenn man die Fähigkeiten besitzt, durch das Chaos zum Kernproblem vorzudringen, ist man darauf vorbereitet, eine Bedrohung von der Ebene der Krise in kurzer Zeit auf den Problemlösungslevel zu bringen. Die Bedrohung selbst sieht nie genau so aus, wie man es sich vorgestellt hat, aber der Vorgang, der gemanagt werden muß, ist immer der gleiche.“

Da Führungsarbeiter so eifrig bestrebt sind, ihre zentralen Wertvorstellungen und die der Menschen, denen sie dienen, zu schützen, haben sie zu 20 bis 40 Prozent weniger mit Konflikten und Krisen zu tun als durchschnittliche Führungskräfte, wenn man das an solchen Faktoren wie Beschwerdeverfahren bei Tarifverhandlungen und Arbeitskampfmaßnahmen, Problemen beim Kundendienst und Qualität der Leistung, finanziellen Verlusten oder Budgetüberziehungen, ungeplanter Fluktuation bei den Angestellten und rechtlichen Problemen, wie Schadensersatzklagen mißt. Wenn Konflikte und Krisen zu einem Ausbruch kommen, werden die Führungsarbeiter aller Sparten von den anderen in der Firma einhellig als die Personen gelobt, die am wirksamsten mit solchen Situationen umgehen können. Sie brauchen zum Umgang mit Krisen weniger als die Hälfte der Zeit, die durchschnittliche Führungskräfte dazu brauchen, und lösen den Konflikt oder setzen einen effektiven Aktionsplan zur Verbesserung der Situation ein.

Um zu verdeutlichen, wie unsere Führungsarbeiter Krisenmanagement betreiben, haben wir die Fähigkeiten des Beschützenden in zwei Instrumenten zusammengefaßt, dem *Leitfaden zur Risikoeinschätzung* und dem *Leitfaden zum Konfliktmanagement*. Zusammengenommen bilden diese Instrumente ein System zum Schutz eines Unternehmens und seiner Interessengruppen gegen jede Art von Bedrohungen für ihren Auftrag und ihre Existenz. Die folgende Liste bietet eine Übersicht über diese Instrumente.

Die Rolle des Beschützenden

Ziel: Diagnose von Bedrohungen für das betriebliche Wohlbefinden und Reaktionen darauf

Methode: Risikoeinschätzung und Konfliktmanagement

- ➤ Sehen Sie das Risiko voraus
- ➤ Bewerten Sie das Risiko mit Instrument Nr. 1: dem Leitfaden zur Risikoeinschätzung
  - Stellen Sie die Art des Risikos fest
  - Wen oder was betrifft das Risiko?
  - Stellen Sie die Bedeutung des Risikos fest
  - Stellen Sie die wahrscheinliche Dauer des Risikos fest
- ➤ Planen Sie, die Verantwortung zu übernehmen
- ➤ Lernen Sie aus dem Risiko
- ➤ Lösen Sie den Konflikt mit Werkzeug Nr. 2: dem Leitfaden zum Konfliktmanagement
  - Folgen Sie den Handlungsprinzipien
  - Gehen Sie nach dem zehnstufigen Aktionsplan vor

Führungsarbeiter halten wenig von der herkömmlichen Definition einer *Krise* als außerplanmäßiges Vorkommnis in einer ansonsten geordneten Welt. Statt dessen betrachten sie Krisen als normale Ereignisse in einer ungeordneten Welt. Sie wissen, daß Krisen kommen werden, aber sie sind darauf eingestellt, Risiken schnell einzuschätzen und geschickt mit Konflikten umzugehen. Sie erkennen, daß das, was das Wohlergehen ihrer Firma bedroht, oft auch der Schlüssel zu höherer Leistung sein kann.

➤ Instrument Nr. 1: Der Leitfaden zur Risikoeinschätzung

Führungsarbeiter setzen die Leitfaden zur Risikoeinschätzung und zum Konfliktmanagement in der Realität zwar gemeinsam ein, doch wir werden jedes Instrument einzeln untersuchen, ehe wir sie später in diesem Kapitel in einer Fallstudie zusammen verwenden. Der Leitfaden zur Risikoeinschätzung umfaßt drei verschiedene Stadien.

Der Leitfaden zur Risikoeinschätzung

Stadium I: Sehen Sie das Risiko voraus

- ➤ Stellen Sie fest, um welche Art Risiko es sich handelt
  - strategisch
  - den Umsatz betreffend
  - organisatorisch
  - technisch
  - moralisch
  - rechtlich
  - politisch
  - kulturell
  - persönlich
  - wirtschaftlich
- ➤ Woher kommt das Risiko?
  - Einzelne
  - Gruppe
  - Firma
  - Naturgewalten
- ➤ Wie hoch ist das Risiko: hoch ⇔ niedrig?
- ➤ Wie lange wird es voraussichtlich andauern: kurzfristig ⇔ langfristig?

Stadium II: Planen Sie, die Verantwortung zu übernehmen

- ➤ Formulieren Sie ein Ziel
- ➤ Beraten Sie sich mit denen, die Sie führen
- ➤ Handeln Sie mutig
- ➤ Seien Sie Herr der Lage
- ➤ Führen Sie, indem Sie mit gutem Beispiel vorangehen

Stadium III: Lernen Sie aus dem Risiko:

- ➤ Welches waren die Folgen?
- ➤ Haben wir gut reagiert?
- ➤ Welches Risiko besteht im Augenblick? (Wiederholen Sie Stadium I)

Der Leitfaden zur Risikoeinschätzung folgt einem Ablauf in drei Stadien: Einschätzung und Analyse sind Grundlage für die Planung und das Handeln. Da Menschen nicht handeln können, wenn sie etwas nicht verstehen, legen Führungsarbeiter großen Wert auf eine Auswertung während der gesamten Dauer des Krisenmanagements.

Im Stadium I sehen Führungsarbeiter Risiken voraus. Als Routiniers in bezug auf Überraschungen, die das Leben bereithält, wissen sie, daß eine Krise immer auftreten kann. Sie überprüfen Ereignisse systematisch im Hinblick auf den Risikotyp und die Risikoursache und taxieren die Lage. Sie schätzen auch die Höhe des Risikos und die erwartete Dauer ein, damit sie die Gesamtauswirkung jedes Ereignisses bewerten können, falls es sich zu einer tatsächlichen Bedrohung oder einer offenen Krise steigern sollte. Paradoxerweise glauben Führungsarbeiter gleichzeitig an das alte Murphysche Gesetz und an ein neues Murphysches Gesetz: „Was gutgehen sollte, kann gutgehen." Jack Burke, Eigentümer einer schnell wachsenden Firma für Computerschulungen, löst den scheinbaren Widerspruch auf: „Wenn man den Ursachen der Befürchtungen ins Auge blickt, wird man frei. Wenn man erkennt, daß das Leben voller Risiken steckt, kommt man vom Zweifel zur Gewißheit, und statt sich zu fragen, *ob* man voranstürmen sollte im

Leben, weiß man, *daß* man es sollte und kann – es gibt nur einen gangbaren Weg, und das ist, die Sache in die Hand zu nehmen."

Jack führt aus, daß die Risikoeinschätzung unweigerlich dazu führt, daß man die Führung übernimmt. Hier bleiben Führungsarbeiter sehr diszipliniert und planen ihre Handlungen selbst in dringenden Fällen sorgfältig. Durchschnittliche Führungskräfte dagegen tendieren an diesem Punkt dazu, sich kopfüber in Aktivismus zu stürzen, aber Dr. James Pepicello, Chirurg und Direktor der Hamot Health Foundation in Erie, Pennsylvania, sagt uns, warum sie es nicht tun sollten: „Die größten Führungspersönlichkeiten sind Diagnostiker und Planer, die vor und während ihrer Handlungen alles durchdenken. Wenn ich an einen chirurgischen Fall gehe, bleibe ich fortwährend bei der Diagnose und Planung und suche, was für den Patienten das Beste ist. Wenn ein schwerkranker Patient in der Notaufnahme ankommt, plant der Arzt – auch während er die Diagnose stellt und während er handelt. Man stürzt sich nicht kopfüber in Aktionismus. Auf diese Weise ist man nicht mehr Herr der Lage."

Fortlaufende Kontrolle (Stadium III) macht es möglich, aus dem Risiko zu lernen. Führen Sie hier eine formelle Überprüfung durch. Mit Dr. Pepicellos Worten: „In der Medizin sind wir gezwungen, das Risiko von allen Seiten und auch während eines Eingriffs einzuschätzen. Man nennt das das *klinische Modell,* und es läuft automatisch ab. Ein wunderbares Modell für das Risikomanagement der Führung in jeder Umgebung. Als Direktor setze ich es routinemäßig ein."

Sehen wir uns nun an, wie jeder Dr. Pepicellos klinisches Modell von Einschätzung, Eingreifen und Auswertung angesichts einer Bedrohung für das Unternehmen einsetzen kann.

➤ Ein Skript zur Risikoeinschätzung

Tony Erardi ist Unternehmensleiter bei Kellman Foods, einem regionalen Nahrungsmittelgroßhändler in New England, der sich auf Meeresfrüchte spezialisiert hat. Besorgt las er Zeitungsberichte über rückläufige Fangerträge an der Georges Bank, woher seine Firma den größten

Teil ihres fangfrischen Kabeljau, Heilbutt und anderer Fische bezieht. Gleichzeitig mit dieser Information erreichen ihn ähnliche Berichte über den Hummerfang an der Küste von Maine, nördlich von Boston. Tony hat ein Treffen seiner obersten Führungsriege zur Risikoeinschätzung einberufen: Jack Winston, Bereichsleiter Großlager, Rob Gruber, Vertriebsleiter, Gwen Kin, Geschäftsstellenleiterin. Sie richten ihr Gespräch am Leitfaden zur Risikoeinschätzung aus.

Tony: Vielen Dank für Ihr Kommen. Sie haben sicher alle Gelegenheit gehabt, die Berichte über die Fisch- und Hummererträge zu lesen. Ich rechne damit, daß unsere Lieferanten innerhalb einer Woche bestätigen werden, daß wir mit Lieferungen geringeren Umfangs rechnen müssen. Ich möchte, daß wir die möglichen Auswirkungen dieser Sachlage anhand des Leitfadens zur Risikoeinschätzung durchdenken. Gehen wir zum ersten Schritt und überlegen, welche Art von Risiko diese Lage darstellt. *(Tony lenkt die Aufmerksamkeit auf die spezifische Bedrohung.)*

Rob: Verärgerte Kunden, sinkende Verkaufszahlen, das ist das erste Risiko. Und das ist ein strategisches. Wir haben dieses Unternehmen als Spezialitätenhaus aufgebaut. Wenn wir keinen Fisch mehr bekommen, werden wir aus dem Markt gedrängt.

Gwen: Verlangen Sie einfach mehr dafür. Wenn wir das nicht können, werden wir riesige Verluste machen. Und Tony, wenn die Fischverkäufe um 10 Prozent sinken, müssen wir sieben bis acht Prozent weniger indirekte Kosten berechnen. Nehmen wir an, wir verkaufen 10 Prozent weniger Fisch, dann haben wir nur noch 20 bis 25 Prozent unserer jetzigen Größe.

Tony: Oh, das sind schlechte Nachrichten. Ich bin froh, daß Sie nichts verschweigen, aber gehen wir doch Schritt für Schritt vor. Rob und Gwen, Sie beide haben auf Anhieb strategische Risiken für den Verkauf und das Marketing und wirtschaftliche Risiken ausgemacht. Geben Sie mir eine Vorstellung, wie hoch das Risiko ist, damit ich das festhalten kann. In Ihren Stimmen schwingt Besorgnis mit. *(Tony setzt den Leitfaden ein, um zu verhindern, daß Rob und Gwen zu schnell zu weit voranschreiten.)*

Rob: Vom Verkauf und von der Strategie her gesehen würde ich das Risiko hoch einschätzen, und wenn Sie auch nicht danach gefragt haben, würde ich sagen, daß es sich um eine langfristige Gefahr handeln könnte.

Gwen: Hoch, sehr hoch, und es wird Gott weiß wie lange dauern. Am Ende wird es darauf hinauslaufen, daß Jack einige Entlassungen einplanen muß, und wir sollten auf größere Anschaffungen verzichten.

Tony: Gute Idee, Gwen, aber wir gehen hier zu schnell vor. Wir werden bald einen Aktionsplan haben. Jack, was sagen Sie?

Jack: Wir stehen vor einer Reihe von Risiken. Unser Lagerbereich wird rationalisiert werden müssen. Rechtlich sehe ich Schwierigkeiten auf uns zukommen. Die Gewerkschaft wird an die Decke gehen. Und persönlich muß ich sagen, im Augenblick würde ich nicht ohne kugelsichere Weste in das Lager gehen wollen.

Tony: Ich verstehe, ich habe jahrelang da gearbeitet. Nun, ich bin froh, daß Sie mit Ihren Gefühlen nicht hinter dem Berg halten. Aber wissen Sie, eine Sache haben wir noch nicht festgestellt. Woher kommt das Risiko?

Gwen: Es ist offensichtlich eine Naturgewalt. Ich meine, kein einzelner, keine Gruppe oder Firma fängt absichtlich keinen Fisch für uns.

Tony: Richtig. Und ich denke, das bietet uns einen möglichen Ausgangspunkt, in dieser Situation zu handeln. Es ist eine Bedrohung ohne Schuldige. Das verschafft uns eine objektive Plattform für eine weitreichende und offene Diskussion darüber, was zu tun ist. Wir alle – Kunden, Management, Eigentümer, Angestellte, die Gewerkschaft – sitzen im gleichen Boot. Darauf müssen wir unser Augenmerk richten. *(Tony geht zum zweiten Stadium der Bewertung über.)*

Ich will Ihnen erklären, was ich meine. Zuerst muß ich die Art des Risikos klären, ob es so hoch ist, wie wir befürchten. Die Erträge sind niedrig, aber nicht so niedrig, daß wir keinen Fisch bekommen. Sie sind vielleicht 10 bis 20 Prozent geringer. Wir brauchen einen Plan, der speziell auf jedes der von Ihnen genannten Risiken eingeht. Unser Ziel wird es sein, die Probleme anzugehen, die sich aus einem 10- bis 20prozentigen Rückgang beim Fisch ergeben. Ich möchte, daß jeder von Ihnen sich mit seinen Mitarbeitern berät, was zu tun ist. Dann erwarte ich Ihre besten und kreativsten Ideen. Kommen Sie morgen um 15 Uhr mit jeweils fünf bis zehn Ideen pro Person zurück. Dann werden wir bis morgen abend einen Plan ausarbeiten. Könnten Sie es einrichten, daß Sie auch zum Abendessen bleiben? Wenn diese Bedrohung uns trifft, werden wir bereit sein und handeln. Und ich möchte, daß unsere Leute wissen, daß wir das in den Griff bekommen und uns dafür einsetzen. *(Tony erklärt den Verlauf, er klärt auf und führt durch sein eigenes Vorbild, indem er ein Rollenmodell dafür bietet, was getan werden muß und wie man durch die Bewertung Herr der Lage wird.)*

Jack: Tony, meinen Sie wirklich, ich soll mich mit meinen Leuten beraten? Wissen Sie, das bedeutet, ich muß auch mit Betriebsräten sprechen.

Tony: Ich sag Ihnen was, Jack. Ich werde mit dem Betriebsratsvorsitzenden vor Ort selbst sprechen. Ich rufe ihn gleich nach diesem Treffen an. Ich möchte, daß Sie mit Ihrem Aufsichtspersonal und den Büroleuten sprechen, um organisatorische Ideen zu sammeln. Im Augenblick handelt es sich um eine Befürchtung, die auf Zeitungsberichten basiert. Wir sollten Ruhe bewahren, aber wir sollten auch unsere Leute darauf vorbereiten. Sie haben die Berichte auch schon gelesen. Ich weiß das, weil Harry, einer der Fahrer, mir das gesagt hat. Sie werden noch nervöser, wenn es aussieht, als hätten wir die Sache nicht im Griff.

Gwen: Tony, auch wenn wir diesmal Glück haben und durchkommen, kann es gut sein, daß uns das wieder passiert.

Tony: Gwen, ich verstehe Ihre Sorge und stimme Ihnen zu. Ich will dazu zwei Dinge sagen: Erstens, wir werden hier durchkommen – nicht mit Glück, sondern durch Einschätzung und Planung. Zweitens, während wir dieses durchstehen, werden wir darüber nachdenken, was wir daraus lernen können. Wir werden uns daran halten und für die Zukunft planen, wie wir das Risiko minimieren können. *(Tony bestätigt den Verlauf und die Notwendigkeit, weiterzumachen.)*

Rob: Ich kann Ihnen eines sagen: Wir müssen mehr als ein Produkt verkaufen.

Tony: Genau diese Art von Überlegungen brauchen wir. Schreiben Sie Ihre Schlußfolgerungen nieder. Aber vor einer Sache sollten wir uns hüten. Im Augenblick *sind* wir ein Einproduktunternehmen, also geben wir die Schuld nicht unserem strategischen Mißgeschick. Gehen wir diese Aufgabe zuerst an. Okay? *(Tony bestärkt die Notwendigkeit, den Ablauf diszipliniert einzuhalten und sich auf die Planung, nicht auf Schuldzuweisungen, zu konzentrieren.)*

Alle: Okay.

Tony: Dann sehe ich Sie alle morgen um 15 Uhr wieder. Wenn mich jemand sprechen möchte, ich bin jederzeit erreichbar.

Tony hat mit Hilfe des Leitfadens zur Risikoeinschätzung seinem Team die richtige Richtung gewiesen und es darauf vorbereitet, der Bedrohung mit Analyse, Planung und Auswertung zu begegnen anstatt mit Furcht und Schuldzuweisungen. Nun stehen die Mitarbeiter bereit, die Sache in die Hand zu nehmen und mutig und entschlossen zu handeln. Tony hat jedoch im gesamten Verlauf betont, daß Denken und nicht Gefühle ihr Handeln bestimmen soll, daß sie den Bedrohungen als Team entgegentreten werden und daß sie Furcht und negative Gefühle in Entschlossenheit und Optimismus umwandeln werden.

➤ Instrument Nr. 2: Der Leitfaden zum Konfliktmanagement

Mit Krisen geht immer die Gefahr persönlicher Konflikte einher. Tonys Krise beim Fischnachschub hat ihren Ursprung darin, daß die amerikanischen Fischereiflotten in den bereits stark abgefischten Gewässern Raubbau getrieben haben. Das führt zwangsläufig zu Ressentiments unter den Flotten und läßt auch gewaltsame Auseinandersetzungen zwischen Staaten möglich erscheinen. Wenn Konflikte oder Krisen Gruppen oder einzelne betreffen, können die daraus resultierenden Spannungen, der Streß und die Frustration zum Aufruhr führen. Oft ist jedoch der Konflikt selbst das erste Anzeichen einer Gefahr. Führungsarbeiter haben ein Protokoll entwickelt, wie solche Situationen mit Risikovermeidung und Problemlösung entschärft werden können.

Führungsarbeiter haben uns ihre Strategie zum Konfliktmanagement erläutert, und daraus ließen sich neun Grundprinzipien erkennen. Das erste leitet sich aus dem allgegenwärtigen Optimismus der Führungsarbeiter ab und aus ihrer Auffassung, daß die Verwirrung und Frustration im Konflikt ihnen Gelegenheit bieten, die Initiative zu ergreifen und persönliche Entschlossenheit zu demonstrieren. Diese Bemühungen sollten sich sofort darauf konzentrieren, den Konflikt einzudämmen. Denn der Ausbruch einer Krise kann Verwirrung und Frustration wie einen Virus mit Lichtgeschwindigkeit weiterverbreiten.

Ein Konflikt trägt viel Sprengkraft in sich, deshalb sollten sich Führungskräfte niemals einer Kritik anschließen, ohne die Sache selbst bewertet zu haben. Das ist besonders wichtig, wenn Tatsachen verdreht oder falsche Anschuldigungen gemacht wurden. Konflikte sind emotionsbeladen, und falsche Anschuldigungen oder Verleumdungen können schlichtweg Öl ins Feuer gießen. Weil ein Konflikt auch eskalieren könnte, sollten Führungskräfte ihre gesamte Energie einsetzen, um ihn zu lösen, und keinesfalls ihre Kräfte aufteilen, indem sie versuchen, die Feuer an mehreren Fronten gleichzeitig zu löschen.

Instrument Nr. 2: Der Leitfaden zum Konfliktmanagement

A. Beachten Sie die Handlungsprinzipien

1. Nutzen Sie Verwirrung und Konflikt als Gelegenheit, die Initiative zu ergreifen
2. Schätzen Sie das Risiko persönlich ein
3. Dämmen Sie das Risiko und dessen Ausbreitung ein
4. Schließen Sie sich nie der Kritik anderer an, ohne die Sache selbst bewertet zu haben
5. Korrigieren Sie Fehlinterpretationen oder falsche Anschuldigungen sofort
6. Gehen Sie immer nur jeweils einen Konflikt oder ein Risiko an
7. Minimieren Sie den formalen Konflikt durch Überzeugung und Dialog
8. Machen Sie die Konfliktparteien für ihr eigenes Verhalten verantwortlich, indem Sie ihren Dialog anleiten
9. Messen Sie Lösungen immer an den Werten und der Aufgabe des Unternehmens

B. Setzen Sie den Handlungsplan um

Schritt 1: Hören Sie Partei A zu
Schritt 2: Beobachten Sie
Schritt 3: Hören Sie Partei A zu
Schritt 4: Problemlösen mit Partei B
Schritt 5: Treffen Sie sich mit Partei A und B
Schritt 6: Erklären Sie die jeweiligen Positionen
Schritt 7: Moderieren Sie den Dialog
Schritt 8: Suchen Sie eine Lösung
Schritt 9: Suchen Sie einen Konsens
Schritt 10: Setzen Sie eine Entscheidung um

Die Sprengkraft eines Konflikts hängt direkt davon ab, wieviel Energie von den Konfliktparteien eingebracht wird. Eine Intervention sollte daher zum Ziel haben, diese Energie in produktive Kanäle zu leiten; das beginnt damit, daß die Konfliktparteien die Verantwortung für ihr Verhalten übernehmen. Dazu muß eine Führungskraft einschätzen, welche Bedrohung ein Konflikt für die Werte des Unternehmens darstellen könnte, und dann aufgrund dieser Bewertung den Dialog lenken. Es gilt die Grundregel: Die Führungskraft interveniert für den Kunden und für die, die ihm dienen.

Bei der Umsetzung der neun Prinzipien des Leitfadens zum Konfliktmanagement gehen Führungsarbeiter in zehn Schritten vor, die der Konzentration auf die eigentliche Aufgabe dienen. Die Anzeichen für einen Konflikt tauchen typischerweise in Alltagsgesprächen mit Mitarbeitern auf. In Schritt 1 zum Beispiel können die Anzeichen für einen Konflikt bei einem Gespräch mit Partei A über die Arbeit auftauchen, indem Partei A eine kritische Bemerkung oder – wenn die Lage bereits angespannt ist – eine Anschuldigung gegen Partei B äußert. Oft werden solche Anschuldigungen im Eifer des Gefechts gemacht, um Aggressionen loszuwerden, die durch Frustration entstanden sind. Führungsarbeiter kennen diese Möglichkeit und hören einfach zu oder antworten mit einer unverbindlichen Bemerkung: „Ich verstehe Ihre Besorgnis", aber sie unternehmen noch nichts in diesem Augenblick. Statt dessen beobachten und überwachen sie die Situation (Schritt 2).

Führungsarbeiter wissen, daß sie mit einer öffentlichen Überreaktion auch einen Konflikt auslösen oder ausweiten können, daher reagieren sie auf Beschwerden neutral und persönlich. Es entspricht auch den Erkenntnissen der Verhaltenspsychologie, daß positive Bestätigung ein Verhalten verstärken kann. Daher gehen sie entsprechend zurückhaltend und diszipliniert vor, unabhängig von den Emotionen, die die Konfliktparteien an den Tag legen.

Ein wichtiges Signal für eine mögliche Ausweitung eines Konflikts ist, wenn Partei A sich wieder beklagt (Schritt 3). Wenn dies geschieht, weiß ein Führungsarbeiter, daß es Zeit ist, bei Partei B aktiv zu werden (Schritt 4). Um eine Ausweitung möglichst zu vermeiden, geht der Führungsarbeiter auf Partei B in einer nicht bedrohlichen, sondern problemlösenden Beratung zu. Er ist sich bewußt, daß Partei B die Lage völlig anders einschätzen könnte oder sich nicht einmal bewußt sein könnte, daß überhaupt ein Konflikt mit Partei A besteht. Deshalb bittet der Führungsarbeiter Partei B, die Aufgaben und die Hindernisse zu überprüfen: „Was müssen Sie leisten, und was hindert Sie daran?“

Wie wir in Kapitel 4 erörtert haben, kann eine Führungskraft das Problemlösungsgespräch in jeder Situation anwenden, um das Augenmerk der Menschen auf die Kernfrage der Dienstleistung zu richten. Auf diese Weise erfährt der Führungsarbeiter, ob Partei B sich des Konflikts überhaupt bewußt ist und welche Konsequenzen der Konflikt für den Dienst am Kunden haben könnte. Mit dieser Information kann der Führungsarbeiter dann beide Parteien zu einem Dialog zusammenrufen (Schritt 5).

Diese Strategie zum Konfliktmanagement weicht etwas von herkömmlichen Konzepten ab, die dazu raten, die Parteien sofort zusammenzubringen, um mögliche Konflikte zu untersuchen. Wir fragten die Führungsarbeiter, warum sie die Leute nicht sofort zusammensetzten, und ihre Reaktion ähnelte sehr der von Carol Satterlee, Geschäftsführerin bei Wal-Mart. Sie erinnerte daran: „Es geht hauptsächlich darum, den Kunden zu schützen, nicht meinen persönlichen Ruf oder meine Beliebtheit bei der Belegschaft. Ein Treffen einzuberufen ist fast immer eine reflexartige Reaktion im Management, und das ist immer falsch, nie richtig. Im Anfangsstadium eines Konflikts muß ich Informationen sammeln und mich mit einzelnen beraten. Wenn ich die Sache im Griff habe und die möglichen Auswirkungen des Konflikts für unsere Kunden und das restliche Team kenne, dann bin ich bereit für ein Treffen.“

Führungsarbeiter übernehmen immer die Leitung bei einem Treffen mit zwei oder mehr Parteien, und sie lenken die Aufmerksamkeit aller auf eine Meinungsverschiedenheit oder einen offenen Konflikt, der das Unternehmen daran hindern könnte, hochwertige Leistung für den Kunden zu erbringen. Dann bittet der Führungsarbeiter jede Partei, ihre gegenwärtige Einschätzung der Lage und die Position zum Konflikt zu bestätigen oder zu klären (Schritt 6). Damit wird jede Partei ermutigt, die Verantwortung für ihr eigenes Verhalten zu übernehmen, und ein wichtiges Prinzip wird deutlich: Konflikte und Probleme sollten im Hinblick auf den Auftrag des Unternehmens erörtert werden, nicht im Rahmen persönlicher Interessen.

Oft versuchen einzelne oder eine Gruppe, eine Führungskraft für sich zu gewinnen, indem sie um Vertraulichkeit bitten, die ihnen nicht zusteht. Führungsarbeiter wissen, daß solche Bitten oft manipulativ sind. Wenn jede Partei ihre Sicht der Lage dargestellt hat, lenken die Führungsarbeiter den Dialog, indem sie beide auffordern, einzuräumen, daß es signifikante Differenzen im Team gibt und daß diese Differenzen sowohl dem Dienst am Kunden als auch dem Dienst untereinander abträglich sind.

Der Akt, den Konflikt und sein Schadenspotential offen zuzugeben, bestärkt zum einen das Gefühl persönlicher Verantwortlichkeit, zum anderen die Autorität des Führungsarbeiters, den Dialog anhand von Problemlösungs- und Verhandlungsskripts weiterzuführen, um mögliche Lösungen zu finden (Schritt 8) und um einen Konsens zu erreichen (Schritt 9). Wenn ein Konsens schwer zu finden ist, vertagen die Führungsarbeiter das Treffen, um vor einem weiteren Versuch in einem zweiten Treffen die Möglichkeiten genauer zu analysieren. Zuerst bestätigen sie die Notwendigkeit, daß eine Lösung gefunden werden muß, die den Auftrag des Unternehmens schützt, und erinnern alle daran, daß sie schließlich der Umsetzung einer Entscheidung zustimmen müssen. Zwar streben die vorbildlichen Führungskräfte immer einen Konsens an, doch sie zögern nie, einzugreifen und eine Entscheidung zu treffen, wenn es um den Schutz des Kunden geht (Schritt 10). In unserer Studie machten Führungsarbeiter nur selten offen ihre Autorität als Vorgesetzte geltend, taten das aber oft beim Konfliktmanagement, wenn es absolut erforderlich war. Auch dabei behielten sie die Konsequenzen ihres Handelns und die Notwendigkeit im Auge, sowohl für einen geordneten Verlauf bei der Umsetzung von Entscheidungen zu sorgen als auch dafür, daß ihre Handlungen im Einklang mit dem Auftrag des Unternehmens stehen.

Hören wir nun, wie Patrick William, Bauleiter bei der internationalen Firma Global Contractors, die auf Maurerarbeiten spezialisiert ist, mit einem Konflikt umgeht.

➤ Ein Skript zum Konfliktmanagement

Pat arbeitet in Südamerika, Asien und im Nahen Osten routinemäßig mit multinationalen Arbeitsgruppen, die buchstäblich nicht dieselbe Sprache sprechen. Im Laufe der Jahre hat er gelernt, wie wichtig es ist, Situationen einzuschätzen und schnell zu reagieren, ehe tatsächlich ein Konflikt ausbricht. Das hat ihn schließlich zu einem meisterhaften Beschützer gemacht. Wir hören zu, wie er eine solche Aufgabe bei einem Brückenbauprojekt in Mexico City löst.

Pat geht auf Dave, den Vorarbeiter der Baustelle, zu.

Pat: Guten Morgen Dave. Ist Ihre Crew bereit, den Sockel für den Brückenpfeiler heute morgen zu gießen? *(Pat stellt in Schritt 1 Kontakt her. Der Pfeiler, von dem er spricht, stützt die Plattform der Brücke über den San Miguel im Nordosten der Stadt.)*

Dave: Nein, Pat, wir sind noch nicht fertig, wie üblich. Und daran ist Josés Formbauteam schuld. Sie hätten das gestern machen sollen, aber sie haben herumgetrödelt. Wir arbeiten wie verrückt, und die stehen herum und warten auf eine Extraeinladung.

Pat: Ich kann verstehen, daß Sie wütend sind, Dave, aber bleiben wir im Augenblick mal bei dem Pfeiler. Könnt ihr in einer Stunde gießen?

Dave: Ja. Aber Sie sollen wissen, daß wir in Verzug geraten, wenn diese Jungs nicht in Schwung kommen.

Pat: Ich habe das gehört Dave, aber bleiben wir jetzt beim Brückenpfeiler. Okay? *(Pat erkennt Daves Besorgnis, lenkt das Gespräch aber aus zwei Gründen auf die Arbeit, die getan werden muß. Erstens möchte er alle Energien darauf ausrichten, die Ziele des Kunden zu erreichen. Zweitens möchte er die Situation erst selbst einschätzen. Er beobachtet Daves Vorbereitungen – Schritt 2 –, während er Verwaltungsarbeiten erledigt. Eine Stunde später geht er wieder auf Dave zu – Schritt 3.)*

Pat: Gießt ihr schon den Pfeiler?

Dave: Wir fangen gerade an. Wir schaffen das, Pat. Ich meine heute. Ich sage Ihnen, José ist ein Versager, und da sollten Sie etwas unternehmen.

Pat: Ich habe das gehört.

Dave: Das haben Sie vorhin auch schon gesagt. Werden Sie etwas unternehmen oder nicht?

Pat: Dave, ich habe Sie verstanden, und ich merke, daß Sie sehr verärgert über José sind. Ihre Aufgabe ist es, Beton zu gießen und mir Ihre Probleme zu nennen. Das haben Sie getan. Nun ist es mein Problem. Lassen Sie mich meinen Job machen, und Sie machen Ihren, okay? Konzentrieren Sie sich auf die Arbeit am Pfeiler. Ich möchte nicht, daß jemand verletzt wird. Ist das klar? *(Pat stellt energisch seine Verantwortlichkeit klar und erklärt seine eigene Zuständigkeit für die Sache mit José. Gleichzeitig lenkt er Davids Aufmerksamkeit auf die Arbeit, die zu tun ist.)*

Dave: Ja, klar. *(Pat erkennt, daß der Konflikt sich nicht von selbst gelöst hat und er der Sache schnell auf den Grund gehen muß. Er weiß auch, daß er mit José reden muß – Schritt 4 –, der selbst stark unter Druck steht, den Terminplan einzuhalten.)*

Pat: José, haben Sie eine Minute Zeit?

José: Oh, hallo Pat. Ja, aber nur eine Minute. Wir sind ziemlich beschäftigt.

Pat: Darüber wollte ich etwas erfahren. Was macht Ihr Team heute, und hindert euch irgend etwas daran, es zu erledigen? *(Pat wendet das Problemlösungsskript an, um auf José zuzugehen, er fragt nach den Aufgaben und Hindernissen. Er erwähnt den Konflikt noch nicht, weil er von José eine objektive Einschätzung der Lage hören möchte. Wenn er das Thema in der Eingangsfrage erwähnte, würde das die Situation mit Emotionen vergiften und seine eigene Integrität in Frage stellen.)*

José: Nun, wir haben Schwierigkeiten beim Wiederaufbau der Formen. Daves Mannschaft hatte Probleme beim Transport des Betons bis zur Stelle für den Brückenpfeiler, deshalb haben sie eine Brücke über unseren Formen zusammengezimmert. Ich habe Verständnis für sein Problem, aber den Formen hat das sehr geschadet. Deshalb müssen wir sie wieder reparieren, und das hält uns auf.

Pat: Aha. Wußten Sie, daß Dave sich Sorgen wegen der Verzögerungen macht? *(Pat spricht den Konflikt an.)*

José: *Er* macht sich Sorgen? Ich kriege nachher dafür eins auf den Deckel.

Pat: Nun, dieses Problem muß sich doch einfach lösen lassen. Wissen Sie was, kommen Sie zum Mittagessen an meinen Bauwagen. Dave wird auch da sein. *(Pat ruft beide Parteien zu einem Treffen am Bauwagen zusammen – Schritt 5 –, der auch als Außenstelle fungiert, damit er die Lage jeder Partei klären kann – Schritt 6. Alle drei kommen um die Mittagszeit zusammen.)*

Pat: José, Pat, ich danke Ihnen für Ihr Kommen. Ich weiß, daß Sie beide unter Druck stehen und daß wir einige Probleme lösen müssen, wenn wir den Zeitplan einhalten wollen. Sagen Sie mir, ob ich die Lage richtig einschätze. Dave, Sie sind verärgert, weil Josés Team Sie aufhält, wenn die Formen für den Guß nicht fertig sind, richtig? *(Pat übernimmt sofort die Leitung und schlägt einen positiven Ton zur Problemlösung an. Er trennt Persönliches von Sachlichem, indem er gleich auf Daves praktische Schwierigkeiten bei der Arbeit zu sprechen kommt, anstatt selbst zu kommentieren und dadurch den Unmut noch anzufachen. Er läßt auch beide Männer wissen, daß es zu allererst um die Arbeit geht und nicht um irgendwelche Machenschaften und Eigeninteressen.)*

Dave: Nun, aufhalten ist ein bißchen viel gesagt. Ich will nur meine Arbeit fertigbekommen.

Pat: Dave, ich muß das genau wissen. Sie haben heute früh den Pfeiler mit Verspätung gegossen, weil die Formen nicht fertig waren. Richtig?

Dave: Ja.

Pat: Und Sie sagten, Ihrer Meinung nach sei Josés Team im Rückstand?

Dave: So ähnlich.

Pat: Sehen Sie, Dave, es ist nicht so ähnlich. Ich habe hier ein Problem. Ich muß Ihren Standpunkt klar verstehen, wenn ich helfen soll. Also sagen Sie uns, worum geht es? *(Pat läßt sich nicht manipulieren. Er stellt das Problem ohne Anschuldigungen vor – „ich habe ein Problem" – und erläutert, warum eine Klärung nötig ist: „wenn ich helfen soll". Er legt die Verantwortung eindeutig auf Daves Schultern, wo sie auch hingehört.)*

Dave: Ich wollte sagen, José steht vor einer ungeheuren Aufgabe, die Formen fertigzubekommen, und es macht mir Sorgen, daß seine Verspätung auch zu meiner Verspätung wird.

Pat: Ist das alles, Dave? Sonst nichts? *(Pat gibt Dave die Möglichkeit, seinen Standpunkt vollständig darzulegen, ehe er José nach seiner Meinung fragt. Es ist charakteristisch, daß die Reihenfolge bei der Befragung der entspricht, in der das Problem auftauchte. Dave hatte es zuerst angesprochen.)* José, wie denken Sie darüber?

José: Wir haben natürlich eine Verzögerung. Das kommt aber daher, daß Daves Mannschaft unsere Formen beschädigt, wenn sie sie als Brücke benutzt, um zum Pfeiler zu gelangen. Die Hälfte unserer Zeit brauchen wir, um unsere ursprüngliche Arbeit wieder aufzubauen.

Pat: Was sagen Sie dazu, Dave? Kannten Sie Josés Problem? *(Pat kommt zur Klärung auf Dave zurück, er ist immer bemüht, die Parteien auf ihre Verantwortung hinzuweisen, die Situation selbständig zu lösen. Damit bereitet er die Suche nach einer Lösung in Schritt 7 vor.)*

Dave: Oh, das hatte ich nicht bedacht. Ich war bis über beide Ohren mit meinen eigenen Problemen beschäftigt. Tut mir leid, José, aber ich wußte nicht, wie ich den Beton hätte transportieren sollen, ohne die Planken über eure Formen zu legen.

José: Ja, ich weiß. Deshalb haben wir uns auch nicht beklagt und haben einfach versucht, sie so schnell wie möglich wieder zu reparieren. *(Pat überläßt beiden das Gespräch und greift dann ein, um zum nächsten Schritt überzugehen.)*

Pat: Sie beide arbeiten, soviel Sie können, und Sie sollen beide wissen, daß ich das schätze. Ich hätte das auch voraussehen sollen. Da wir nun alle das Problem kennen, suchen wir eine Lösung. Was halten Sie von der neuen Gerüstbautechnik, die wir letzte Woche gesehen haben? *(Pat hat einen ernsthaften Konflikt abgewendet, weiß aber, daß der Gesichtsverlust für Dave weiteren Ärger verursachen könnte, wenn er nicht beiden Parteien helfen kann, sich auf die Umsetzung einer Lösung zu konzentrieren, auf die sie beide stolz sein können. Beide Männer müssen ihren Teams machbare Lösungen präsentieren. Wie in jeder Konfliktsituation sind sich die Arbeiter beider Teams des potentiellen Konflikts bewußt. Wenn ein Leiter verliert, verliert auch sein Team, und dadurch könnten die Arbeitsmoral, Produktivität und Qualität der Arbeit sinken. Pat erkennt auch, daß er einiges an Emotionen ableiten kann, wenn er sich offen zu seiner eigenen Verantwortung für die Arbeit bekennt. Dann bietet er einen Plan für den nächsten Schritt an.)*

Dave: Das neue System, das wir in Houston gesehen haben?

Pat: Ja, das. Ich kann mir die Pläne heute nachmittag faxen lassen. Können Sie beide sich das morgen um die Mittagszeit zusammen ansehen? Wenn Sie meinen, das könnte funktionieren, werde ich Ihnen morgen zum Gerüstaufbau Unterstützung schicken. Was sagen Sie dazu?

José: Sicher, das scheint mir eine gute Idee.

Dave: Das glaube ich auch. Ich schaue sie mir gerne an. *(Pat hat einen Konsens erreicht – Schritt 9 – und bekräftigt die Bedeutung von Zusammenarbeit und die Notwendigkeit, ein Problem direkt anzugehen. Damit gibt er beiden Parteien eine Handlungsmöglichkeit jenseits von Ärger und Konflikt. Damit sie das auch verstehen, drängt er zum Handeln – Schritt 10.)*

Pat: Gut. Wir müssen nämlich vorankommen, und zwar zusammen. Ich möchte bis morgen mittag Ihre gemeinsame Meinung dazu wissen. Dann werde ich auch entscheiden, ob wir das System verwenden können oder ob wir eine andere Lösung finden müssen. Ich weiß, daß Sie beide heute nachmittag sehr viel zu tun haben, deshalb lasse ich Sie nun zurück an die Arbeit gehen. Wenn Sie irgendwelche Hilfe brauchen, rufen Sie an. Wenn nicht, sehe ich Sie morgen.

Pat beendet das Treffen, indem er eine klare Richtung vorgibt und beide Parteien wieder an ihren Arbeitsauftrag erinnert statt an den Konflikt. Wenn Pat auf Widerstand gestoßen wäre oder keine Bereitschaft zur Zusammenarbeit gefunden hätte, hätte er das Treffen mit den Worten vertagen können: „Ich sehe, wir haben hier noch einige gewichtige Differenzen. Vertagen wir die Sitzung und denken wir darüber nach, wie wir das Problem lösen können. Ich möchte mich mit jedem von Ihnen einzeln besprechen, dann setzen wir uns zusammen, und ich werde entscheiden, was wir als nächstes tun werden."

Führungsarbeiter gehen kooperativ, aber mit großer Entschlossenheit vor und richten die Aufmerksamkeit aller auf die Verantwortung für die Erfüllung des Auftrags. Außerordentliche Führungskräfte übernehmen die Verantwortung im Risiko- und Konfliktmanagement, und sie erwarten dasselbe von den Konfliktparteien. Zum Abschluß der Geschichte sei noch erwähnt, daß der neue Gerüstbau funktioniert hat und daß Dave und José beim Aufbau eng und effektiv zusammenarbeiteten. Die Führungsarbeiter aus unserer Studie, wie etwa Virginia Siri, erzielen täglich solche Ergebnisse.

➤ Schutz der Öffentlichkeit und des Unternehmens – Ginnys Geschichte

Virginia Siri ist Vertriebsleiterin bei Johnson & Johnson. Sie kennt J&J nicht nur in- und auswendig, sondern auch von der Pike auf, denn sie hatte gleich nach dem College als Forschungsassistentin in einem Genlabor der Firma angefangen. Sie ließ bald deutliche organisatorische Begabung erkennen und schwenkte in die Führungslaufbahn ein. In ihrer Ausbildung entwickelte sie ein besonderes Interesse dafür, wie Lösungen auf die Bedürfnisse der Kunden zugeschnitten werden können. Deshalb meldete sie sich zur Mitarbeit bei einem extensiven Feldforschungsprojekt. Dort stellte sie Schwierigkeiten sowohl bei der Produktentwicklung als auch beim Vertrieb fest, deshalb bat die Firma sie um die Entwicklung eines Systems, wie beides nahtlos verbunden werden könnte. Ginny erwies sich als so fähig, daß sie zur Leiterin des Inlandsvertriebs ernannt wurde, und in dieser Position bemühte sie sich, die Übergänge zwischen Entwicklung und Vertrieb der Produkte fließend zu gestalten. Während ihrer gesamten Laufbahn hatte man sich auf der Suche nach Lösungen für die schwierigsten Probleme immer wieder an Ginny gewandt, also war es kein Wunder, daß die Firma sie in ihrer gefährlichsten Krise um Hilfe bat.

Beim Skandal mit vergifteten Tylenol-Packungen Anfang der 80er Jahre war Ginny eine der Hauptakteure in einem bemerkenswerten Akt unternehmerischen Mutes und unternehmerischer Verantwortung. Johnson & Johnson ließen es sich Millionen Dollar kosten, alle Tylenol-Kapseln vom Markt zu nehmen, nachdem einige Fälle von Vergiftungen infolge von Manipulationen an der Verpackung aufgetreten waren. Das Unternehmen handelte gegen den Rat des FBI und der amerikanischen Arzneimittelbehörde FDA, die beide geraten hatten, das Produkt in den Regalen zu lassen, um zu demonstrieren, daß ein Psychopath nicht eines der größten Unternehmen in die Knie zwingen könne. Auch in der Wall Street war man gegen die Rückrufaktion, weil man fürchtete, damit sei das Produkt zum Untergang bestimmt.

Die Führungskräfte von J&J sahen sich jedoch gezwungen, weitreichendere Fragen zu berücksichtigen, die weder das FBI noch die FDA bedacht hatten. Als Leiterin des Inlandsvertriebs war Ginny eine der ersten leitenden Angestellten, die von der Krise erfuhren. Sobald sie die Nachricht erhalten hatte, berief sie ein Dringlichkeitstreffen mit ihrem Führungsteam im Vertrieb ein, um die Situation einzuschätzen und dann zu handeln. Die Ergebnisse dieses Treffens gingen sofort an den Vorstandsvorsitzenden, der daraufhin eine der großartigsten Bemühungen zum Schutze öffentlicher Interessen startete, die je in der Geschichte amerikanischer Unternehmen unternommen wurden. Ginny und die Mitglieder ihres Vertriebsteams haben für uns das Treffen zur Risikoeinschätzung rekonstruiert. Wir hören hinein, als sie gerade bewerten, mit welcher Art von Risiko sie es zu tun haben.

Anwesend sind Ginny, die Inlandsvertriebsleiter für Verpackung, Oscar Sung, für Transport, Niles Cavendish, und für den Kundendienst, Sharon Zimmerman. Wir verfolgen den Verlauf anhand des Leitfadens zur Risikoeinschätzung.

Ginny: Schlechte Nachrichten! Wir haben noch keinerlei Hinweise, wie, wo und wann das Gift eingebracht wurde. Wir müssen mit dem Schlimmsten rechnen: daß alle Packungen vergiftet sein könnten. Welches Risiko besteht in diesem Fall?

Sharon: Ein moralisches und ein rechtliches. Wir sind verantwortlich für das Wohlergehen aller, die Zugang zu unserem Produkt haben.

Oscar: Und ein strategisches. Wir wissen aus dem täglichen Kontakt mit unseren Kunden, daß bei ihnen J&J für Integrität und Verläßlichkeit steht. Wenn wir die Menschen auch nur in diesem einen Punkt enttäuschen, könnte das den Niedergang der ganzen Firma bedeuten. Aufgebaut in 50 Jahren und in zwei Wochen zerstört. So ernst muß man das Risiko meiner Meinung nach nehmen.

Ginny: Oscar, das klingt bedrohlich. Niles und Sharon, stimmen Sie Oscar zu, daß das Risiko so hoch und dringlich ist?

Niles: Auf jeden Fall. Wenn man in dieser Unternehmenskultur lebt und weiß, wie stark das gesamte Unternehmen auf einem solchen Einsatz für den Dienst an der Allgemeinheit basiert, weiß man auch, daß das Vertrauen unser grundlegendes und weitreichendstes Anliegen ist. Entweder stellen wir uns dieser Sache jetzt, oder wir stehen vor dem Aus. Darum geht es meiner Meinung nach. Und die Jungs und Mädels da oben im Vorstand sollten wissen, wie es an der Front aussieht.

Sharon: Das heißt, wir müssen sofort die Geschäftsleitung alarmieren.

Ginny: Ich habe schon ein Gespräch angemeldet. Ehe wir aber über das Risikomanagement sprechen, möchte ich, daß wir die Art des Risikos klären. Die Geschäftsleitung wird einen Anhaltspunkt zum Handeln brauchen, und wir werden ihr den erforderlichen Plan liefern. *(Ginny läßt die Gruppe nicht abschweifen und weist auf die Bedeutung einer exakten Risikoeinschätzung in einer Krise hin.)*

Ginny fährt mit der Risikoeinschätzung fort und nimmt die große Bandbreite von Risiken vorweg, die sich höchstwahrscheinlich aus dem Zwischenfall ergeben. Die Gruppe stellt Gefahren in buchstäblich jedem Bereich fest, der auf dem Leitfaden zur Risikoeinschätzung aufgelistet ist. Daher stellt Ginny eine grundlegende Frage, die die Gruppe bis dahin umgangen hat.

Ginny: Wir haben hier Risiken auf allen Ebenen festgestellt, die eine umfassende und landesweite Intervention rechtfertigen. Zwei wichtige Fragen haben wir jedoch noch nicht angesprochen. Woher kommt die Gefahr, und handelt sich um ein einmaliges oder ein Langzeitproblem?

Niles: Gott weiß, wer damit angefangen hat oder wo es herkommt. Es könnte ein einzelner Verrückter oder eine Randgruppe sein oder sogar eine Art Terrorismus, der von einem Staat gesponsert wird.

Oscar: Und wie wir bei unserer Planungssitzung im letzten Jahr festgestellt haben, könnte das lange Zeit andauern, wenn der Einzelhandel einmal zum Schlachtfeld der Terroristen geworden ist.

Ginny: Das stimmt. Das ist ein langfristiges Risiko und kann buchstäblich von überall kommen. Unabhängig davon, was der FBI letztendlich herausfindet, müssen wir bei unserem Handeln von der Voraussetzung ausgehen, daß jeder zu jeder Zeit und an jedem Ort auf diese Weise angreifen wird. Wenn wir uns nun daranmachen, einen Plan zu entwickeln, um Herr der Lage werden, möchte ich darauf hinweisen, daß unsere Lösung umfassend sein muß, nicht nur auf ein oder zwei potentielle Quellen oder Zeitrahmen beschränkt. *(Nachdem die Art, die Bedeutung und der Ursprung des Risikos bestimmt wurden, führt Ginny die Gruppe in die zweite Phase. Sie folgt hier dem Leitfaden zur Risikoeinschätzung wortwörtlich.)* Okay, bringen wir Ordnung in dieses Durcheinander. Welches ist unser Ziel angesichts der Gefahr?

Oscar: Zuallererst, die verseuchten Produkte vom Markt nehmen – sofort!

Niles: Und wie sollte das Ihrer Meinung nach geschehen?

Sharon: Wir könnten alle unsere Großkunden anrufen und ihnen sagen, sie sollen das Produkt aus den Regalen nehmen.

Ginny: Warten Sie einen Augenblick. Halten wir uns an die Abfolge. Wenn unser erstes Ziel ist, das Produkt vom Markt zu nehmen, welches ist unser zweites? *(Ginny hält die Disziplin im Ablauf aufrecht. Sie erkennt auch, daß sie eine ganze Reihe von Zielen finden müssen, um das ganze Ausmaß des Risikos abzudecken.)*

Niles: Nun, am besten bringen wir neue unverseuchte Produkte wieder auf den Markt. Aber ich weiß nicht, ob Oscars Gruppe das schafft.

Oscar: Niles, sehen Sie zu, daß Sie Ihre Aufgaben erledigen, ich kümmere mich um meine.

Ginny: Moment, konzentrieren wir uns doch auf das Ziel.

Ginny erkennt jetzt erste Anzeichen von Streß in der Gruppe, also greift sie entschieden ein, um die Spannungen auszugleichen. Sie definiert Ziele, und schließlich entwickeln sie einen kühnen Plan, um die Sache in den Griff zu bekommen und Herr der Lage zu werden. Ginnys Team empfiehlt, daß J&J nicht nur die alten Produkte aus den Regalen nimmt, sondern daß sie sofort mit der Herstellung einer Verpackung beginnt, die nicht manipuliert werden kann. Glücklicherweise experimentiert Oscars Gruppe seit zwei Jahren mit solchen Verpackungen. Zusätzlich zu diesen Aktionen empfiehlt Ginnys Team noch eine weitere, die schließlich von entscheidender Bedeutung für das Funktionieren der anderen ist.

Ginny: Eines noch. Wie wissen wir, ob das wirklich funktioniert, oder genauer gesagt, wie werden unsere Kunden reagieren?

Sharon: Ginny, das wissen wir nicht. Es gibt nur eine Möglichkeit, das herauszufinden: Wir müssen mit ihnen Kontakt aufnehmen, mit allen. Und ich finde, wir müssen das auf eine sehr persönliche Art und Weise tun.

Niles: Das ist unmöglich, Sharon. Wir schicken ihnen einfach einen Brief oder schalten Anzeigen in den Zeitungen im ganzen Land. Persönlicher Kontakt ist eine gute Idee, aber nicht durchführbar.

Sharon: Das reicht nicht aus, unsere Kunden müssen direkt etwas von uns hören.

Oscar: Da stimme ich zu. Es ist zu wichtig für den übrigen Plan.

Ginny: Ich bin auch der Meinung, und ich stelle fest, daß Niles im Prinzip auch dafür ist. Ich habe auch eine Zeitlang über so etwas nachgedacht, und da wir schon seit einiger Zeit für den Kontakt mit unseren Angestellten Telekonferenzen im ganzen Land abgehalten haben, schlage ich vor, wir setzen eine Reihe von Telekonferenzen an und erklären den Plan, falls er angenommen wird.

Ginnys Herangehensweise bei der Tylenol-Krise macht deutlich, welche Vorteile es hat, wenn beim Krisenmanagement die Disziplin aufrechterhalten wird. Hätte sie sich nicht darum bemüht, hätte sie vielleicht niemals den Einsatz des relativ neuen Kommunikationsmittels Telekonferenz vorgeschlagen. 24 Stunden nachdem ihr Team die Empfehlungen an die Geschäftsleitung ausgesprochen hatte, sollten Ginny und die anderen leitenden Angestellten landesweite Telekonferenzen mit über 2000 Außenvertretern und wichtigen Kunden von J&J abhalten.

Diese mutige Aktion ging direkt auf die wachsende Angst an der Kundenfront ein. Es wurde eine persönliche Verbindung hergestellt und damit der Einsatz und die Verantwortung der Firma in den Vordergrund gerückt. Jeder der leitenden Angestellten folgte einem besonderen Skript und einem Aktionsplan. Ginny wußte ihn sofort auswendig, weil er sich Schritt für Schritt an die Risikoeinschätzung und an ihren Risikomanagement-Plan hielt, den sie mit ihrem Team entwickelt hatte.

Ginny hat auch an der firmeninternen Bewertung nach der Krise teilgenommen. Dort wurde das Verhalten des Unternehmens in der Notsituation von Anfang bis Ende untersucht. Aufgrund dieser Rückschau wurde der Leitfaden zur Risikoeinschätzung in die betriebliche und strategische Planung aufgenommen, und die manipulationssichere Verpackung sowie Telekonferenzen wurden als Dauereinrichtungen übernommen, die beide die gesamte Branche veränderten. Eine landesweite Umfrage im darauffolgenden Jahr ergab, daß 93 Prozent der Öffentlichkeit voller Bewunderung dafür waren, wie J&J seiner Verantwortung gegenüber den Kunden nachgekommen war.

Ginny berichtete auch, daß sie sich während der Krise an den Leitfaden zum Konfliktmanagement gehalten habe, besonders als sie mit dem Konflikt zwischen Oscar und Niles umgehen mußte, der während der Risikoeinschätzung zum Ausbruch kam. Ginny erklärte: „Als wir unsere Einschätzung und den Plan an die Geschäftsleitung geschickt hatten, bat ich sofort alle Teammitglieder zu einer Konferenz. Dort stellte ich fest, daß Niles verärgert über Oscar war, weil er nicht bedacht hatte, welche Transport- und Organisationsprobleme Niles bei der Entfernung des alten Produkts und beim Ersatz mit der neuen Verpackung haben würde. Oscar dagegen war völlig vertieft in die Suche nach einer Lösung für das Verpackungsproblem und hatte Niles' Besorgnis nicht wahrgenommen. Ich brachte beide zusammen und ließ sie ihre unterschiedlichen Perspektiven darstellen. Dann erörterten wir, daß die Mission schiefgehen würde, wenn einer von beiden dem anderen nicht diente. Sie stimmten dem zu und arbeiteten bald eng zusammen. Wir kamen uns tatsächlich alle näher. Ich führe das auf die Disziplin zurück und daß jeder in seiner Person gewürdigt wurde, wenn ich einzeln oder mit allen jeden Tag während der Krise zusammentraf. Mit Hilfe des Leitfadens zum Konfliktmanagement habe ich uns alle zusammengehalten."

Jeder kann sich gut benehmen, solange die Wasser ruhig bleiben und ein günstiger Wind weht. Wenn aber der Sturm wütet und Krisen das Unternehmen bedrohen, gelingt es nur den Diszipliniertesten, ihre Hände ruhig am Steuer zu halten. Die Instrumente, die Ginny eingesetzt hat, haben es ermöglicht, daß ein größeres Unternehmen einem unerwarteten Sturm die Stirn bieten konnte, und sie halfen auch, die Wogen zu glätten und schließlich das gesamte Unternehmen zu stärken. Die Krise wird kommen, und wenn sie kommt, werden die Führungsarbeiter, die die Instrumente zur disziplinierten Risikoeinschätzung und für das Konfliktmanagement kennen, ihre Firmen zu noch höheren Leistungen steuern.

Wie Sie die Rolle des Beschützenden ausfüllen

Das Motto der amerikanischen Streitkräfte lautet: „dienen und beschützen". Das gilt auch für jeden einzelnen Führungsarbeiter in unserer Studie. In einer Zeit, in der es Mode geworden ist, in einer Krise Reißaus zu nehmen, zeigen unsere Führungsarbeiter genau das entgegengesetzte Verhalten. Anstatt dem Risiko und der drohenden Krise aus dem Weg zu gehen, nutzen sie diese als Gelegenheit, ihren eigenen Wert zu demonstrieren und diejenigen zu beschützen, denen sie dienen.

Führungsarbeiter haben akzeptiert, daß alle Aktivitäten im Leben Risiken bergen und daß die ehrgeizigsten Aufgaben die größten Herausforderungen bieten. Daher übernehmen sie die Verantwortung, unvermeidbare Krisen mit der Disziplin, die in den Leitfäden zur Risikoeinschätzung und zum Konfliktmanagement gefordert werden, zu meistern. Wie die Kriegsgesänge eingeborener amerikanischer Krieger bewahren diese Leitfäden die Identität und die Mission des einzelnen, indem sie sich auf die zeitlosen Lehren vom Kampf konzentrieren. In Kapitel 9: der Synerget, werden wir sehen, daß mit solcher Vorbereitung ein vom Schicksal gebeuteltes Unternehmen oder ein Staat in eine unbesiegbare Erfolgsmacht verwandelt werden kann.

Kapitel 9

Der Synerget

Er war ein Synerget – Architekt, Landwirt, Ingenieur und Gelehrter, auch Rechtsanwalt und Staatsmann – und schuf mit seinen zahlreichen Talenten und Fähigkeiten ein Ganzes, das mehr war als die Summe seiner Teile. Im Jahre 1769, im Alter von 26 Jahren, vollbrachte er seinen ersten bedeutenden Akt des Dienens, indem er im House of Burgesses, dem Parlament der Kolonie Virginia, einen Antrag zur Befreiung der Sklaven unterstützte.

Er war ein wortgewaltiger Autor. Als Mitglied des Third Congress übernahm er den Vorsitz in einem Komitee, das mit dem Entwurf einer Unabhängigkeitserklärung beauftragt war, mit der die 13 amerikanischen Kolonien sich aus der Abhängigkeit von Großbritannien lösen sollten. Am 4. Juli 1776 nahm der Kongreß die Deklaration im wesentlichen so an, wie sie vorgelegt worden war. Sie begann mit den Worten: „Folgende Wahrheiten halten wir für selbstverständlich: daß alle Menschen gleich geschaffen sind; daß sie von ihrem Schöpfer mit gewissen unveräußerlichen Rechten ausgestattet sind; daß dazu Leben, Freiheit und das Streben nach Glück gehören.“

Es war Thomas Jefferson, sein Werk und seine Worte haben Zeit und Raum überdauert, in denen er lebte, sie haben ein Ganzes geschaffen, das größer ist als die Summe seiner Teile und das ein ganzes Land mit Optimismus und Begeisterung für den Gedanken der Gleichheit erfüllte, der heute noch den Grundstein seiner Überzeugungen bildet.

Eine seiner weniger bekannten Leistungen war der Entwurf eines weiteren entscheidenden Dokuments in der Geschichte der Vereinigten Staaten, das Gesetz über die Religionsfreiheit von Virginia, das 1786 in Kraft trat. Dieses bedeutende Dokument ist Ausdruck von Jeffersons Glauben an das Recht und die Fähigkeit jedes einzelnen, seine persönlichen Überzeugungen weise auszuwählen. Deshalb schrieb er: „Gott der Allmächtige hat den Geist frei geschaffen ... einen Menschen zu zwingen, Geld für die Verbreitung von Meinungen zu zahlen, die er nicht teilt, ist Sünde und Tyrannei; ... die Wahrheit ist groß und wird die Oberhand gewinnen ..."

Jefferson füllte in seinen 40 Jahren im Dienste der Öffentlichkeit alle Rollen des Führungsarbeiters aus. Er war Kongreßabgeordneter, Gouverneur von Virginia, Außenminister, Vizepräsident und Präsident der Vereinigten Staaten von Amerika und Gründer der Universität von Virginia. Er wählte weise aus, knüpfte leidenschaftlich Verbindungen, löste Probleme geschickt, bewertete gerecht, vermittelte klug, glich unablässig aus, beschützte tatkräftig und wurde so zum wahren Synergeten, der mit seinen Handlungen einen Effekt erzielte, der größer ist als die Summe dieser Handlungen.

Er hätte das Motto verstanden: „Jede Führungskraft arbeitet und jede Arbeitskraft führt." Er war ein brillanter Gelehrter, Staatsmann und Autor, seine Arbeiten in der Politikwissenschaft, Geschichte und in den Naturwissenschaften brachten ihm Anerkennung in weiten Teilen Europas wie auch in Amerika ein. Doch widmete sich Jefferson auch praktischen Dingen. Als Architekt entwarf er die Universität von Virginia und sein elegantes Haus Monticello. Er lernte die Kunst des Uhrmachens von seinem Freund David Rittenhouse, dem berühmten Uhrmacher aus Philadelphia. Er entwarf Falttüren, einen runden Aktenschrank für seine Musiknoten, einen Drehstuhl, den ersten „stummen Diener" Amerikas, einen neuen Pflug, der effektiver arbeitete als alle anderen damals gebräuchlichen, und vieles andere. Er arbeitete.

Gleichzeitig führte er auch – mit der festen, unerschütterlichen Überzeugung, daß einfache Menschen die Fähigkeit besitzen, weise über sich selbst zu bestimmen. Sein Glauben an die Fähigkeit einzelner, sich würdige Ziele zu setzen und sie auch zu erreichen, sowie seine Überzeugung von der Bedeutung der Erziehung zur Erreichung dieser Ziele kommen in der simplen Inschrift auf seinem Grabstein zum Ausdruck, die von ihm selbst stammt: „Hier liegt Thomas Jefferson, Verfasser der Amerikanischen Unabhängigkeitserklärung, des Gesetzes über die Religionsfreiheit von Virginia und Vater der Universität von Virginia."

Die Rolle des Synergeten

Die Führungsarbeiter in diesem Kapitel – Leo Lopez, Anita Jones und Sam Walton – haben wie Jefferson die Rolle des Synergeten ausgefüllt, eine übergreifende Aufgabe, die alle anderen Rollen, die wir in unserer Untersuchung gefunden haben, in sich vereint. Der Synerget erzielt eine konzertierte Aktion von Fähigkeiten, in der das Zusammenwirken von Disziplinen Mitarbeiter und Führungskräfte auf eine höhere Leistungsebene bringt, als sie anderweitig erreicht hätten. Wie eine Beethoven-Symphonie stellt der Synerget eine größere Struktur zur Verfügung, in der einzelne und Gruppen zusammenkommen, um ein größeres Ganzes zu schaffen als die Summe seiner Teile.

Die Fähigkeiten und Skripts des Synergeten resultieren aus den Grundbedingungen für die anderen Rollen des Führungsarbeiters *und sind* gleichzeitig auch wieder Grundvoraussetzungen dafür. Der Synerget weiß, daß menschlicher Fortschritt ungeachtet der Reichweite des einzelnen Aufgabenbereichs in seinem Ablauf gleich bleibt – analysieren und entscheiden, dann diese Entscheidungen in die Praxis umsetzen. Führungsarbeiter sind höchst pragmatisch und sind überzeugt, daß sie die Prinzipien und Vorgehensweisen, die sie vertreten, auch selbst anwenden müssen. Ganz gleich, wie hochfliegend ihre Visionen oder Ideale auch sein mögen, Führungsarbeiter übertragen ihre Überzeugungen so in einen Lebensablauf, daß ihre Mitarbeiter befähigt werden, ihr eigenes Schicksal in die Hand zu nehmen.

In der Rolle des Synergeten prägen Führungsarbeiter die Prinzipien von Selbstbestimmung und der daraus folgenden persönlichen Verantwortung tief in das Bewußtsein ihres Unternehmens ein. Dies läßt sich aus den charakteristischen Eigenschaften der 1029 außerordentlichen, zukunftsträchtigen Führungskräfte erkennen, die sowohl Kollegen wie auch Kunden aus unserer Untersuchungsmenge von über 18000 Menschen herausgefiltert haben.

Führungsarbeiter glauben, daß Erfolg und Anerkennung davon abhängen, was sie wissen und was sie persönlich leisten können.

Zusammen mit den Menschen, die sie ausgewählt haben und die sich wiederum für die Zusammenarbeit mit ihnen entschieden haben, sagen sie sich von zwei unechten Führungstypen los, die in den täglichen Nachrichten einen so wichtigen Platz einnehmen: von den *prestigeheischenden Führern,* die glauben, der Schlüssel zum Weiterkommen liege darin, wen man kennt und wie bekannt man ist, und von *geld- und machtgierigen Führern,* die glauben, Geld und der Drang zur Macht, die dahinter steckt, böten den Schlüssel zum Erfolg. Führungsarbeiter dagegen erfahren Anerkennung und üben auch beträchtlichen Einfluß aus, aber sie schätzen ihre Kompetenz und Leistungsfähigkeit höher ein als persönlichen Ruhm oder die Macht, andere zu beherrschen oder zu kaufen.

Führungsarbeiter haben Vertrauen in ihre eigenen Fähigkeiten im Wettbewerb. Sie setzen sich unbedingt für eine offene Erkundung und Entscheidungsfindung ein, und sie anerkennen, daß allein die Fähigkeit, dem Wohlergehen des Kunden und der Gemeinschaft zu dienen, persönlichen Erfolg einbringt. Damit stehen sie in direkter Opposition zum neuen Elitedenken der Prestige-Führer, die den Zugang zu Positionen mit ihren Auswahlkriterien kontrollieren wollen, nämlich, wen man kennt und welchen sozialen, wirtschaftlichen und akademischen Hintergrund man zu bieten hat. Und sie stehen im Gegensatz zu den Führern, die den Zugang zur Macht blockieren, indem sie sie einfach erkaufen.

Führungsarbeiter erweisen sich als außerordentlich kreativ und anpassungsfähig bei der Überwindung dieser gegenwärtigen Hindernisse auf dem Weg zum Erfolg. Sie durchbrechen den prominenten Zirkel und nehmen Verbindung mit der größeren Gemeinschaft auf: Sie achten den Kunden und kennen den Einfluß der Mitarbeiter im direkten Kundenkontakt, und sie anerkennen Höchstleistungen. Als Pragmatiker treibt sie ein starker innerer Drang zur Dienstleistung. Daher suchen sie instinktiv im Bereich des direkten Kundenkontakts nach Erfolgsmöglichkeiten, anstatt sich als privilegierter Beobachter in den Hintergrund zurückzuziehen.

Wie Jefferson glauben diese heutigen Pluralisten, daß im demokratischen Geben und Nehmen, in der offenen Debatte und im freien

Handel die besten Chancen für den Fortschritt liegen. Sie wissen, daß die hohen Ideale der Unabhängigkeitserklärung tatsächlich einen vernünftigen Plan zum persönlichen Erfolg darstellen, und haben daraus ein synergetisches Verfahren zum Management von Veränderungen entwickelt. Zu diesem Ablauf haben wir in diesem Kapitel zwei Instrumente entwickelt: die *Möglichkeiten zur Veränderung* und den *Leitfaden zur eigenen Leistungsverbesserung in sieben Schritten.* Die folgende Übersicht faßt die Rolle des Synergeten zusammen.

Die Rolle des Synergeten

Ziel: Ein Ganzes schaffen, das größer ist als die Summe seiner Teile

Methode: Das synergetische Verfahren

➤ Stellen Sie mit Instrument Nr. 1 die Möglichkeiten zur Veränderung fest
- Synergie
- Entropie
- Veränderung aus guter Situation heraus
- Veränderung auf den Druck einer Krise hin

➤ Wenden Sie Instrument Nr. 2 an: den Leitfaden zur eigenen Leistungsverbesserung in sieben Schritten
- Stellen Sie einen Kontext her
- Schätzen Sie den Erfolg der Mission ein
- Stellen Sie die Möglichkeiten fest
- Mobilisieren Sie Unterstützung
- Handeln Sie
- Werten Sie die Ergebnisse aus
- Verbessern Sie fortlaufend

Der Visionär formuliert eine Idee, der Stratege entwirft einen Handlungsplan, und der Taktiker entwickelt Methoden zur Umsetzung. Synergeten jedoch tun all das und gleichzeitig noch mehr, indem sie die

Macht der Veränderung nutzen, um die Menschen auf eine höhere Leistungsebene zu heben. Sie wählen einen neuen Weg in die Zukunft, der einer logischen, schrittweisen Weiterentwicklung folgt und sich von einem abstrakten Fortschrittsversprechen zu einem praktischen Skript für das tägliche Leben bewegt. In diesem Skript verbinden sich Hoffnung und Vernunft zu einem immer stärker werdenden Energiefeld des Engagements, um einen synergetischen Durchbruch von Einsicht und Entschlußkraft zu schaffen.

In den unvergänglichen Dokumenten Thomas Jeffersons sind wissenschaftliche Untersuchung und freies Denken, die seit der Renaissance an Bedeutung gewonnen hatten, zu neuen Grundprinzipien einer auf Selbstbestimmung basierenden Regierung avanciert. In seinen Vorstellungen finden auch Führungskräfte Handlungsanweisungen, wie eine Gruppe unterschiedlicher Menschen mobilisiert werden kann. Diese Handlungsanweisungen haben seit 1776 zur Evolution einer Zivilisation beigetragen, die heute noch die Menschen auf der ganzen Welt beeinflußt. Die neue und offenere Weltwirtschaft bezeugt nicht nur die Macht von Jeffersons Gedanken und die Tiefe seiner Einsicht, sondern auch seine Fähigkeit, Ideen in Handlungsanweisungen umzusetzen.

Unsere Untersuchung hat eine bemerkenswerte Erkenntnis eröffnet: Synergeten säen durch ihre Leistungen in der Gegenwart die Saat für die Zukunft. Sie tauchen tief in die organisatorischen Fakten ihrer Unternehmen ein und verhelfen den Menschen dazu, alles ihnen Mögliche heute zu erreichen, und helfen ihnen dann, ihr Potential noch zu übersteigen, um morgen noch mehr zu erreichen. Es geht dabei vor allem darum, die richtige Vision, Strategie und Taktik zu entwickeln, um Veränderungen für sich nutzbar zu machen.

➤ Instrument Nr. 1: Die Möglichkeiten der Veränderung feststellen

Da Führungsarbeiter wissen, daß die Veränderung die einzige Konstante im Meer der Variablen ist, die den Erfolg beeinflussen, ergreifen sie die Initiative und wählen den Weg der Veränderung. Wer auf die Verän-

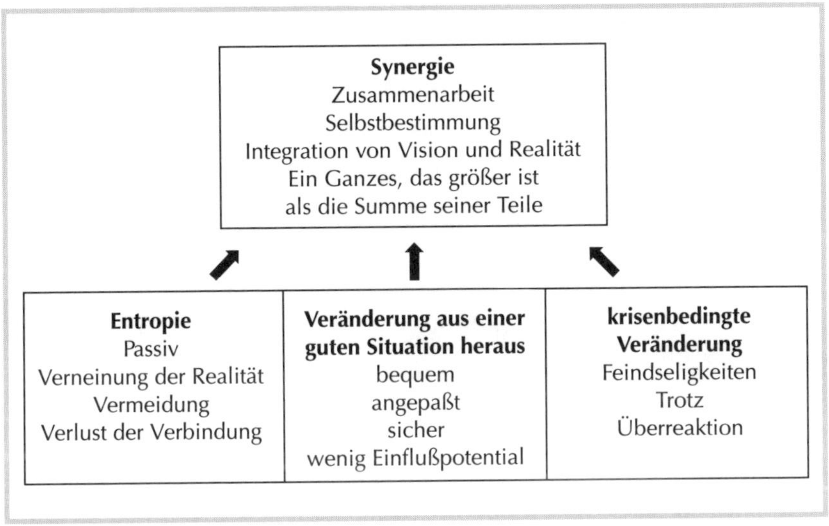

Möglichkeiten der Veränderung

derung wartet, wird meist von ihr überrascht, wenn nicht sogar überfallen. Anstatt untätig zu warten, während die Veränderung ihren Tribut verlangt, suchen Führungsarbeiter nach Wegen, Veränderungen vorauszusehen, sich anzupassen oder sie gar zu ersinnen. In der Übersicht *Möglichkeiten der Veränderung* werden vier Arten der Veränderung und mögliche Reaktionen bei Einzelpersonen, Gruppen und Unternehmen unterschieden. Bei der ersten, der *Entropie,* führt die Angst vor der Veränderung zu Lähmung und Passivität. Diese Vermeidung und Negierung von Realität führt meist zu einem ernstzunehmenden Verlust von Verbindung. Eine andere Reaktion ist die *aus einer guten Situation* heraus. Menschen, die eine solche Veränderung anstreben, verhalten sich reaktiv, verlegen sich auf eine sichere Vorgehensweise und profitieren letztendlich wenig von einer Veränderung. Eine dritte Art der Veränderung ist die *krisenbedingte* Veränderung, die mit Feindseligkeiten, Ablehnung und Überreaktionen einhergeht. Schließlich gibt es noch die *synergetische* Veränderung, in der eine Vision der Zukunft mit der Realität verbunden wird und durch selbstbestimmte Zusammenarbeit auf der Suche nach neuen Wegen ein Ganzes geschaffen wird, das größer ist als die Summe seiner Teile.

Führungsarbeiter setzen die Wahlmöglichkeiten ein, um Veränderungen zu verstehen und um eine aktive Anpassung vorzunehmen.

➤ Ein Skript zu den Möglichkeiten der Veränderung

Leo Lopez, ein Mitglied der Geschäftsführung bei der Investitionsgesellschaft Donaldson, Lufkin und Jenrette (DLJ), stand vor einem Dilemma, als er einen Vorschlag für eine ungewöhnliche neue Unternehmung prüfte. Als landesweit anerkannte Führungskraft im Gesundheitswesen und als Politiker war er von DLJ angeworben worden, um ihren schnell wachsenden Geschäftsbereich für öffentliche Finanzen zu leiten, darunter auch Regierungsprojekte wie das Millionen Dollar schwere Projekt eines Teilchenbeschleunigers bei Dallas und die Finanzierung der Reform im Gesundheitswesen. Bei einer Prüfung unterschiedlicher Vorschläge für letzteres beurteilte Leo ein Projekt, das den Benachteiligten und Mittellosen einen besseren Zugang zur Gesundheitsversorgung bieten sollte. Eine Gruppe von Sozialarbeitern stellte in ihrem Vorschlag fest, daß 20 Milliarden Dollar genehmigter Gelder zur Behandlung sozial Schwacher, in der Schwangerschaftsvorsorge und zur Behandlung von Kindern und Familien jährlich ungenutzt blieben.

Es war deutlich geworden, daß kostengünstige Gesundheitsvorsorge nicht genutzt wurde, wo sie angeboten werden konnte, und dies führte dazu, daß der Staat jährlich 100 Milliarden Dollar zur Behandlung vermeidbarer Krankheiten ausgab. Die Sozialarbeiter schlugen vor, benachteiligte Mütter über die ihnen zustehende Unterstützung aufzuklären und sie sowohl mit entsprechenden Anbietern im Gesundheitswesen wie auch mit den Mitteln zusammenzubringen. Das Projekt brauchte Startkapital und Führung. Leo zählt die Wahlmöglichkeiten auf, die sich ihm boten: „Für einen Investmentbanker war das Projekt zu unsicher, um es gutzuheißen. Aber nachdem ich einmal verstanden hatte, daß man auf diese Weise helfen konnte, wäre es unverantwortlich gewesen, nichts zu unternehmen. Und wenn ich den Vorschlag an andere weitergereicht hätte, um die Finanzierung zu wagen, obwohl ich wußte, daß es verbessert werden mußte, hätte das den langsamen Tod des Vorschlags zur Folge gehabt. Und wenn es zur öffentlichen Übernahme weitergereicht worden wäre, hätte das Spott und Ablehnung zur Folge gehabt. Wenn ich bei dieser schwierigen Aufgabe einen Beitrag leisten wollte, blieb mir nur eine Möglichkeit: Ich verließ DLJ und finanzierte es selbst."

Synergeten agieren als Katalysatoren, machen die Kräfte für einen Wandel nutzbar und führen die Menschen voran. Lopez analysierte die Wahlmöglichkeiten für eine Veränderung, und er traf eine Entscheidung. Er gründete die Eligibility Services, Inc., eines der meistbeachteten neuen Unternehmen, das neue Wege in der Gesundheitsversorgung für die sozial Schwachen geht. Leo gelang es, Patienten und Anbieter im Gesundheitswesen zusammenzubringen, indem er Zugang zu zuvor nicht abgerufenen Geldern im Wert von über 5 Milliarden Dollar schuf. Er sparte damit den Regierungen von Bund und Einzelstaaten über 20 Milliarden Dollar, die sonst für medizinische Notfälle ausgegeben worden wären.

Wie andere Führungsarbeiter hat Leo seine Wahlmöglichkeiten für eine Veränderung ausgewertet, sich für den Weg kooperativer Selbstbestimmung entschieden und den Menschen ohne Wahlmöglichkeiten zur Möglichkeit verholfen, in einem wichtigen Teil ihres Lebens wieder selbst zu entscheiden. Mit der Diagnose-Tabelle der Möglichkeiten für eine Veränderung kann jeder Führungsarbeiter einen umfassenden Prozeß zur eigenen Leistungsverbesserung in Gang setzen.

➤ Instrument Nr. 2: Der Leitfaden zur eigenen Leistungsverbesserung in sieben Schritten

Führungsarbeiter haben die Möglichkeiten zur Veränderung mit einem Ablauf zur ständigen eigenen Leistungsverbesserung in sieben Schritten verbunden. Dieser synergetische Ablauf liefert den übergreifenden Rahmen für die Ausfüllung ihrer übrigen Rollen. Jede dieser sieben

Rollen liefert Skripts für bestimmte Situationen, die auftreten können, wenn Menschen lernen, in einem fortlaufenden Prozeß der eigenen Weiterbildung die Macht der Veränderung nutzbar zu machen. Führungsarbeiter sehen im Wandel eine immer gegenwärtige Gezeitenkraft für den Fortschritt, während durchschnittliche Führungskräfte versuchen, Bollwerke gegen Veränderungen zu errichten. Führungsarbeiter machen sich die Kraft des Wandels zunutze und helfen so den Menschen, die notwendige Stoßkraft zu synergetischen Durchbrüchen durch Erkenntnis und kollektive Entschlußkraft zu gewinnen. Die folgende Tabelle faßt die sieben Schritte zusammen, nach denen Führungsarbeiter bei Veränderungen vorgehen.

Die Führungsaufgabe bei Veränderungen besteht zunächst darin, Angst und Sorge, die mit jedem Wandel einhergehen, zu mindern und dann die Vielfalt der Veränderungen auf eine faßbare Ebene zu reduzieren. Instrument Nr. 1, Wahlmöglichkeiten zur Veränderung, tut genau das: Es wird ein Handlungskontext geschaffen, der die Herausforderung beschreibt, und es wird eine Vision entwickelt, wie man ihr begegnen kann. Die einzelnen Gruppen brauchen einen Kontext, um zu verstehen, warum sie als Team vereint zusammenarbeiten sollen, und sie brauchen einen Auftrag, der es ihnen ermöglicht, ihre ganze Kraft auf eine bestimmte Sache zu konzentrieren. Mit einem Handlungskontext verhindern Führungsarbeiter destruktive und zeitraubende Erörterungen darüber, wer die Verantwortung für oder die Schuld an der Veränderung trägt. Statt dessen führen sie ihre Mitarbeiter direkt zu Schritt 2, bei dem die Gesamteffektivität des Unternehmens bei der Erfüllung seines Auftrags bewertet wird sowie seine Fähigkeit, mit Veränderungen umzugehen.

Führungsarbeiter wissen, daß sie auswerten müssen, welche Gefahr die Herausforderung für die Vision und die Werte des Unternehmens sowie für die Erwartungen der einzelnen Interessengruppen darstellt. Die zentrale Fragestellung bei einer solchen Beurteilung lautet, ob die Mitarbeiter auf eine Veränderung eingestellt sind: „Sind die richtigen Menschen zur richtigen Zeit aus den richtigen Gründen am richtigen Ort, um zu den richtigen Kosten den Auftrag zu erfüllen?“

Instrument Nr. 2: Der Leitfaden zur eigenen Leistungsverbesserung in sieben Schritten

Schritt 1: **Stellen Sie einen Kontext her**

Handlung: Ermitteln Sie die Herausforderung und entwickeln Sie eine Vision, wie ihr begegnet werden kann

Ziel: Vereinen Sie das Unternehmen, und entwickeln Sie Selbstvertrauen und Engagement

Gefahr: Anderweitige Wertschätzung: Suche nach Sinn und Identität außerhalb des Unternehmens

Lernziel: Die einzelnen Gruppen müssen wissen, wer sie als Team sind und warum sie zusammenarbeiten sollen

Schritt 2: **Bewerten Sie die Effektivität des Unternehmens bei der Erfüllung seines Auftrags**

Handlung: Nehmen Sie eine umfassende Beurteilung im gesamten Unternehmen vor: Sind die richtigen Leute zur richtigen Zeit aus dem richtigen Grund am richtigen Ort, um den Auftrag zu den richtigen Kosten zu erfüllen?

Ziel: Erforschen und erkennen Sie die Realität

Gefahr: Sie erkennen nicht, welche Konsequenzen drohen, wenn Sie die Herausforderung *nicht* annehmen

Lernziel: Überwinden von Angst und Widerständen, indem die Interessengruppen im Unternehmen die Realität wahrnehmen

Schritt 3: **Ermitteln Sie Möglichkeiten für eine Verbesserung**

Handlung: Stellen Sie mit Hilfe von Daten umsetzbare Möglichkeiten für eine Verbesserung fest

Ziel: Entwickeln Sie einen Aktionsplan, der auf Daten basiert

Gefahr: Versäumnis, praktische, erreichbare Ziele zu setzen, die Stärke und Vertrauen aufbauen

Lernziel: Die Interessengruppen werden verstehen, wie sie sich ändern sollen, wenn sie die Gründe für die Veränderungen kennen

Schritt 4: **Mobilisieren Sie Unterstützung**

Handlung: Teilen Sie den Plan mit

Ziel: Beteiligen Sie alle, die bereit sind zum Wandel

Gefahr: Sie verschwenden Ihre Zeit an Veränderungsunwillige

Lernziel: Bilden Sie ein positives Energiefeld, indem Sie sich auf die Mitarbeiter konzentrieren, die zu Veränderungen bereit sind

Schritt 5:	**Handeln Sie**
Handlung:	Setzen Sie den Plan um
Ziel:	Belohnen Sie diejenigen, die dienen, indem Sie sie an Ihrer eigenen Veränderung beteiligen
Gefahr:	Sie versuchen zuviel und erreichen wenig
Lernziel:	Je radikaler und weitreichender der Aktionsplan, desto mehr muß er durch Zurückhaltung gemäßigt werden
Schritt 6:	**Messen Sie die Ergebnisse**
Handlung:	Messen Sie Erfolg und Mißerfolg
Ziel:	Wachsen und reifen Sie vom anfänglichen Visionär zum erfahrenen Erfolgsmenschen
Gefahr:	Sie konzentrieren sich auf die Gegenwart und erkennen nicht die Gefahren und Möglichkeiten, die vor Ihnen liegen
Lernziel:	Durch die Messung der Ergebnisse stärken Führungskräfte ihre eigene Legitimation sowie den Einsatz der Interessengruppen für die Vision
Schritt 7:	**Verbessern Sie fortlaufend**
Handlung:	Wiederholen Sie den Ablauf in sieben Schritten
Ziel:	Entwickeln Sie Zielstrebigkeit und schaffen Sie einen synergetischen Impuls der Erkenntnis und Energie
Gefahr:	Der Schwung geht verloren. Wenn der Wille zur Aufrechterhaltung des Ablaufs fehlt, entsteht Zynismus, und die Glaubwürdigkeit der Führung wird geschwächt
Lernziel:	Nichts ist so erfolgreich wie Beharrlichkeit

Diese letzte Frage sollte alle Personen und Gruppen beschäftigen, die sich einer neuen Realität stellen müssen. Führungsarbeiter wissen, daß das Versäumnis einer solchen Bewertung ein Versäumnis in der Erfüllung ihrer Führungsaufgaben bedeutet. Wie ein Operationsteam die Laborwerte und Röntgenaufnahmen kennen muß, um das Risiko eines chirurgischen Eingriffs zu beurteilen, so müssen die Mitarbeiter wissen, wie effizient und effektiv das Unternehmen als Ganzes und die einzelnen Mitarbeiter arbeiten. Eine solche Beurteilung hilft, Skepsis und Sarkasmus zu vermeiden und unterstreicht das praktische Motto: „Gott vertrauen wir. Alle anderen müssen Daten liefern." Die Beurteilung hilft dem Team, die neue Realität anzunehmen und mit diesen Erkenntnissen die Angst vor dem Unbekannten zu überwinden.

Mit der Kenntnis des gegenwärtigen Leistungsstands können Sie zu Schritt 3 übergehen, der Suche nach Möglichkeiten zur Verbesserung. In einer demokratischen Kultur, wie Jefferson sie sich vorgestellt hat, werden sich freie Menschen nicht demütig dem Befehl einer Führungskraft unterstellen, wenn sie nicht daran glauben oder sie ihn nicht verstehen. Sie brauchen nachprüfbare Daten, damit praktische, erreichbare Ziele für einen Wandel gesteckt werden können. Ein Plan, der auf Daten basiert, hilft allen zu verstehen, wie sie sich verhalten sollten, um eine meßbare Verbesserung zu erzielen.

Wenn Sie einen Kontext geschaffen haben, eine Beurteilung und einen Plan in der Hand haben, dann beginnen Sie, Unterstützung zu suchen – Schritt Nr. 4 –, und schaffen Sie so ein positives Feld für Veränderungen. Wenn die Menschen gründlich auf die Veränderungen vorbereitet sind, können sie leicht für einen Plan begeistert werden. Als Führungskraft konzentrieren Sie sich auf jene, die bereit sind für die Veränderung, und geben ihnen einen Handlungsplan mit erreichbaren Zielen – Schritt 5.

Sobald die Handlung begonnen hat, bereiten sich Führungsarbeiter auf die Auswertung der Ergebnisse vor – Schritt 6. Als wirklich professionelle Optimisten stellen sie sich von Zeit zu Zeit genauso auf einen möglichen Mißerfolg ein, denn damit reduzieren sie die Wahrscheinlichkeit eines Mißerfolgs drastisch. Führungsarbeiter betrachten die Auswertung als Teil des Risikomanagements, das ihnen die Möglichkeit eröffnet, Kurskorrekturen rechtzeitig und somit weniger traumatisch vorzunehmen. Sie erkennen, daß die Beurteilung den Einsatz und den Willen zur Verbesserung stärkt, was wiederum die Triebkraft der Selbstbestimmung und die Einsatzbereitschaft für fortlaufende Verbesserung erhält – Schritt 7.

Mit diesem siebenstufigen Ablauf können Führungsarbeiter einen synergetischen Fortschrittsimpuls nach dem anderen schaffen. Dieses Phänomen war die treibende Kraft für das Wachstum von Microsoft, Intel und, wie wir sehen werden, auch für Wal-Mart. Damit gelang es auch dem Führungsteam beim West Jersey Health System, das Unternehmen in einer Zeit dramatischer Veränderungen im Gesundheitswesen vorwärtszutreiben.

➤ Wie man einen synergetischen Impuls erzeugt – Skript für eine Veränderung bei West Jersey

Das West Jersey Health System hat seinen Sitz in Philadelphia, genau gegenüber der Walt-Whitman-Brücke. Es hat sich traditionell immer dem Dienst an der Gemeinschaft verschrieben und steht in den USA für besten Einsatz zur Gesundheitsversorgung am Ort nach dem neuesten Stand der Wissenschaft. Nachdem die oberste Führung erkannt hatte, daß dieser Tradition und den höchst engagierten 5 000 Angestellten, der Belegschaft der West Jersey, auf dem hart umkämpften Gesundheitsmarkt Verluste drohten, leitete sie einen umfassenden siebenstufigen Ablauf zur Verbesserung der eigenen Leistung ein und nahm ihr Schicksal selbst in die Hand. Im folgenden Skript wird jeder Schritt umrissen. Hören Sie zu, wie Richard Miller, Mitglied der Unternehmensleitung, Geschäftsführer Kevin Manley und die Leiterin der unternehmensweiten Gruppe zur Neustrukturierung, Anita Jones, Rückschau auf ihre Bemühungen im ersten Jahr halten.

Schritt 1: Stellen Sie einen Kontext her – ermitteln Sie die Herausforderung, und entwickeln Sie eine Vision

Rich: Zwar behaupten Politiker, Reformer, Versicherungsgesellschaften und Berater, sie wüßten, wie man die Gesundheitsversorgung von außen neu strukturieren kann, doch wissen wir, daß der wirkliche Wandel von innen heraus kommen muß, aus dem großen Reservoir an Engagement, mit dem sich unsere Mitarbeiter für unsere Patienten einsetzen. Wir wußten, wenn wir weiter warteten und passiv blieben, würde das zur Entropie führen, zu einer Situation mit ungewissem Ausgang. Wir wußten auch, daß wir nicht nur minimale oder allmähliche Veränderungen vornehmen konnten, wie es so oft beim sogenannten Total Quality Management geschieht. Und auf keinen Fall wollten wir unseren Mitarbeitern und unseren Patienten eine verantwortungslose und bedrohliche Veränderung unter der Bezeichnung *radikale Umstrukturierung* zumuten. Wir wollten auf die größte Stärke unseres Unternehmens – auf unsere Leute – bauen und mit ihnen zusammen unsere betrieblichen Abläufe umgestalten und vereinheitlichen und auf einer neuen Ebene fokussieren.

Joan: Wir haben unsere Wahlmöglichkeiten für die Zukunft ausgewertet und beschlossen, unsere eigene Unabhängigkeitserklärung zu schreiben.

Kevin: Genau. Und wir wußten, daß wir dazu alle unsere Mitarbeiter brauchten. Also trafen wir Vorbereitungen für einen Zustandsbericht über die Herausforderungen, denen wir gegenüberstanden, und stellten diesen dem Vorstand, den Mitgliedern und allen unseren Mitarbeitern vor …

Jim: Dann baten wir alle Mitarbeiter des Unternehmens, unser Vorhaben zu beurteilen.

Rich: Ja. Aber ehe wir das erklären, sollten wir darauf hinweisen, daß wir die Analyse der augenblicklichen Situation als Hypothese präsentiert haben. Wir wollten unsere Mitarbeiter aufklären, nicht ihnen etwas vorschreiben. Wir wollten, daß alle mit uns die Situation durchdachten. So kamen wir an die Fakten: die einschneidenden Kürzungen bei den staatlichen Kostenerstattungen, der Druck auf den Gesundheitsvorsorgeeinrichtungen, Geld zu verdienen, die Unsicherheit der Öffentlichkeit, die große Angst unter unseren Patienten und sogar bei unserer Belegschaft. Wir legten die Karten auf den Tisch, und wie ein guter Arzt zu seinem Patienten sagten wir: „Tun wir uns zusammen und stellen uns dieser Herausforderung."

Anita: Deshalb war die Beurteilung erfolgreich. Wir haben unsere Leute darauf vorbereitet und ihnen einen Kontext gegeben, in dem die Herausforderung zu verstehen war, dazu eine Vision, wie ihr zu begegnen sei, nämlich mit offener und ehrlicher Zusammenarbeit.

Schritt 2: Bewerten Sie die Effektivität des Unternehmens bei der Erfüllung seines Auftrags: Sind die richtigen Leute zur richtigen Zeit aus dem richtigen Grund am richtigen Platz, um zu den richtigen Kosten den Auftrag zu erfüllen?

Kevin: Und als wir den Kontext erklärten, baten wir alle um Mitwirkung an einer sehr ungewöhnlichen und weitreichenden Beurteilung. Wenn ein Patient Symptome zeigt, die auf eine Herz- oder Lungenerkrankung hinweisen, führen wir eine sorgfältige Diagnose durch: Kernspintomographie, gründliche Blutuntersuchung, EKG und so weiter. Wir hielten das auch bei unserem Unternehmen für notwendig.

Joan: Wir sagten, wir wollten unser Unternehmen wie einen Patienten behandeln und die gründlichste Untersuchung durchführen, die man sich vorstellen kann.

Anita: Wir haben interne Beratungsgruppen gebildet, die mit unseren Managern und Angestellten zusammenarbeiteten. Wir baten jede einzelne Person, kritisch zu untersuchen, was sie tut, welcher Zeitaufwand und welche Kosten dabei entstehen, welche Hindernisse ihr im Weg sind, wenn sie ihre Arbeit richtig machen will. Wir sagten allen, daß wir selbst, und nicht jemand von außen, bewerten wollten, ob „die richtigen Leute am richtigen Ort waren, um unseren Auftrag zu den richtigen Kosten zu erfüllen". Wir setzten dazu ein neues Verfahren mit der Bezeichnung Work Imaging ein und fanden heraus, daß 30 bis 40 Prozent aller Arbeitskosten benötigt wurden, um Hindernisse aus dem Weg zu räumen und sich mit ineffizienten Systemen und Überlastungen in einzelnen Bereichen zu befassen. Dazu gab es doppelt getane Arbeit in verschiedenen Abteilungen und vor allem Komplexität und Überschneidungen bei den Rollen einzelner Mitarbeiter.

Rich: Es war eine beschämende, aber auch eine befriedigende Erfahrung. Wir schauten uns selbst an und beurteilten die Herausforderung offen und ehrlich. Unabhängig von ihrer Rolle im Unternehmen legten alle unsere Mitarbeiter bemerkenswerten Mut und Einsatz an den Tag.

Schritt 3: Erkennen Sie die Möglichkeiten für eine Verbesserung – ermitteln Sie anhand von Daten umsetzbare Möglichkeiten für eine Verbesserung

Jim: Der eindrucksvollste Teil dabei war der, als wir anhand der Daten nach Möglichkeiten für Veränderungen suchten. Niemand auf Erden ist skeptischer und wählerischer als Ärzte, Krankenschwestern und Anbieter von Gesundheitsdienstleistungen im allgemeinen, wenn es um Zahlen geht. Aber als sie ihre selbst zusammengetragenen Daten darüber sahen, wie wir tatsächlich arbeiteten, waren sie überzeugt. Wir hatten tolle Statistiken und Eckdaten, aber da die Bewertung von uns selbst stammte, mußten sie nicht erst alles genau prüfen. Es war echt.

Anita: Ein Beispiel kann das zeigen. Krankenschwestern, Pharmazeuten, Laborangestellte und Atemtherapeuten leben in ständiger Angst um ihre Stelle. Nun, als sie sahen, daß über 40 Prozent aller Arbeitszeit der Fachkräfte sich mit Arbeiten der Hilfskräfte überschnitt und auch von diesen hätte verrichtet werden können, wußten sie, daß sich etwas ändern mußte. Sie erkannten, daß sie sich im Berufsalltag egoistisch verhalten hatten und daß sie damit ihren Kollegen und den Patienten keinen guten Dienst erwiesen hatten. Die Fachkräfte konzentrierten sich nicht mehr auf ihre eigentlichen Aufgaben, sondern nahmen den Hilfskräften Arbeit weg, die hätte delegiert werden können.

Joan: Ich bin ja selbst Krankenschwester. Als ich diese Zahlen sah, wußte ich sofort, daß wir die gesamte Arbeit in unserer Einrichtung neu strukturieren mußten, damit sich die Fachkräfte wieder auf die Patienten konzentrieren konnten.

Jim: Das war eine der vielen Möglichkeiten, die wir herausgefunden haben. Wir erkannten auch, daß wir Vorgänge wie die Zeitplanung für Patiententransport und -dokumentation rationalisieren mußten. Und wir mußten das Management umstrukturieren.

Schritt 4: Mobilisieren Sie Unterstützung – teilen Sie den Plan mit

Kevin: Und hier gab es echtes Wachstum. Wir haben diese Diagnose, wie ein Arzt seinem Patienten, unserer gesamten Gemeinschaft mitgeteilt – allen, mit denen wir zuvor gesprochen hatten.

Joan: Wir haben Möglichkeiten für Veränderungen festgestellt und sind zur Tat geschritten: Wir haben Querschnittsteams mit Leuten aus allen Ebenen des gesamten Unternehmens gebildet. Wir sind der Überzeugung, wer es auf sich nimmt, einem ernsthaft kranken Patienten zu helfen, der verdient es, am eigenen beruflichen Weiterkommen mitwirken zu können.

Anita: Wir haben auch allen Führungskräften ihre eigenen Daten zur Untersuchung vorgelegt und ihnen gezeigt, wie man eine Analyse zur Neustrukturierung durchführt. Es scheint, daß Führungskräften alles beigebracht wurde, außer, wie man die Arbeit managt. Sie verdienen eine reelle Chance in einer Welt, in der alles auf dem Kopf steht.

Jim: Ja, wir wissen, daß es im Gesundheitswesen in fünf Jahren 30 bis 40 Prozent weniger Manager geben wird. Aber 80 Prozent der Führungskräfte, die wir brauchen werden, sind hier. Wir sind es unseren Patienten schuldig, daß wir diesen Pool von wunderbaren Talenten weiterentwickeln.

Schritt 5: Handeln Sie – setzen Sie den Plan um

Kevin: Nachdem wir unsere Diagnose und unseren Plan weitergegeben hatten, machten wir uns direkt an die Arbeit. Erst letzte Woche legte uns das Team, das die Rollenverteilung und -überschneidungen untersuchte, einen Plan vor, der buchstäblich jede Arbeitsplatzbeschreibung im klinischen Bereich verändern würde. Dadurch würden diese Mitarbeiter sich wieder besser auf ihre eigentlichen Aufgaben konzentrieren. Wir bereiten nun die Umsetzung dieses Plans vor und bieten den Leuten an, sich für diese neuen Rollen zu bewerben. Das bedeutet eine Rationalisierung, aber wir haben auch unsere Mitarbeiter dazu befragt: 90 Prozent sind der Ansicht, wir täten das Richtige für unsere Patienten, auch wenn das heißen würde, daß einige ihre Stelle verlieren und buchstäblich jede Arbeitsstelle sich verändert.

Rich: 90 Prozent! Wenn mir jemand sagt, die Mitarbeiter an der Basis wollten sich der Realität nicht stellen, dem rate ich zu prüfen, ob das nicht einfach Arroganz ist. Die Menschen, die für ihren Lebensunterhalt arbeiten und versuchen, den Grundsätzen dieser Kultur treu zu bleiben, sind bereit für eine Veränderung. Es ist die Führung – die anmaßende und die mächtige –, die das nicht versteht. Dieser Plan wird die Qualität unserer Leistung, die bereits exzellent ist, verbessern und uns über 25 Millionen Dollar einsparen. Mit diesem Ablauf zur eigenen Leistungsverbesserung nutzen wir jetzt Synergien, die wir zuvor nicht gesehen hatten.

Schritte 6 und 7: Messen Sie die Ergebnisse, und verbessern Sie fortlaufend – messen Sie Erfolg und Mißerfolg, und wiederholen Sie den Ablauf in sieben Schritten

Kevin: Bei der Auswertung einer weiteren Runde im Work Imaging stellte ich fest, daß unsere Mitarbeiter entschlossener und konzentrierter arbeiten. Es war wirklich ein Privileg, in diesem Team zu arbeiten. Es wurde von Tag zu Tag stärker.

Aufschlußreich an diesem Gespräch im Team von Führungsarbeitern bei West Jersey ist, wie routiniert sie ihr Skript zur Umsetzung des siebenstufigen Ablaufs präsentieren. Sie haben als Team bemerkenswerte Synergie entwickelt, gehen jeweils auf die Gedanken und Beweggründe des anderen ein und haben ein Gemeinschaftsgefühl und eine Entschlußkraft geschaffen, die weit über das hinausgehen, was einer von ihnen allein hätte entwickeln können. Die bemerkenswerten Synergien von Leistung und Einsparungen bei West Jersey sind ein Beweis für die außerordentlichen Fähigkeiten von Führungsarbeitern, die ihre Unternehmen durch synergetische Impulse von Erkenntnis, Energie und Konzentration vorwärtskatapultieren.

Auf einer ganz praktischen Ebene veranschaulicht dieses Gespräch auch die Möglichkeiten eines Skripts zur Veränderung, sei es für eine Einzelperson oder für ein ganzes Unternehmen, für eine Veränderung im kleinsten Rahmen oder eine größere Umwälzung. Von Rich und der obersten Führung bis zu den Mitarbeitern im direkten Kundenkontakt haben die Angestellten von West Jersey gelernt, wie man im Skript zur Veränderung in einem Unternehmen mitwirkt. Führungsarbeiter wie Thomas Jefferson, Abraham Lincoln und unser letztes Beispiel Sam Walton haben verstanden, daß es bei der Führung vor allem darum geht, den Menschen Skripts zur Verfügung zu stellen, mit denen sie den Wandel meistern und das synergetische Potential in ihrem Leben nutzen können.

Die durchschnittlichen Führungskräfte in unserer Untersuchung teilen im allgemeinen die irrige Ansicht, daß die Organisation von Veränderungen im großen Stile in der Hand der obersten Führung eines Unternehmens verbleiben sollte. Wie wir in diesem Buch immer wieder betont haben, sind Führungsarbeiter von der gegenteiligen Strategie überzeugt und praktizieren dies auch. Sie setzen Konzepte und Pläne von der Makroebene in konkrete Skripts für den Alltag an der Basis um. Die Konzepte der durchschnittlichen Führungskräfte dagegen zeigen eine allgemeine Herablassung gegenüber denen, die im direkten Kundenkontakt arbeiten. Paradoxerweise entscheiden aber allein diese Arbeitskräfte letztendlich über Erfolg und Mißerfolg jeder Veränderungsbemühung, wie Rich und Kevin bemerkt haben. Keiner wüßte dies besser als Sam Walton, der Gründer von Wal-Mart, einer unserer überzeugendsten Führungsarbeiter.

➤ Ein Skript zur Synergisierung eines Unternehmens – Mr. Sams Geschichte

Als Sam Walton im April 1994 starb, hatte „Mr. Sam“, wie ihn die 300 000 Mitarbeiter des von ihm gegründeten Unternehmens Wal-Mart nannten, das erfolgreichste Einzelhandelsunternehmen der amerikanischen Geschichte aufgebaut. Diese Tatsache allein hätte den meisten in den Führungsetagen bereits genügt, doch Mr. Sam maß seinen Erfolg nicht mit einem so konventionellen Maßstab. Auf dem Gipfel des Erfolgs verbrachte dieser Mann immer noch die meiste Zeit in seinem unternehmerischen Leben damit, persönlich mit seiner zweimotorigen Maschine von einem Geschäft zum anderen zu fliegen, um mit den Menschen von der Basis zusammenzutreffen. Er war ein Mann mit einem Anliegen, und er zog Befriedigung im Leben nicht nur aus einer gesunden Bilanz.

Mr. Sam schrieb eine „Unabhängigkeitserklärung“ für den Kunden und befreite ihn vom Joch der Unterdrückung durch die Madison Avenue und von der Preistreiberei der Unternehmen. Zusammen mit seiner Frau Helen – sie hatte ihn überzeugt, daß berufstätige Frauen die mächtigste Konsumentengruppe im amerikanischen Wirtschaftsleben darstellten – trat er den Beweis dafür an, daß der Kunde ein vollwertiger

Partner in der Wirtschaft sein konnte. Seine Strategie war, den Kunden dafür zu belohnen, daß er sich selbst bediente und sich selbst über die Produkte informierte. Er stellte das Konzept „Sonderverkauf“ und damit das Feilschen und die Betrügerei des Basars auf den Kopf, indem er „tägliche Niedrigpreise“ bot. Durch die sich rasch ausbreitende Bewegung reduzierte sich die Bruttogewinnspanne der Branche von über 60 Prozent in den 50er Jahren dieses Jahrhunderts auf unter 22 Prozent in den 90er Jahren – was, wie er erklärte, denen, die es am nötigsten hatten, breiteren Zugang zu Waren und Dienstleistungen verschaffte.

Mr. Sam ist der synergetische Führungsarbeiter in Person. Als wir Wal-Mart-Mitarbeiter baten, die effektivsten und vertrauenswürdigsten Führungskräfte zu benennen, die sie kannten, nannten sie Sam Walton zehnmal häufiger als irgendeine andere Person. Das war keine theoretische Einschätzung. Für Menschen wie George aus Berryville in Arkansas war Sam Walton ein Mitarbeiter aus Fleisch und Blut, jemand, der etwas bewegte: „Mr. Sam kam oft hierher. Beim ersten Mal sprach er mit mir über meine Leistung in bezug auf Kundenzufriedenheit und lehrte mich, meine Schüchternheit zu überwinden und mich auf die Bedürfnisse anderer einzustellen. Dann kam er wieder, wollte wissen, ob ich Fortschritte machte, und zeigte mir, wie ich mein Bonuskonto zu deuten hatte. Er sprach nicht nur über Führung; er war da, auch wenn er der reichste Mann der Vereinigten Staaten war.“

Sam Walton verkündete eine Herausforderung und entwickelte eine Vision, wie man sich ihr stellen konnte, und das auf eine Weise, die die Menschen elektrisierte und zu Leistungen außerordentlicher Intensität und Konzentration anspornte. Wie Jefferson, Leo und das Team der West Jersey schuf er einen Kontext, in dem das Ganze größer wurde als die Summe seiner Teile. In einer Branche, in der anfänglich Angestellte als austauschbar und verzichtbar galten, bot er Eigentums- und Gewinnbeteiligung, und in einem Bereich, wo der Kunde stets auf der Hut sein mußte, baute er durch beispiellosen Zugang zu Informationen und durch Schutz der Konsumentenrechte Vertrauen und Loyalität auf. In diesem Bereich, wo die Jagd nach dem Dollar wichtiger war als menschliche Bemühungen, schuf er schließlich Commitment und machte aus einer Reihe bescheidener Kleinkaufhäuser das größte zusammenhängende Warenhausimperium der Welt mit Umsatzerlösen von über 50 Milliarden Dollar.

Durch Interviews mit seinen Mitarbeitern und mit Mr. Sam selbst haben wir Einblick in die Person des Synergeten Sam Walton gewonnen. Außer mit Mr. Sam sprachen wir noch mit Tucky Wesley aus Wilkesboro in North Carolina, mit Atti Prekub, „the Colonel" aus Texarkana in Arkansas, und mit Sol Lowenheim aus Birmingham in Alabama. Sie beschrieben diese Synergie in anschaulichen Worten.

Schritt 1: Stellen Sie einen Kontext her

Mr. Sam: Helen wollte nicht in einer Stadt mit mehr als 10 000 Einwohnern leben. Sie sagte, wenn wir dem kleinstädtischen Amerika verbunden blieben, behielten wir den Sinn dafür, was freie Wahlmöglichkeit und Selbstvertrauen bedeuten. Wenn wir selbst nach diesen Werten lebten, würden wir sie auch bei unseren Kunden schätzen.

Atti: Mr. Sam sagte, die Herausforderung sei, ständig Wege zu suchen, um den Kunden mehr Kaufkraft und mehr Macht über ihr Leben zu geben. Er dachte besonders an berufstätige Frauen, die einen Ort brauchen, wo sie beste Qualität zum besten Preis bekommen. Sie haben keine Zeit, sich zu sorgen, ob sie nun übers Ohr gehauen wurden, und Mr. Sam sagte, sie würden uns treu bleiben, wenn wir sie mit soviel Würde und Respekt behandelten, wie wir es für uns selbst wünschen.

Sol: Er war ein praktischer Philosoph. Er hätte alles werden können, was er wollte. Ruhm und Geld bedeuteten ihm nichts, außer wenn sie ihm zu weiterer Expansion verhalfen. In den frühen Jahren verpfändete er alles außer seinen Kindern, um seine Vorstellungen in die Praxis umzusetzen. Nicht das Geld trieb ihn um, sondern der Gedanke, für die Menschen etwas bewirken zu können.

Tucky: Mr. Walton, so nannte ich ihn, hatte eine außerordentlich präzise Vision, was er wollte und wie wir alle davon profitieren könnten, wenn wir dazu beitrugen. Mit zunehmendem Alter teilte er immer mehr mit anderen, nicht aus schlechtem Gewissen heraus, sondern weil er merkte, daß die Menschen mehr zurückgeben als sie erhalten. Für mich ist er ein Sinnbild für Demokratie und Möglichkeiten.

Sam Walton schuf für alle seine Mitarbeiter einen klaren Kontext, der bis heute trägt. Er definierte die Herausforderung: Qualität und Selbstbestimmung für den Kunden, und die Vision waren Selbstbedienung und tägliche Tiefpreise. Sam Walton gelang es mit Leichtigkeit, solche Ideen in konkrete Begriffe umzusetzen, die jeder verstand und nach denen jeder handeln konnte. Somit konnte seine zweifellos größte Leistung im betrieblichen Ablauf institutionalisiert werden. Dadurch, daß er einen eindeutigen Kontext schuf, konnte er alle dafür verantwortlich machen und fortlaufend kontrollieren, ob sie noch auf den Unternehmenszweck konzentriert waren. Mr. Sam machte jeden Mitarbeiter zum Bewertenden, indem er Informationen über Finanzen und Kundenzufriedenheit offener behandelte, als es je zuvor in der Geschichte geschehen war. Das hatte zur Folge, daß er eine befähigte Belegschaft heranzog, die Kurskorrekturen vornehmen konnte, ehe eine Situation zur ernsten Gefahr wurde.

Schritt 2: Messen Sie die Effektivität, mit der der Unternehmensauftrag erfüllt wird

Atti: Durch Mr. Sam bin ich Unternehmerin und Geschäftsfrau geworden. Er erklärte mir persönlich, was ich über Gewinnspanne und Kundenzufriedenheit wissen mußte. Er zeigte mir, wie ich in meiner Abteilung so gewinnbringend arbeiten konnte, daß ich Prämien verdiente, und wie man Lagerbestände anlegt. Davon habe ich wirklich profitiert. Aber meiner Meinung nach kommt es darauf an, ob man die Ergebnisse mißt und sich selbst Rechenschaft ablegt.

Sol: Sam war ein Genie in der Machtverteilung an die Mitarbeiter, die dem Kunden am nächsten sind. Er zeigte ihnen, wie man finanzielle und Serviceleistungen bewertet, und schuf so eine Belegschaft, in der jeder offen und nach denselben Regeln spielen mußte. Das klingt einfach, aber wenn man dafür verantwortlich ist, die Leistung zu messen, dann steht das ganze Unternehmen in der Verantwortung, und das verbessert die Einzelleistung.

Viele Berater sprechen von persönlicher und unternehmerischer Verantwortung, aber Sam Walton hat seinen Angestellten auch die notwendigen Instrumente in die Hand gegeben, um ihre Leistung zu messen und selbst die Verantwortung für die Ergebnisse zu übernehmen.

Schritt 3: Stellen Sie Möglichkeiten für eine Verbesserung fest

Mr. Sam: Ich möchte, daß jeder weiß, wie dieses Unternehmen arbeitet. Wir geben mehr Informationen weiter als andere, und das wirkt sich aus. Unsere Gewinnspannen sind doppelt so hoch wie die von Sears, und unsere Eigenkapitalrendite liegt bei über 25 Prozent im Jahr. Unsere Leute kennen den Ertrag pro Quadratmeter Verkaufsfläche und pro Mitarbeiter im Verkauf. Das versetzt sie in die Lage, Probleme im Anfangsstadium zu erkennen und fortlaufend Vorschläge für Verbesserungen zu machen.

Tucky: Immer nach Möglichkeiten zu suchen, wie man etwas besser machen kann, das ist einfach eine Lebenseinstellung. Das kommt daher, daß wir ständig über unsere Leistung informiert werden. Das ist ein Ansporn, immer nach besseren Wegen zu suchen.

Die fixe Idee von der Verbesserung bei Wal-Mart ist legendär. Eine klassische Verbesserungsgeschichte ist der Vorschlag zur Kosteneinsparung von einem Marketingstudenten namens Steven Schulteis, der im Vertrieb arbeitete. Wal-Mart hatte bei der Ausführung von Waren an die einzelnen Geschäfte immer unterschiedliche Schachteln verwendet, um die Artikel nach Abteilungen zu sortieren. Schulteis wies nach, daß dieses Verfahren nicht nur ineffizient war, sondern auch zur Beschädigung von Schachteln und zum Kauf unnötig vieler Schachteln führte. Er schlug vor, Waren aus verschiedenen Abteilungen einfach in dieselbe Schachtel zu packen. Die Umsetzung dieses Plans brachte 10 Prozent Einsparung an Verpackung und sparte pro Warenhaus 600 000 Dollar jährlich. Wal-Mart stellte Steven ein und richtete darüber hinaus zu Ehren seines Vorschlags noch ein Stipendium in Stevens Namen ein, um die herausragende Rolle fortlaufender Verbesserungen in der Unternehmenskultur zu betonen.

Mr. Sam: Das ist eines unserer Markenzeichen. Wir sind immer bereit zur Veränderung. Diese Branche ändert sich ständig, und man muß flexibel bleiben. Unsere Leute sind schlau und wissen, was der Kunde braucht. Ich möchte, daß sie alles mögliche versuchen, was ihrer Meinung nach funktionieren könnte. Manchmal klappt es auch nicht, aber oft funktioniert es, und dann ist das hervorragend.

Schritt 4: Mobilisieren Sie Unterstützung

Mr. Sams vielleicht berühmtester Tick war seine Angewohnheit, mit höchstens einer Stunde Vorwarnung in einem Geschäft aufzutauchen. Als Außenseiter könnte man denken, Mr. Sam wollte sich damit in Szene setzen, doch diese Eigenheit stand für eine zentrale Wertvorstellung von Walton und seinen Mitarbeitern, und sie ist der Schlüssel zum Verständnis, wie er seine Mitarbeiter zu so großer Effektivität mobilisieren konnte.

Mr. Sam: Das Wichtigste, was ich tue, ist, in die Geschäfte hinauszugehen. Es ist harte Arbeit, und unsere Angestellten sollen wissen, daß ich das weiß. Ich bin dort gewesen und ich werde da sein, solange ich kann.

Tucky: Man versteht, warum man da ist, weil Mr. Walton da ist. Die Arbeit kann hart und langweilig sein, aber sie kann auch echte Erfolgserlebnisse vermitteln. Er macht das durch seine Gegenwart offensichtlich und zeigt uns, daß wir erreichen können, was er erreicht hat.

Schritte 5, 6 und 7: Handeln Sie, messen Sie die Ergebnisse, und verbessern Sie fortlaufend

Mr. Sam: Der wichtigste Unterschied zwischen uns und anderen Geschäften wie Kmart ist, daß wir unsere Mitarbeiter zu Kaufleuten ausbilden. Wir zeigen ihnen alle Zahlen, damit sie wissen, wie es in ihrem Geschäft und in unserem Unternehmen aussieht. So bauen wir Verantwortlichkeit und Commitment auf und geben den Menschen die Chance, etwas Bedeutendes mit ihrem Leben anzufangen. Wir teilen die Gewinne, das Eigentum und die Zukunft. Das ist das beste, was ich je getan habe.

Sam Walton war ein Genie im Schaffen von Kontext, Messen von Resultaten, Auffinden von Möglichkeiten und wenn es darum ging, Menschen zum Handeln zu mobilisieren. Damit baute er eine der lebensfähigsten Unternehmenskulturen in der Wirtschaft der Vereinigten Staaten auf und institutionalisierte die Vorstellungen von Handeln, Beurteilen und fortlaufender Verbesserung im täglichen Leben buchstäblich jedes Angestellten.

Wie Sie die Rolle des Synergeten ausfüllen

Die gemeinsamen Fäden, die sich durch die Geschichten von Jefferson, Lopez, West Jersey und Walton ziehen, sind Wertvorstellungen und Disziplin, und das erklärt ihre außerordentlichen Leistungen. Durch ihre Wertvorstellungen konnten sie ihre Disziplin steigern, daraus wiederum Vernunft und Entschlußkraft schöpfen und schließlich eine Synergie von Einzelwillen erzielen, die sowohl einzelne als auch ihre Unternehmen zu einem Durchbruch in bezug auf Einsicht und Leistung auf höchster Ebene katapultierte.

In der Rollenbeschreibung des Synergeten werden diese umfangreichen Veränderungen in einem praktischen Leitfaden zur eigenen Leistungsverbesserung in sieben Schritten präsentiert. Der Leitfaden geht auf die visionären, strategischen und taktischen Führungsziele ein und verbindet Führung auf höchster Ebene mit dem Alltagsleben. Veränderung stellt für einen Führungsarbeiter eine durchgängige Spirale von Auswahl, Verbinden, Problemlösen, Bewerten, Vermitteln, Ausgleichen und Schützen dar, die in der Synergie ihren krönenden Abschluß findet. Diese Kontinuität in der Praxis macht den Führungsarbeiter aus und verleiht ihm die Macht, unvergleichliche Leistungsebenen zu errichten.

Anhang

E. C. Murphy, Ltd.

Die Selbstbewertung Ihres FührungsIQ

Eine umfassende Bewertung zum Entwicklungsstand von Einzelpersonen auf der Suche nach Möglichkeiten zur eigenen Leistungsverbesserung im Berufs- und Privatleben

Einleitung

Die Selbstbewertung Ihres FührungsIQ haben wir entwickelt, um Führungskräften einen ersten Überblick über ihre augenblickliche Leistungsebene zu verschaffen, was die Leitprinzipien und die Fähigkeiten für die acht Rollen intelligenter Führung betrifft.

Die Selbstbewertung arbeitet mit Szenarien und basiert auf Skripts, wie sie herausragende Führungsarbeiter täglich benutzen. Unsere Untersuchung von Führungsarbeitern hat ergeben, daß sowohl diese Skripts als auch die traditionellen Strategien und Instrumente, die sie einsetzen, oft der Intuition und der konventionellen Logik zuwiderlaufen. Mit anderen Worten, sie sind oft eine Herausforderung an herkömmliche Denkvorgänge. Manchmal weichen die Skripts nur leicht von der herkömmlichen Praxis ab, aber schon minimale Unterschiede können großen Einfluß auf die Ergebnisse haben, wie auch Forschungen über die Evolution bestätigen, daß im Laufe der Zeit leichte Vorteile schließlich zu wesentlich anderen Ergebnissen führen können.

Wenn Sie die Selbstbewertung durchführen, achten Sie auf diese kleinen, aber bedeutenden Unterschiede und auch auf die größeren. Am Ende der Selbstbewertung finden Sie einen Leitfaden zur Weiterentwicklung, mit dem Sie dann Leistungsziele anpeilen können. Wenn Sie sich nicht nur auf die Bereiche konzentrieren wollen, die die Selbstbewertung Ihres FührungsIQ als verbesserungswürdig ergeben hat, dann wird Ihnen die Lektüre des ganzen Buchs helfen, die Lektionen im Zusammenhang zu verstehen sowie den synergetischen Impuls zu erkennen, den Sie durch Kompetenz in allen Rollen intelligenter Führung erreichen können.

➤ Hinweise

Die Selbstbewertung Ihres FührungsIQ präsentiert mögliche Lösungen für spezielle Szenarien. Lesen Sie jedes Szenario, und *kreisen Sie im Test selbst eine der drei Möglichkeiten ein.* Wenn Sie die Bewertung durchgearbeitet haben, vergleichen Sie Ihre Antworten mit dem mitgelieferten Antwortenschlüssel. So ermitteln Sie Ihren gegenwärtigen Stand beim allgemeinen FührungsIQ, und Sie können bestimmte Bereiche gezielt zur eigenen Weiterbildung angehen.

Schauen Sie im Leitfaden zur Weiterentwicklung nach, wenn Sie spezielle Abschnitte im Buch suchen. Dort finden Sie Erläuterungen zur richtigen Lösung.

1. Sie sind Geschäftsführer einer mittelständischen Firma für Computertechnologie, und Sie haben beschlossen, das Arbeitsverhältnis mit Bruce, einem Ihrer Manager, zu beenden. Ihre Kunden finden ihn unhöflich, und seine Mitarbeiter achten ihn nicht. Dazu hat sich die Leistung seiner Abteilung in den letzten zehn Monaten ständig verschlechtert. Sie haben zu verschiedenen Gelegenheiten versucht, ihm zu helfen, aber nichts hat funktioniert. Schließlich, nachdem Bewertung und Beratung versagt haben, beschließen Sie, ihn zu entlassen. Sie rufen ihn in Ihr Büro zum Entlassungsgespräch und sagen folgendes:
   A: „Bruce, wir müssen über Ihr Ausscheiden aus der Firma sprechen. Wir haben in den vergangenen Monaten oft über Ihre Leistung gesprochen, und es hat kaum eine Besserung gegeben. Also wäre es wohl das Beste für alle Beteiligten, wenn sich unsere Wege hier trennten. Gehen Sie im Personalbüro vorbei, erledigen Sie die nötigen Formalitäten und nehmen Sie Ihren letzten Scheck mit."
   B: „Bruce, ich habe Sie hergebeten, um über Ihr Ausscheiden aus der Firma zu sprechen. Wir haben in den vergangenen Monaten oft über Ihre Leistung gesprochen, und es hat kaum eine Besserung gegeben. Ich weiß nicht, ob das an der Situation hier liegt oder woran sonst. Ich meine, wir haben uns auf machbare Ziele geeinigt, und die sind nicht rechtzeitig erreicht worden."
   C: „Bruce, ich finde, wir waren in den letzten Monaten wirklich fair Ihnen gegenüber. Ich wollte Ihnen helfen, Ihre Leistungen zu verbessern und ein Teamplayer zu werden, aber Sie haben nicht auf mich gehört. Ich frage mich allmählich, ob es da nicht

noch ein tieferliegendes Problem gibt. Unsere Kunden finden Sie unhöflich, niemand aus Ihrem Team ist gut auf Sie zu sprechen, und ich glaube einfach, Sie werden es in dieser Branche als Manager nie zu etwas bringen."

2. Sie sind vor kurzem zum Leiter des Vertriebs in einem großen pharmazeutischen Unternehmen ernannt worden. Bob Jones, die Topkraft im Verkauf der letzten 20 Jahre, scheint Schwierigkeiten zu haben. Seine Umsätze sind stark gefallen, und er ist nicht mehr so begeistert bei der Arbeit wie früher. Sie beschließen, einen Weg zu suchen, damit er sich wieder voll einsetzt und bessere Leistungen bringt. Sie laden ihn zum Mittagessen ein, und nach einigen Höflichkeitsfloskeln sagen Sie:

   A: „Bob, Sie haben hervorragende Leistungen bei PharmTech erbracht, daher fallen Ihre Verkaufszahlen der jüngsten Zeit um so mehr auf. Wenn Sie nichts dagegen haben, lassen wir dieses Thema jedoch kurz ruhen und sprechen über etwas Grundlegenderes, nämlich Sie. Wie sieht es mit Ihnen aus? Was denken Sie über Ihre Arbeit, Ihre Kunden und ihre Beziehung zu PharmTech?"

   B: „Bob, Sie haben hervorragende Leistungen bei PharmTech erbracht, deshalb fallen Ihre Verkaufszahlen der letzten Zeit um so mehr auf. Wenn es Ihnen nichts ausmacht, möchte ich gern alle Kontakte des vergangenen Monats einzeln durchgehen um zu erkennen, was wirklich schiefläuft."

   C: „Bob, Sie haben hervorragende Leistungen bei PharmTech erbracht, deshalb fallen Ihre Verkaufszahlen der jüngsten Zeit um so mehr auf. Und weil Sie immer außerordentliche Leistungen erbracht haben, möchte ich offen zu Ihnen sein. Ich mache mir Sorgen angesichts eines so plötzlichen Leistungsabfalls. Vielleicht müssen wir allmählich daran denken, Sie auf eine andere Stelle zu versetzen. Sie sollen bekommen, was Ihnen rechtmäßig zusteht, ohne daß die Leistungen der ganzen Abteilung geschmälert werden."

3. Sie sind Eigentümer eines Restaurants, und Sie suchen einen neuen Geschäftsführer. Ihre erste Bewerberin hat in den letzten 20 Jahren schon unterschiedliche Restaurants geführt. Wenn Sie sich zum Bewerbungsgespräch mit ihr zusammensetzen, sagen Sie als erstes (nachdem sie Ihnen ihren Lebenslauf übergeben hat und nach kurzem Geplauder):
   A: „Führen Sie mich doch durch Ihren Lebenslauf, und beschreiben Sie, welche besondere Verantwortung und welche Aufgaben Sie bei Ihren letzten Anstellungen hatten."
   B: „Legen wir Ihren Lebenslauf einmal zur Seite, und Sie erzählen mir etwas über Ihre allererste Erfahrung in der Arbeitswelt."
   C: „Ehe wir uns über Ihre Qualifikation unterhalten, haben Sie Fragen über die Position, auf die Sie sich bewerben?"

4. Bob, einer Ihrer Angestellten, kommt zu Ihnen und beschwert sich über Sally, eine Mitarbeiterin. Als er seine Beschwerde hervorgebracht hat, bittet er Sie, die Sache für sich zu behalten und nichts zu unternehmen. Sie antworten:
   A: „Bob, wenn Sie mit Sally ein Problem haben, das möglicherweise den Dienst am Kunden beeinträchtigen könnte, dann bringen Sie mich in eine peinliche Situation, wenn ich nichts dagegen tun soll. Es tut mir leid, aber ich werde die Sache mit jedem von Ihnen einzeln besprechen müssen."
   B: „Wenn Sie das so wollen, Bob, ist das in Ordnung. Ich werde nichts unternehmen, aber ich werde Sally auch nichts vorwerfen. Durch Informationen vom Hörensagen soll ihr Ruf nicht geschädigt werden."
   C: „Nun, Bob, wenn Sie dieses Problem mit Sally haben, dann werde ich Sie beide wohl zusammenbringen müssen, damit Sie darüber sprechen können. Ich kann nicht zulassen, daß zwei meiner Mitarbeiter sich gegenseitig aus dem Weg gehen. Wir müssen uns wie erwachsene Menschen zusammensetzen und das klären."

Die Fragen 5 bis 8 beziehen sich auf das folgende Szenario

Ihnen ist soeben die Leitung einer neuen fünfköpfigen Kommission zur Neustrukturierung im Fertigungsbereich einer großen Möbelfirma übertragen worden, und Sie haben sechs Monate Zeit, um bestimmte Ergebnisse zu erzielen. Das ist nicht unmöglich, aber Sie werden schnell und entschlossen handeln müssen. Vier Mitglieder sind für Ihr Team bestimmt worden, deren Haltung von Begeisterung bis hin zu Ablehnung rangiert. Ihre erste Aufgabe als Projektleiter ist, mit jeder Person zu sprechen und sie zu motivieren, damit das Team seine Ziele erreicht, wenn auch Ihr Vorgesetzter gesagt hat, Sie können, falls notwendig, Personen aus dem Team ausschließen.

5. Ann, die erste Person, mit der Sie sprechen, ist ganz begeistert von dem Projekt und freut sich darauf, damit zu beginnen. Nach ihrem schnellen Aufstieg im Unternehmen sieht sie in diesem Projekt eine Möglichkeit, sich weiter zu beweisen. Auf Ihre Frage, wie sie über den engen Terminplan denkt, sagt sie: „Ich glaube, wir können das schaffen, aber es müssen alle mitmachen. Ich bin bereit, und ich freue mich auf die Gelegenheit, einen guten Beitrag dazu zu leisten." Sie antworten:
   A: „Vielen Dank für Ihr Engagement. Es ist immer gut, wenn jemand mit solcher Begeisterung in einem Projekt mitarbeitet. Aber denken Sie daran, daß wir hier als Team zusammenarbeiten müssen. Wir müssen der Versuchung widerstehen, nur nach persönlichem Ruhm zu streben."
   B: „Vielen Dank für Ihr Engagement. Ich werde Sie irgendwann in dieser Woche wissen lassen, welche Rolle Sie dabei spielen werden."
   C: „Vielen Dank für Ihr Engagement. Es ist immer gut, wenn jemand mit solcher Begeisterung in einem Projekt mitarbeitet. Ich freue mich darauf, daß Sie eine wichtige Rolle bei unserem Vorankommen spielen werden."

6. Die zweite Person, mit der Sie zusammentreffen, ist Bob. Er zeigt etwas Begeisterung über das Projekt, scheint aber Bedenken wegen des Termins zu haben. Er war immer sehr verläßlich, war aber nie der große Star oder jemand, der gerne ein Risiko einging. Auf Ihre Frage nach dem engen Terminplan sagt er: „Mir gefällt die Aufgabe, aber ich fürchte, wir haben nicht genügend Zeit, es richtig zu machen. Und ich bin nicht sicher, ob wir die nötigen Ressourcen haben. Aber wissen Sie, Ann scheint die Sache wirklich im Griff zu haben.“ Darauf antworten Sie:
   A: „Das ist interessant, welche Bedenken Sie haben, aber ich glaube, da müssen Sie sich keine Sorgen machen. Wir haben alles unter Kontrolle, und ich weiß einfach, daß das Team gut zusammenarbeiten wird. Ich bin sicher, Ann sieht das genauso, also sprechen Sie doch vor unserem ersten Gruppentreffen einmal mit ihr, und fragen Sie nach ihrer Meinung.“
   B: „Ich verstehe Ihre Bedenken, aber ich bin sehr froh, daß Ihnen die Aufgabe gefällt. Ich wette, wenn Sie und Ann als Kern des Teams zusammenarbeiten, dann können wir es schaffen.“
   C: „Danke für die Analyse und für Ihr Engagement. Leider müssen wir alle sehen, wie wir mit diesem Termin und unseren Ressourcen zurechtkommen. Ich wünschte, ich könnte das ändern, aber wissen Sie, die Jungs da oben geben uns nur das, was *sie* für nötig halten und nicht, was *wirklich* gebraucht wird.“

7. Die dritte Person ist Ralph, der für alles nur ein Schulterzucken übrig hat: Wer weiß, wen kümmert's. Ihm ist das Projekt insgesamt wirklich gleichgültig, und er scheint keine Energie darauf verwenden zu wollen, es voranzubringen. Als Sie ihn nach seiner Meinung über den engen Terminplan fragen, den Sie alle haben, sagt er: „Nun, ich weiß nicht… Ich bin nicht sicher. Es ist nicht so sehr das Projekt, aber ich sehe einfach keine Möglichkeit, das alles in so kurzer Zeit zu schaffen.“ Sie antworten:
   A: „Ich verstehe Ihre Besorgnis. Sie haben doch schon mit Ann und Bob zusammengearbeitet, nicht wahr? Sie sind beide ganz optimistisch, und ich finde, wir sollten uns mit ihnen zusam-

mentun und einen Ablaufplan erstellen. Wir werden sehr eng zusammenarbeiten müssen, um dieses Ziel zu erreichen. Das ist sehr wichtig für uns alle hier."

B: „Ich kann Ihre Besorgnis verstehen. Gehen Sie doch einfach zu Ann und Bob und lassen Sie sich die Sache erklären. Teilen Sie ihnen alle Ihre Bedenken mit, und hören Sie ihre Reaktionen dazu an. Sie sind startbereit und werden Ihnen helfen, die richtige Richtung einzuschlagen."

C: „Ich möchte gerne mehr über Ihre Vorbehalte erfahren. Nennen Sie mir bitte jeden Punkt einzeln, dann werden wir sehen, mit welchem wir uns näher befassen müssen."

8. Zuletzt sprechen Sie mit Carly. Sie ist einfach dagegen, in diesem Team mitzuarbeiten. Auf ihre Frage, was sie von dem engen Terminplan hält, sagt sie: „Ehrlich gesagt, ich halte das für unmöglich. Wir werden es nicht schaffen. Ich habe kein gutes Gefühl dabei, und ich sehe keine Möglichkeit, wie wir das durchziehen könnten." Darauf antworten Sie:

A: „Es ist Ihr gutes Recht, so zu empfinden. Ich glaube, wir können das wunderbar schaffen, aber wenn Sie hier nicht mitmachen wollen, können Sie auch gehen. Ich bin berechtigt, Leute aus dem Team zu entlassen, und ich glaube, in Ihrem Fall ist es wahrscheinlich das beste für alle Beteiligten."

B: „Ich schätze Ihre Offenheit. Sie wissen, ich lege Wert auf Ihre Meinung und wir beide wissen, es ist entscheidend, daß wir ein Team mit gutem Zusammenhalt aufbauen. Würden Sie bitte einmal alle möglichen Hindernisse auflisten, auf die wir achten sollten, damit wir darüber diskutieren können? Ich glaube, wir müssen hier sehr konkret werden in allem, was wir sagen und tun. Es geht um viel."

C: „Was würden Sie an meiner Stelle tun? Das ist gut und schön für Sie, wie Sie da sitzen und alles ablehnen, aber ich kann mir diesen Luxus nicht leisten. Was würden Sie also tun, wenn Sie an meiner Stelle wären? Wir sitzen hier alle im selben Boot, also sollten wir auch die Fakten zur Kenntnis nehmen."

9. Sie leiten ein Bekleidungsgeschäft in einem kleineren Einkaufszentrum. Eines Tages arbeiten Sie zu zweit im Geschäft, und Sie stellen fest, daß das Geschäft voller Kunden ist, während Ihr einziger Angestellter im Hinterzimmer ein Display zusammenstellt. Um das zu ändern, sagen Sie zu Ihrem Angestellten:
   A: „Was treiben Sie hier im Hinterzimmer, während das Geschäft voller Kunden ist? Wir sind hier, um zu bedienen, und nicht, um Displays zusammenzustellen. Von jetzt an lassen Sie mich sofort wissen, wenn Sie etwas daran hindert, die Kunden zu bedienen."
   B: „Wer hat Ihnen gesagt, Sie sollten hier hinten die Displays zusammenstellen? Waren das diese Vertreter? Sagen Sie mir das nächste Mal Bescheid, wenn sie wiederkommen, denn ich lasse mir von diesen Leuten nicht vorschreiben, wie der Laden hier läuft. Wenn die wollen, daß die Displays aufgestellt werden, dann sollen sie das selbst tun."
   C: „Können Sie sich später um die Auslagen kümmern? Wir haben im Augenblick den Laden voller Kunden. Fragen Sie mich später noch einmal wegen dieser Displays, wenn es etwas ruhiger geworden ist."

10. Wenn Sie zwei oder mehrere Angestellte zusammenbringen, um einen Konflikt zu erörtern, und Sie nicht in der Lage sind, gleich zu einem Konsens zu kommen, dann wäre die beste Vorgehensweise:
   A: Das Treffen ein oder zwei Tage zu vertagen.
   B: Das Treffen so lange nicht zu beenden, bis ein Konsens erreicht ist.
   C: Das Treffen zu vertagen, während Sie selbst eine Vorgehensweise überlegen.

11. Sie müssen mit Tony, einem Ihrer Mitarbeiter, ein Beurteilungsgespräch führen. Um sicherzustellen, daß Ihre Verbesserungsvorschläge auch ernst genommen werden und wirklich bei ihm ankommen, tun Sie folgendes:

A: Sie füllen mit Tony gemeinsam ein Bewertungsformular über seine Leistungen aus.
B: Sie allein füllen ein Bewertungsformular über Tonys Leistungen aus.
C: Sie lassen Tony allein ein Bewertungsformular über seine Leistungen ausfüllen.

12. Bei einem Einstellungsgespräch ist folgende Sitzordnung am besten für den Interviewer und den Befragten:
A: In einem Büro oder Konferenzzimmer von Angesicht zu Angesicht (an einem Schreibtisch oder Tisch), um eine formelle und sachliche Atmosphäre zu schaffen.
B: In einem Büro oder Konferenzzimmer mit den Stühlen nebeneinander oder gegenüber (nicht getrennt durch einen Schreibtisch oder Tisch), um eine entspannte, ungezwungene Atmosphäre zu schaffen.
C: Beim Mittag- oder Abendessen in einer freundlichen, zwanglosen Umgebung.

13. Wenn weitreichende Veränderungen in einem Unternehmen vorgenommen werden, geht man am besten folgendermaßen vor:
A: Man handelt, sobald eine allgemeine Richtung festgelegt wurde, und trifft die Feinabstimmung dann während der Umsetzung.
B: Man führt eine gründliche Beurteilung der augenblicklichen Lage durch und mobilisiert dann die Kräfte zum Handeln.
C: Man führt eine vollständige Beurteilung der augenblicklichen Lage durch und handelt nicht, ehe jeder im Unternehmen seine Unterstützung zugesagt hat.

14. Wenn Sie zwei oder mehrere Mitarbeiter zusammenbringen, um einen Konflikt zu erörtern, dann nehmen Sie am besten folgende Rolle ein:
A: Sie leiten die Diskussion und holen von jedem Teilnehmer ganz spezifische Informationen ein.

B: Sie halten sich raus – Sie achten nur darauf, daß das Gespräch nicht zu sehr außer Kontrolle gerät.

C: Sie stellen Fragen und holen sich von jedem Teilnehmer Informationen, aber Sie lassen sie untereinander frei diskutieren.

15. Um bei Einstellungsgesprächen möglichst viel Informationen über die verschiedenen Kandidaten zu bekommen, ist es am sinnvollsten:

A: Sie wählen eine stark strukturierte Form und stellen jedem Bewerber eine Liste von Kernfragen.

B: Sie wählen eine Form, mit der die Geschichte jedes einzelnen Bewerbers durch Fragen des Interviewers zurückverfolgt wird.

C: Sie wählen eine sehr freie Form und lassen jedem einzelnen Bewerber Gelegenheit, seine wichtigsten Erfolge herauszustellen.

16. Wenn Sie Anzeichen negativer Veränderungen in den Leistungen eines Untergebenen ansprechen wollen (etwa schlechte Konzentration, Pessimismus, Lethargie, Unentschlossenheit, Anschuldigungen, Erschöpfung und so weiter), dann ist es am besten:

A: Sie sprechen über diese Anzeichen nur im Hinblick auf die Arbeitsleistung.

B: Sie sprechen über diese Anzeichen und darüber, welchen Einfluß sie auf das Privatleben, das Berufsleben und andere Bereiche haben.

C: Sie vermeiden es, die Ursachen des Problems anzusprechen. Sie erörtern nur, wie spezielle Verhaltensweisen positiv verändert werden können.

17. Ein Mitarbeiter oder Untergebener, über den erzählt wird, er habe seit etwa einem Monat schwerwiegende persönliche Probleme zu Hause, bittet Sie um Rat. Die beste Reaktion ist folgende:

A: Sie hören seine Probleme an und bieten dann aufgrund Ihrer Erfahrung und Ihrer Kenntnisse Rat und Orientierung an.

B: Sie hören seine Probleme an und verweisen auf Möglichkeiten, professionellen Rat einzuholen.

C: Sie sagen ihm, Sie seien nicht der geeignete Ansprechpartner, und er solle sich direkt um professionelle Hilfe bemühen.

18. Wenn Sie ein Bewerbungsgespräch führen, ist die Verteilung von Zuhören und Sprechen am besten wie folgt:
    A: Mehr Sprechen als Zuhören.
    B: Mehr Zuhören als Sprechen.
    C: Gleichviel Zuhören wie Sprechen.

Die Fragen 19 bis 22 beziehen sich auf das folgende Szenario

Sie sind Laborleiter in einer Gentestfirma, und es ist Zeit für die alljährlichen Leistungsbeurteilungen. Zuerst sprechen Sie mit Frank. Frank war bisher ein relativ zuverlässiger und guter Mitarbeiter, aber gelegentlich wird er sarkastisch und macht ironische Bemerkungen.

19. Die beste Herangehensweise bei Franks Leistungsbeurteilung ist folgende:
    A: Sie vereinbaren ein Treffen mit Frank: Sie erklären den Ablauf der Beurteilung und führen die Bewertung an diesem Termin durch.
    B: Sie vereinbaren zwei Treffen mit Frank: eines, um den Ablauf der Beurteilung zu erklären, und ein zweites für die Beurteilung selbst.
    C: Sie treffen sich mit Frank und lassen ihn die Bewertung nach seinem eigenen Zeitplan durchführen.

20. Sie erklären Frank: „Wir werden den Dienst am Kunden und das dafür erforderliche Verhalten beurteilen. In der Beratung mit Kunden, Mitarbeitern und der Geschäftsführung hat das Unternehmen sich zur Untersuchung unterschiedlicher Leistungskategorien verpflichtet. Das sind folgende: erstens, der persönliche Dienst am Kunden, zweitens der Dienst an den Teammitgliedern, drittens Organisatorisches, dazu gehören auch Anwesenheitszeiten und effizienter Einsatz von Personal und Ressourcen, und zuletzt die Fachkompetenz in besonderen Arbeitsbereichen." Darauf erwidert Frank sarkastisch: „Nun, geht es bei der Beurteilung nicht einfach darum, ob man die Spielregeln kennt?" Sie antworten:

A: „Überhaupt nicht. Ich bin eher etwas überrascht, daß Sie das fragen. Wir haben uns zu einem ehrlichen Weg zum Kunden verpflichtet, und solche taktischen Spielchen, die Sie ansprechen, wären nicht akzeptabel. Sie müssen sich selbst als jemanden an der Kundenfront vorstellen wie ein Arzt im Krankenhaus. Ihr Dienst am Kunden ist so wichtig wie die Behandlung eines Arztes für den Patienten."

B: „Das glaube ich eigentlich nicht. Macht das auf Sie den Eindruck? Ich selbst habe das eher immer so gesehen, daß wir wie die Ärzte in einem Krankenhaus verantwortlich dafür sind, daß unsere Patienten die bestmögliche Behandlung erfahren und daß wir uns mit aller Energie dafür einsetzen müssen."

C: „Gute Frage. Urteilen Sie selbst, Frank. Schauen wir uns einmal eine andere Umgebung an als unsere, sagen wir, ein Krankenhaus. Möchten Sie sich in die Hände eines brillanten Arztes begeben, der nicht erscheint? Oder einer Schwester, die sagt, Sie sollten die Zähne zusammenbeißen, wenn Sie um Schmerzmittel bitten? Oder eines Labormitarbeiters, der es versäumt, Ihrem Arzt die Ergebnisse Ihres Bluttests mitzuteilen?"

21. Als Reaktion auf das eben Gesagte bleibt Frank sarkastisch und sagt ironisch: „Ich verstehe, was Sie mit dem Krankenhaus meinen, aber ich glaube nicht, daß ich von meinem Hocker in diesem Labor aus jemanden umbringen könnte." Sie sagen:

A: „Ich weiß, was Sie meinen, aber vielleicht unterschätzen Sie Ihre Bedeutung für das Team und für unsere Kunden. Könnten die Ergebnisse Ihrer Tests nicht eine Bedrohung für die Gesundheit der Bevölkerung ergeben? Wenn Sie diese Tests nicht sauber durchführen, könnten dann nicht unsere Kunden unser Unternehmen vor Gericht bringen, weil wir unsere Aufgabe nicht erfüllt haben? Wenn die Ergebnisse falsch wären oder zu spät kämen, wären unsere Mitarbeiter nicht in großen Schwierigkeiten, wenn sie Gutachten schreiben sollten? Wie lautet Ihre Antwort auf diese Fragen, Frank?"

B: „Hören Sie, Frank, wir bewegen uns hier schnell auf einen Punkt zu, wo Ihre Haltung unangemessen wird und Sie sich schlichtweg nicht mehr unterordnen. Ich schlage vor, ehe Sie weitergehen, überlegen Sie sich noch einmal, was Sie sagen. Ich werde selbst einige Minuten überlegen, damit dieser Zwischenfall meine Beurteilung über Sie nicht unnötig beeinträchtigt."

C: „Frank, es tut mir leid, daß Sie das so sehen. Merken Sie nicht, wie wichtig Sie für das gesamte Team sind? Wenn wir nicht alle 110 Prozent geben, werden wir es nicht schaffen. Wie kann ich Sie davon überzeugen, daß Ihre Rolle ebenso wichtig ist wie die eines Arztes?"

22. Am ehesten zu rechtfertigen ist folgende Form der Leistungsbeurteilung:
    A: Eine sehr allgemein gehaltene Form mit zahlreichen speziellen Anmerkungen des Bewertenden.
    B: Eine sehr spezifische Form mit wenigen schriftlichen Anmerkungen des Bewertenden.
    C: Formlos, aber mit ausführlichen schriftlichen Anmerkungen des Bewertenden.

23. Wenn Ihre Angestellten ernsthafte persönliche Probleme haben, tun Sie am besten folgendes, um ihre Leistungsfähigkeit im Beruf zu erhalten:
    A: Sie geben ihnen einige Tage frei, damit sie das Nötige regeln können, lassen sie aber nicht vergessen, daß einer der Gründe für ihre kurze Pause die Aufgabe ist, ihre Leistung bei der Arbeit zu verbessern.
    B: Sie lassen sie ihre Probleme nach ihrem eigenen Zeitplan regeln. Sie helfen ihnen, bei der Arbeit einigermaßen diszipliniert und strukturiert zu bleiben.
    C: Sie geben ihnen frei, so lange sie wollen, um das, was geregelt werden muß, wirklich auf lange Frist zu klären.

24. Wenn es um Probleme der Leistung geht, sollte die erste Frage bei einem Gespräch mit einem Mitarbeiter lauten:
    A: Wie geht es Ihnen?
    B: Was tun Sie?
    C: Wo liegt das Problem?

25. Wenn bei Veränderungen im größeren Maßstab eine Anzahl von Mitarbeitern nicht mitmachen möchte, verfährt man am besten folgendermaßen:
    A: Sie versuchen, sie alle „an Bord“ zu bekommen. Sie könnten sonst später Ihren Plan zum Scheitern bringen.
    B: Sie isolieren diese von den Mitarbeitern, die führend bei den Veränderungen sind. Sie bemühen sich jetzt, erstere aus dem Unternehmen zu entfernen.
    C: Sie bieten ihnen die Gelegenheit mitzumachen, unternehmen aber keine besonderen Anstrengungen, sie zu motivieren. Sie konzentrieren sich auf die Menschen mit der positiven Energie.

26. Um eine gute Zusammenarbeit und hohe Leistungen zu erzielen, müssen Führungskräfte vor allem auf folgendes achten:
    A: Die Organisation der Arbeit.
    B: Leistungsanreize bieten (finanzieller oder anderer Art).
    C: Die Ausbildung von Teamfähigkeit und zwischenmenschlichen Fähigkeiten bei den Mitarbeitern.

27. Tom, einer Ihrer Angestellten, kommt zu Ihnen und sagt: „Jon ist wirklich ein Versager bei der Arbeit. Er hat in den letzten zwei Tagen drei Bestellungen vermasselt. Wenn da nicht bald etwas geschieht, verlieren wir sicher bald Aufträge.“ Sie antworten: „Ich höre Sie“, worauf Tom wütend entgegnet: „Das habe ich schon einmal gehört. Werden Sie nun etwas unternehmen?“ Sie sagen:
    A: „Ich habe verstanden, daß Sie über Jon verärgert sind. Ihre Aufgabe ist, die Bestellungen zu erledigen und mir zu sagen, wenn Probleme auftreten. Das haben Sie getan. Nun ist es meine Sache. Lassen Sie mich meine Arbeit tun, und Sie tun Ihre. In Ordnung?“

B: „Ich habe verstanden, daß Sie über Jon verärgert sind. Ich werde mit ihm sprechen und mich um das Problem kümmern, das Sie angesprochen haben, sobald wir hier fertig sind."

C: „Hören Sie, Tom, das ist mein Problem, und ich werde mich so darum kümmern, wie ich es für richtig halte. Ich werde das nicht nach Ihrem Plan oder dem von jemand anderem tun. Ich werde tun, was ich für angemessen halte, zu der Zeit, die ich für angemessen halte. Und, offen gesagt, wenn das bedeutet, daß ich auf Ihre Behauptungen hin untätig bleibe, so sei es denn."

28. Wenn Sie als Führungskraft einen Fehler machen, dann ist es am besten:

A: Sie gestehen Ihren Fehler ein, ehe Sie eine Lösung suchen. Es ist wichtig, vor Ihren Mitarbeitern menschliche Züge zu zeigen, ohne Ihre Führungsposition unnötig zu schwächen.

B: Sie fahren schnell fort, ohne Ihren Fehler einzugestehen. Wenn Sie zulassen, daß Sie selbst so behandelt werden wie Ihre Mitarbeiter, werden Sie nicht mehr als starke Führungspersönlichkeit gelten.

C: Geben Sie Ihren Fehler zu und machen Sie sich sofort an eine Lösung. Ihre Mitarbeiter sollen vor allem sehen, daß nicht nur jeder Fehler macht, sondern daß auch jeder den gleichen Prinzipien verantwortlich ist.

Die Fragen 29 bis 32 beziehen sich auf das folgende Szenario

Sie sind Immobilienmakler, und Sie glauben, Sie haben für eine Familie, die ein Haus kaufen möchte, das richtige gefunden: ein Haus, das in einer attraktiven Wohngegend zum Verkauf steht.

29. Erster Punkt Ihrer Geschäftsordnung ist die Verhandlung über den Verkaufspreis mit Niles, dem gegenwärtigen Eigentümer des Hauses. Sie beginnen dieses Gespräch: „Niles, ich muß sicher sein, daß ich Ihre Bedürfnisse und Anforderungen hinsichtlich des Preises

genau kenne. Darf ich fragen, wo Ihre Untergrenze liegt? Wieviel müssen Sie bekommen?" Darauf antwortet Niles: „Soviel wie möglich." Ihre Antwort lautet:

A: „Nun, wir haben eine Marktanalyse für diese Gegend durchgeführt, also haben wir einen Ausgangspunkt. Aber wir können es vielleicht für etwas mehr an ein Ehepaar verkaufen, das ich an der Hand habe. Wenn wir auf die Reparaturen und Verbesserungen hinweisen, die Sie hier durchgeführt haben, dann gehen sie vielleicht darauf ein."

B: „Hier ist eine Marktanalyse, die wir durchgeführt haben. Darin ist auch der Verkauf eines Hauses hier in der Straße berücksichtigt. Wir denken, daß Ihres sich für etwa 10 000 Dollar mehr verkaufen läßt, weil es etwas größer und in sehr gutem Zustand ist."

C: „Glauben Sie mir, Nile, Sie und ich, wir haben dieselben Interessen. Wir haben eine Marktanalyse für diese Gegend durchgeführt und auch die jüngsten Verkäufe in dieser Straße angesehen, aber darauf müssen wir uns noch nicht unbedingt beschränken. Also, ich sehe mal, wie weit ich mit diesen potentiellen Kunden komme."

30. Dann haben Sie einen Termin mit dem interessierten Ehepaar, Mark und Jean. Sie haben zwei Kinder im Alter von 13 und 16 Jahren, und bei der Überlegung, welche Anforderungen sie haben könnten, fällt Ihnen ein, daß die Anzahl der Badezimmer ein Punkt sein könnte. Sie wissen auch, daß beide Elternteile berufstätig sind und daß die Kinder wahrscheinlich einige Zeit allein zu Hause sein werden, also ist für sie wohl die Sicherheit in der Gegend wichtig. Niles' Haus paßt in diesen Punkten gut, und Sie möchten gerne, daß Mark und Jean das Haus ansehen. Sie treffen sich mit ihnen zum Mittagessen, und nach anfänglichem Geplauder sagen Sie:

A: „Ich habe über Ihren Fall nachgedacht, und mir scheint, Sie müssen auf einige grundlegende Dinge achten. Erstens, da Sie zwei Kinder haben, werden Sie wahrscheinlich ein Haus mit ausreichend Platz im Badezimmer brauchen. Und zweitens, wenn Sie beide arbeiten, muß wohl die Gegend auf jeden Fall sicher sein. Richtig?“

B: „Ich muß Ihre alltäglichen Bedürfnisse kennen, damit ich Häuser zur Besichtigung für Sie auswählen kann. Welches sind Ihre wichtigsten Überlegungen?“

C: „Ich habe darüber nachgedacht, was für Sie in einem Haus wichtig sein könnte, und ich glaube, ich habe genau das Richtige gefunden. Es hat alles, was Sie brauchen, und ich denke, es paßt ganz hervorragend.“

31. Nachdem Sie einige Details mit Jean und Mark besprochen haben, haben Sie den Eindruck, daß Jean außer Aussehen und Raumaufteilung auch noch andere Dinge bei ihrem Hause wichtig sind. Obwohl sie nichts darüber gesagt hat, denken Sie, daß ihr langfristige Aspekte, wie der Wiederverkaufswert des Hauses, noch wichtiger sind. Sie gehen mit den folgenden Worten darauf ein:

A: „Ich habe das Gefühl, Sie haben Bedenken, was das Haus als finanzielle Investition angeht. Sie brauchen sich darüber keine Sorgen zu machen, denn diese Gegend ist wunderbar. Wir hatten im letzten Jahr sehr gute Wiederverkaufspreise, und unsere laufenden Marktanalysen zeigen keinerlei Anzeichen für ein Absinken.“

B: „Was erwarten Sie letztendlich von diesem Haus? Welches sind Ihre eigentlichen Hoffnungen und Erwartungen?“

C: „Ich weiß, Sie müssen vielleicht noch andere Belange berücksichtigen, aber darf ich vorschlagen, diese so lange zurückzustellen, bis wir einige Häuser tatsächlich besichtigen? Ich denke, wir müssen uns im klaren darüber sein, ob das Haus Ihren Anforderungen im Alltag entspricht, ehe wir größere Themen angehen.“

32. Nachdem Sie all diese Punkte besprochen haben, kommt Ihr Gespräch schließlich zu einem Ende. Ehe Sie das Treffen förmlich beschließen, kommt Ihnen der Gedanke, daß auch die Schulen vor Ort ein Thema sein könnten. Sie sagen:

A: „Noch ein Punkt, ehe wir gehen. Die Schulen hier haben einen guten Ruf, und ich bin sicher, Ihre Kinder werden sich wohl fühlen. Bis jetzt hat es allen gefallen.“
B: „Sie können sich ja in den nächsten Tagen mal ein bißchen umsehen in der Gegend und die Schulen anschauen. Es wird Ihnen gefallen, und Sie können sich Zeit lassen.“
C: „Gibt es besondere Anforderungen, die ich noch berücksichtigen soll bei der Suche, zum Beispiel Schulen?“

33. Bei allen größeren Veränderungen in einem Unternehmen (von Personalfreisetzungen bis hin zu Umstrukturierungen und Fusionen) ist es am besten, wenn die oberste Führung folgendermaßen vorgeht:
A: Sie entscheiden, welche Vorgehensweise für das ganze Unternehmen am besten ist, und wenn die Umsetzung begonnen hat, binden Sie je nach Bedarf die Mitarbeiter an der Kundenfront nacheinander ein.
B: Sie informieren die Mitarbeiter im direkten Kundenkontakt, sobald die Notwendigkeit für eine Veränderung entdeckt wurde. Sie binden sie von einem frühen Stadium an in den Veränderungsprozeß ein, behalten aber die Kontrolle über die grundlegende Richtung, in die Sie das Unternehmen führen möchten.
C: Sie informieren die Mitarbeiter im direkten Kundenkontakt, sobald die Notwendigkeit für eine Veränderung entdeckt wurde. Sie lassen die Mitarbeiter an der Kundenfront entscheiden, welche Richtung das Unternehmen einschlagen soll, und räumen ihnen im letztendlichen Entscheidungsprozeß ein Mitbestimmungsrecht ein.

34. Sie sind Leiter der Personalabteilung eines Krankenhauses, und Sie sind beauftragt, einige noch ausstehende Probleme mit Linda, der Vorsitzenden der Krankenschwesterngewerkschaft, zu lösen. Zu Beginn sagen Sie: „Vielen Dank, Linda, daß Sie mir Gelegenheit geben, unsere noch verbliebenen Aufgaben zu lösen. Wo stehen wir Ihrer Meinung nach im Augenblick, und welches sind unsere Ziele heute?“ Ihre Antwort ist: „Nun, offen gesagt, meine Aufgabe ist es, meinen Mitgliedern zu erklären, warum sie irgendeiner Sache zu-

stimmen sollten, ohne zu wissen, was das Management für die Zukunft plant. Wenn wir eine Dreijahresvereinbarung unterzeichnen, und Sie schließen sich mit dem Krankenhaus am anderen Ende der Straße zusammen, was geschieht dann mit uns?“ Sie antworten:

A: „Ich verstehe. Sie sagen, Ihre Mitglieder fragen sich, warum sie einem Plan für ihre Zukunft zustimmen sollen, wenn sie nicht das Hauptstück des Planes kennen, nämlich die Zukunft des Krankenhauses als ganzes. Ist das richtig?“

B: „Offen gesagt, Linda, ich weiß nicht, ob Sie wirklich begriffen haben, worum es geht. Ihre Mitglieder haben in diesem Fall kaum eine andere Wahl. Die Führung wird tun, was immer sie für richtig hält, ganz gleich, was Ihre Mitglieder davon halten. Wenn Sie die Vereinbarung zunächst einmal wollen, dann können Sie gern dabeisein.“

C: „Wenn Sie anderweitige Zusicherungen brauchen, werde ich versuchen, sie zu bekommen. Wir werden das Nötige tun, damit die Gewerkschaft mit der Vereinbarung zufrieden ist.“

35. Einer Ihrer Angestellten wendet sich an Sie, weil er ein ernstes Problem mit einem anderen Mitarbeiter hat. Zuerst sollten Sie:

A: Sie zusammenbringen, um den Konflikt zur Sprache zu bringen.

B: Mit jeder Person einzeln sprechen, damit Sie zu einer eigenen Einschätzung des Konflikts kommen können.

C: Sich zurückhalten und sie die Sache allein lösen lassen.

36. Wenn einer Ihrer Untergebenen Anzeichen negativer Veränderungen in der Arbeitsleistung zeigt (zum Beispiel schlechte Konzentration, Pessimismus, Lethargie, Unentschlossenheit, Anschuldigungen anderer, Erschöpfung und so weiter), dann ist es am besten:

A: Sie besprechen die Sache mit der betreffenden Person, sobald eine leichte Veränderung zu beobachten ist (bevor etwas Besonderes passiert).

B: Sie besprechen die Sache, sobald etwas Besonderes auftritt.

C: Sie warten, bis Sie mehr als einen speziellen Fall haben oder bis Sie die Bestätigung von anderen Mitarbeitern erhalten, die Ihre Vermutungen verstärken, ehe Sie mit dem Mitarbeiter sprechen.

Antwortenschlüssel

➤ Hinweise

Vergleichen Sie Ihre Antworten mit dem folgenden Schlüssel. Geben Sie sich für jede richtige Antwort einen Punkt in der Punktespalte. Für jede falsche Antwort erhalten Sie 0 Punkte. Am Ende der Auswertung tragen Sie Ihre Gesamtpunktezahl in das Feld „Gesamt“ ein.

Frage Nr. und Antwort	Ihre Antwort	Punkte
1. A		
2. A		
3. B		
4. A		
5. C		
6. B		
7. A		
8. B		
9. C		
10. A		
11. A		
12. B		
13. B		
14. C		
15. B		
16. A		
17. B		
18. B		

Frage Nr. und Antwort	Ihre Antwort	Punkte
19. B		
20. C		
21. A		
22. B		
23. A		
24. B		
25. C		
26. A		
27. A		
28. C		
29. B		
30. B		
31. B		
32. C		
33. B		
34. A		
35. B		
36. B		

Gesamt

So interpretieren Sie die Ergebnisse Ihrer Selbsteinschätzung zum FührungsIQ

➤ Hinweise

Stellen Sie mit Ihrer Gesamtpunktezahl aus dem Antwortenschlüssel Ihren Bewertungsbereich fest, und ermitteln Sie Ihren generellen FührungsIQ.

Eine umfassendere Bewertung und eine Einzelanalyse für jede Rolle erhalten Sie bei E. C. Murphy, Ltd. Sie erreichen uns im Internet unter emurph02@interserv.com.

Punktezahl	FührungsIQ
33–36	**Überragend:** Sie besitzen umfassende Kenntnisse und praktisches Verständnis für die Vorgehensweise außerordentlicher Führungskräfte.
27–32	**Hervorragend:** Sie besitzen eine ganze Menge Kenntnisse und praktisches Verständnis für die Vorgehensweise außerordentlicher Führungskräfte.
20–26	**Überdurchschnittlich:** Sie besitzen Grundkenntnisse und praktisches Verständnis für die Vorgehensweise außerordentlicher Führungskräfte.
9–19	**Durchschnittlich:** Sie zeigen in einzelnen Bereichen Kenntnisse und praktisches Verständnis für die Vorgehensweise außerordentlicher Führungskräfte.
0–8	**Unterdurchschnittlich:** Sie zeigen in einzelnen Bereichen oberflächliche Kenntnisse und praktisches Verständnis für die Vorgehensweise außerordentlicher Führungskräfte.

Der Leitfaden zur Entwicklung des FührungsIQ

➤ Hinweise

Sie haben Ihre Bewertung des allgemeinen FührungsIQ ermittelt, und Sie wollen spezielle Bereiche gezielt verbessern.

Wenn Sie eine Frage falsch beantwortet haben oder wenn sie richtig war und Sie wissen nicht recht, warum, lesen Sie im entsprechenden Kapitel unter der zur Frage angegebenen Seitenzahl nach. Das ist Ihr Index zu den Grundprinzipien, nach denen erfolgreiche Führungsarbeiter sich für eine spezielle Vorgehensweise entscheiden.

Wenn Sie mit diesem Leitfaden besondere Bereiche zur Verbesserung festgestellt und dazu gezielt nachgelesen haben, empfehlen wir Ihnen, das ganze Buch in Folge zu lesen, damit Sie ein vollständiges Bild davon gewinnen, welche Synergien Führungskräfte mit hohem FührungsIQ erzielen, wenn sie sich um außerordentliche Leistungen in ihren jeweiligen Führungsrollen bemühen.

Frage Nr.	Verweise
1.	Siehe Kapitel 2: Der Auswählende, S. 64 ff.
2.	Siehe Kapitel 2: Der Auswählende, S. 56 f.
3.	Siehe Kapitel 2: Der Auswählende, S. 43
4.	Siehe Kapitel 8: Der Beschützende, S. 220, 222
5.	Siehe Kapitel 3: Der Verbindende, S. 76
6.	Siehe Kapitel 3: Der Verbindende, S. 76
7.	Siehe Kapitel 3: Der Verbindende, S. 76
8.	Siehe Kapitel 3: Der Verbindende, S. 77 f.
9.	Siehe Kapitel 4: Der Problemlöser, S. 109 f.
10.	Siehe Kapitel 8: Der Beschützende, S. 222, 229
11.	Siehe Kapitel 5: Der Bewertende, S. 138 ff.

12. Siehe Kapitel 2: Der Auswählende, S. 46
13. Siehe Kapitel 9: Der Synerget, S. 247 ff.
14. Siehe Kapitel 8: Der Beschützende, S. 220 f.
15. Siehe Kapitel 2: Der Auswählende, S. 47
16. Siehe Kapitel 7: Der Ausgleichende, S. 196 f.
17. Siehe Kapitel 7: Der Ausgleichende, S. 200 f.
18. Siehe Kapitel 2: Der Auswählende, S. 43 f.
19. Siehe Kapitel 5: Der Bewertende, S. 133 f.
20. Siehe Kapitel 5: Der Bewertende, S. 135 ff.
21. Siehe Kapitel 5: Der Bewertende, S. 136 f.
22. Siehe Kapitel 5: Der Bewertende, S. 144 f.
23. Siehe Kapitel 7: Der Ausgleichende, S. 199 f.
24. Siehe Kapitel 4: Der Problemlöser, S. 110
25. Siehe Kapitel 9: Der Synerget, S. 249 f.
26. Siehe Kapitel 4: Der Problemlöser, S. 108
27. Siehe Kapitel 8: Der Beschützende, S. 225
28. Siehe Kapitel 7: Der Ausgleichende, S. 204
29. Siehe Kapitel 6: Der Vermittelnde, S. 161 f.
30. Siehe Kapitel 6: Der Vermittelnde, S. 162 f.
31. Siehe Kapitel 6: Der Vermittelnde, S. 164 f.
32. Siehe Kapitel 6: Der Vermittelnde, S. 167 f.
33. Siehe Kapitel 9: Der Synerget, S. 249 f.
34. Siehe Kapitel 6: Der Vermittelnde, S. 171
35. Siehe Kapitel 8: Der Beschützende, S. 220
36. Siehe Kapitel 7: Der Ausgleichende, S. 188 ff.

Stichwortverzeichnis